Walter A. Appel · Mond-Astrologie

Walter A. Appel

Mond-Astrologie

144 Persönlichkeitstypen im Zeichen des Mondes

Kösel

Quellenhinweise: S. 17 – Gedichte von Johann Wolfgang von Goethe. 1. Teil. Reclam jun., Leipzig o. J. / S. 28 + S. 37 – Lexikon der Astrologie (erarb. v. Udo Becker). Goldmann, München 1984 und Herder, Freiburg 1981.

Alle Rechte, insbesondere das Recht der Vervielfältigung und Verbreitung sowie der Übersetzung, vorbehalten. Kein Teil des Werkes darf in irgendeiner Form (durch Photokopie, Mikrofilm oder ein anderes Verfahren) ohne schriftliche Genehmigung des Verlages reproduziert oder unter Verwendung elektronischer Systeme verarbeitet, vervielfältigt oder verbreitet werden.

ISBN 3-466-34353-4
© 1996 by Kösel-Verlag GmbH & Co., München
Printed in Germany. Alle Rechte vorbehalten
Druck und Bindung: Kösel, Kempten
Umschlag: Elisabeth Petersen, München
Umschlagfoto: Transglobe Agency, Hamburg / SIPA–Z. Frank

1 2 3 4 5 · 00 99 98 97 96

Gedruckt auf umweltfreundlich hergestelltem Werkdruckpapier (säurefrei und chlorfrei gebleicht)

Welcher Typ sind Sie?

Der Bestimmer	Die Dampflok	Der Bulldozer
Das Glückskind	Der Senkrechtstarter	Der Eigenwillige
Das Energiebündel	Bruder Leichtfuß mit Tiefgang	Der Workaholic
Der Tausendsassa	Der Schweigsame	Der Maestro-so-so
Der Pionier	Der Publikumsliebling	Der listenreiche Fuchs
Der Schlaukopf	Der Leithammel	Der Mannschaftsgeist
Der extreme Individualist	Der Zielstrebige	Der glänzende Unterhalter
Der Nonkonformist	Der coole Manager	Der Lebenskünstler
Der Beredsame	Die Kultfigur	Der Treibnetzfischer
Der nüchterne Taktiker	Der Vielbeschäftigte	Der Dickbrettbohrer
Der Selbstbewußte	Der Freiheitsliebende	Der Umstrittene
Der Weltgewandte	Das Strohfeuer	Der ungewöhnliche Einzelgänger
Die treibende Kraft	Der Scheinheilige	Der Praktiker
Der Rauschgoldbengel	Das Cleverle	Der Zuverlässige
Der Systematiker	Der Schaunmermal	Der Rätselhafte
Der Unbeirrbare	Der Tüftler	Der Lebenshungrige
Der Steilwandfahrer	Der selbstlose Aufsteiger	Der scheinbare Spießbürger
Der Duldsame	Der Naseweis	Das Stehaufmännchen
Der Eigenbrötler	Der Mondanbeter	Der kühle Stratege
Der komplizierte Vogel	Der Ausredenerfinder	Der Möchtegern
Der personifizierte Gegensatz	Die Kämpfernatur	Das Schlitzohr
Der zähe Arbeiter	Der Idealist	Der Pläneschmied
Der Spröde	Der Unaufdringliche	Das schwarze Schaf
Der Egozentriker	Der Einflußreiche	Der Krisenmanager
Der Vielseitige	Der Beeinflußbare	Der Undurchsichtige
Der heimliche Haustyrann	Der schlafende Löwe	Der Weichherzige
Der Typ für alle Fälle	Der Provokateur	Der Ungeduldige
Der viel Bewunderte	Das kämpferische Bleichgesicht	Der Standhafte
Der Ombudsmann	Der verliebte Igel	Der Fürsorger
Der charmante Sprücheklopfer	Der dressierte Tiger	Der Unkonventionelle
Der Geschäftemacher	Der Unbequeme	Der Eindruckschinder
Die Strichlippe	Der Handyman	Der objektive Betrachter
Der Gespensterseher	Die beleidigte Leberwurst	Der Dampfplauderer
Die ehrliche Haut	Der Zeitkritiker	Der Bürger zweier Welten
Der Wendige	Der Populäre	Der Natürliche
Der Plagegeist	Der gefallsüchtige Bär	Der Sachliche
Der Menschenfreund	Der Impulsive	Der Lenkbare
Der Ja-aber-Sager	Der Dukatenstapler	Der Schrittmacher
Der Zurückhaltende	Der Unruhestifter	Der Blitzableiter
Der Pfiffikus	Der kämpferische Geist	Das Chamäleon
Der Realist	Der beharrliche Gipfelstürmer	Der Zaghafte
Der perfekte Traumtänzer	Der Dynamische	Der Aufmüpfer
Der Gemütsakrobat	Der Zickige	Der Wahrheitssucher
Der Ungewöhnliche	Der Geschäftige	Der Gefühlvolle
Der Nachdenkliche	Der Gereifte	Der Dauerbrenner
Der Vorwärtsstrebende	Der Intuitive	Der Konsequente
Der Feuerwehrmann	Der Besserwisser	Der Nomade
Das unbeständige Quecksilber	Der Gediegene	Der gewissenhafte Schelm

INHALT

VORWORT
11

DER MOND ALS KALENDERMACHER

14

DIE BESONDERE BEDEUTUNG DES GEBURTSMONDES

15

DER MOND – EIN FREUND DER DICHTER UND KÜNSTLER

22

SONNE UND MOND IM TIERKREIS UND IHRE BERECHNUNG

28

DER MOND ALS MITBESTIMMER DER PERSÖNLICHKEIT
144 MENSCHENTYPEN IM ZEICHEN DES MONDES

37

SONNEN-ZEICHEN:	Widder	39
MOND-ZEICHEN:	Widder	39
	Stier	41
	Zwillinge	42
	Krebs	44
	Löwe	45
	Jungfrau	47
	Waage	48
	Skorpion	50
	Schütze	51
	Steinbock	53
	Wassermann	54
	Fische	56

SONNEN-ZEICHEN:	Stier	58
MOND-ZEICHEN:	Stier	58
	Zwillinge	60
	Krebs	61
	Löwe	63
	Jungfrau	64
	Waage	66
	Skorpion	67
	Schütze	69
	Steinbock	70
	Wassermann	72
	Fische	73
	Widder	75

SONNEN-ZEICHEN:	Zwillinge	77
MOND-ZEICHEN:	Zwillinge	77
	Krebs	78
	Löwe	80
	Jungfrau	81
	Waage	83
	Skorpion	84
	Schütze	86
	Steinbock	87
	Wassermann	89
	Fische	90
	Widder	92
	Stier	93

SONNEN-ZEICHEN:	Krebs	95
MOND-ZEICHEN:	Krebs	95
	Löwe	97
	Jungfrau	98
	Waage	100
	Skorpion	101
	Schütze	103
	Steinbock	104
	Wassermann	106
	Fische	107
	Widder	109
	Stier	111
	Zwillinge	112

SONNEN-ZEICHEN:	Löwe	114
MOND-ZEICHEN:	Löwe	114
	Jungfrau	116
	Waage	117
	Skorpion	119
	Schütze	120
	Steinbock	122
	Wassermann	124
	Fische	125
	Widder	127
	Stier	128
	Zwillinge	130
	Krebs	131

SONNEN-ZEICHEN:	Waage	153
MOND-ZEICHEN:	Waage	153
	Skorpion	154
	Schütze	156
	Steinbock	157
	Wassermann	159
	Fische	161
	Widder	163
	Stier	165
	Zwillinge	167
	Krebs	168
	Löwe	170
	Jungfrau	172

SONNEN-ZEICHEN:	Jungfrau	133
MOND-ZEICHEN:	Jungfrau	133
	Waage	134
	Skorpion	136
	Schütze	137
	Steinbock	139
	Wassermann	140
	Fische	142
	Widder	144
	Stier	146
	Zwillinge	148
	Krebs	149
	Löwe	151

SONNEN-ZEICHEN:	Skorpion	174
MOND-ZEICHEN:	Skorpion	174
	Schütze	176
	Steinbock	178
	Wassermann	180
	Fische	182
	Widder	183
	Stier	185
	Zwillinge	187
	Krebs	189
	Löwe	191
	Jungfrau	193
	Waage	194

Sonnen-			Sonnen-		
zeichen:	Schütze	196	zeichen:	Wassermann	237
Mond-			Mond-		
zeichen:	Schütze	196	zeichen:	Wassermann	237
	Steinbock	197		Fische	239
	Wassermann	199		Widder	240
	Fische	201		Stier	242
	Widder	202		Zwillinge	244
	Stier	204		Krebs	245
	Zwillinge	206		Löwe	247
	Krebs	208		Jungfrau	249
	Löwe	209		Waage	250
	Jungfrau	211		Skorpion	252
	Waage	212		Schütze	254
	Skorpion	214		Steinbock	256

Sonnen-			Sonnen-		
zeichen:	Steinbock	216	zeichen:	Fische	258
Mond-			Mond-		
zeichen:	Steinbock	216	zeichen:	Fische	258
	Wassermann	218		Widder	260
	Fische	220		Stier	261
	Widder	222		Zwillinge	263
	Stier	223		Krebs	264
	Zwillinge	225		Löwe	266
	Krebs	226		Jungfrau	268
	Löwe	228		Waage	269
	Jungfrau	229		Skorpion	271
	Waage	231		Schütze	273
	Skorpion	233		Steinbock	274
	Schütze	235		Wassermann	276

Es ist kein Mensch ohne ein Aber.
(Sprichwort)

Vorwort

Ob Sie es nun glauben oder nicht: Ihr Leben hängt mehr von den Mondperioden ab, als Sie ahnen. An Beispielen läßt sich dies besser beweisen als durch theoretische Erklärungen. Egal welchen Beruf oder Tätigkeit Sie ausüben, der Frühjahrsmond bestimmt Ihre Zeitplanung. Wenn Sie beispielsweise ein Faschings- oder Karnevalsnarr sind oder mit Kindern in die Winterferien fahren oder als Sängerin im Kirchenchor proben oder als Werbefachmann eine Frühjahrsoffensive starten oder als Dekorateur die Osterschaufenster schmücken oder als Gastwirt die Starkbiersaison eröffnen oder als Pfarrer die Prozession vorbereiten oder ganz einfach als Werktätiger den arbeitsfreien Pfingstmontag genießen: In jedem Fall müssen Sie sich nach den sogenannten beweglichen Festtagen richten. Sicherlich ist den meisten nicht bewußt, daß der Karfreitag, das Osterfest, Christi Himmelfahrt, das Pfingstfest und Fronleichnam alljährlich durch den Mondstand im Kalender festgelegt werden. Wer weiß schon genau, daß es seit Mitte des 2. Jahrhunderts üblich ist, Ostern an jenem Sonntag zu feiern, der dem Frühlingsvollmond folgt, das heißt, also, nie vor dem 22. März und nach dem 25. April. Daraus folgt, daß auch Sie sich bei Ihrer Arbeits- und Urlaubsplanung nach dem Mondgeschehen richten müssen.
Und noch ein weiteres: Viele Beobachtungen belegen die Macht des Mondes nicht nur auf Pflanzen und Tiere, sondern auch auf uns Menschen. Insbesondere die Mond-Astrologie – ein ganz bestimmter Zweig der allgemeinen Sterndeutung – hat es sich zur Aufgabe gemacht, periodische Abläufe von Sonne und Mond zu berechnen und Aussagen über entsprechende Einflüsse zu machen. Berücksichtigt werden dabei jedoch keine weiteren (teilweise sehr umstrittenen) Faktoren wie beispielsweise Aszendent, Häuser, Medium Coeli, Mondknoten oder der Lauf

anderer Himmelskörper (Planeten). Hochinteressant dagegen ist es, beispielsweise zu erfahren, was der Geburtsmond über die Charakterveranlagung, die Denkweise und das Partnerschaftsverhalten eines Menschen verrät.

Fast jeder Mensch kennt das Tierkreiszeichen, in dem die Sonne stand, als er geboren wurde; auch wer wenig oder gar nicht für astrologische Deutungen zu interessieren ist, ahnt doch dunkel, daß Zusammenhänge zwischen den jahreszeitlichen Rhythmen und der Charakterbildung bestehen. Aufgrund jahrhundertelanger Beobachtung und Auswertung von Erfahrungen haben sich Zuordnungen bestimmter Charaktereigenschaften herausgebildet; und recht pauschal werden Menschen daraufhin mit Merkmalen ausgestattet, die dem Sternbild zugeschrieben werden, in dem die Sonne bei ihrer Geburt stand. So gelten Widder als impulsiv, Stiere als eigensinnig, Zwillinge als intellektuell, Krebse als wandelbar, Löwen als willensbetont, Jungfrauen als pedantisch, Waagen als ausgleichend, Skorpione als ausdauernd, Schützen als sozial eingestellt, Steinböcke als ausdauernd, Wassermänner als wankelmütig und Fische als sensibel.

Bei dieser sehr schematischen, verallgemeinernden Typisierung hat sich gezeigt, daß zwar oft die eine oder andere Eigenschaft ziemlich genau zutrifft und daß somit etwas Wahres an der Aussage über die Bedeutung des Sonnenstandes samt ihres Einflusses auf die Charakterbildung zu sein scheint. Befaßt man sich jedoch ein wenig gründlicher mit der Materie, so wird man rasch erkennen, wie unvollständig, ja manchmal recht ungenau und sogar fehlerhaft die Beurteilungen sind. Denn auf der Basis des Sonnenstandes im Tierkreis eines Jahres lassen sich astrologisch nur zwölf Grundtypen bilden, und in diese zwölf Typen müssen nun alle Menschen eingeordnet werden! Das kann nur zu Fehlern führen, eine differenziertere Betrachtungsweise schien in den letzten Jahren dringend geboten. Mit ihrer Hilfe sollte die weitere Aufgliederung, die subtile Zeichnung der typischen Charakterbilder möglich sein.

In verschiedenen astrologischen Publikationen wurden immer wieder Versuche unternommen, die diese Fortentwicklung der Typologie zum Ziele hatten, doch blieben die Erfolge zunächst aus.

Der Stand der Dinge änderte sich erst, als in jüngster Zeit vor allem Psychologen damit begannen, den Einfluß zu erforschen, den der Stand der Sonne und der des Mondes zum Zeitpunkt der Geburt auf die Charakterbildung eines Menschen haben. Auch bei diesen Forschungen nach den vom zweitgrößten Himmelskörper unseres Sonnensystems ausgehenden kosmischen Wirkungen blieb man bei den

Möglichkeiten, die die Einteilung der Mondlaufbahn in die Sternbilder des Tierkreises boten. Andererseits wäre naturgemäß aber auch jede andere Beschreibung des Mondortes denkbar, so zum Beispiel durch abstrakte Zahlen, die den Winkel zwischen Sonne und Mond angeben.

Anhand von mehreren Tausend von mir untersuchten Lebensbildern und Partnerbeziehungen habe ich im Laufe von Jahrzehnten erkannt, daß die Einbeziehung des Mondes und seiner Stellung im Tierkreis in die astrologischen Bewertungen berechtigt ist: **Erst das Zusammenspiel der beiden großen Himmelskörper Sonne und Mond übt den Einfluß auf Verhaltensweisen und Verwertung der Anlagen aus, die den Menschen so erscheinen lassen, wie er sich der Mitwelt zu erkennen gibt. Aus der Bewertung dieses Zusammenspiels erhalten wir Auskünfte, die uns bisher verborgen waren.**

Die oftmals verblüffenden Ergebnisse meiner Untersuchungen sind in diesem Buch zusammengefaßt. Sie beabsichtigen nicht, dem Leser einen Spiegel vorzuhalten oder gar eine Entschuldigung für seine so und nicht anders geartete Persönlichkeit zu liefern; vielmehr geht es darum, einen Beitrag zum besseren Selbstverständnis zu leisten und die Möglichkeit zu eröffnen, seinen Mitmenschen mit größerem Verständnis zu begegnen.

Sollten Sie bei der Nachprüfung feststellen, daß zwar vieles zutreffend beschrieben, jedoch nicht alles so dargelegt ist, wie Sie es beurteilen würden, so bedenken Sie bitte, daß es zur Typisierung erforderlich war, jedes Bild so knapp wie möglich und so charakteristisch wie nötig zu zeichnen. Von Natur aus gibt es keine »guten« und »schlechten« Menschen, sondern nur Menschen mit Anlagen und erworbenen Eigenschaften, die sich positiv oder negativ auswirken. Es kommt darauf an, Anlagen weiterzuentwickeln und Eigenschaften zu fördern, die dem Menschen zuträglich sind. So gesehen, können die einzelnen Beiträge ein Schlüsselwerk zur Meisterung des Lebens sein – ganz im Sinne des neuen Mond-Bewußtseins, das sich gerade in den letzten Jahren auffallend stark entwickelt hat.

Der Mond als Kalendermacher

Es besteht heute kein Zweifel mehr, daß die Menschen schon vor Jahrtausenden ein besonderes Verhältnis zum Mond, unserem Nachbarn im Weltall entwikkelten, das erstaunlicherweise in unserer modernen, sonnenstandbezogenen Astrologie verhältnismäßig wenig Beachtung findet. Der Einfluß von Sonne und Mond auf das irdische Leben ist unverkennbar, und nicht ohne Grund regeln diese Himmelslichter seit ewigen Zeiten unser Leben, schon allein deshalb, weil sie die Grundlage aller Kalender sind. Zwar zeigt der Mondwechsel heute nicht mehr den Beginn eines neuen Monats an, aber die Einteilung des Jahres in 12 Monate erinnert noch an die alte Zeitrechnung der Urmenschen.

Die Zeitmessung begann schon damals mit der Beobachtung von Sonne und Mond; man zählte die Tage von Vollmond zu Vollmond und entdeckte, daß die Anzahl immer die gleiche blieb. Neben dem Tag, der vom Sonnenaufgang bis zum Einbruch der Dunkelheit den Tagesablauf beherrschte, kam es so zur Entdeckung eines weiteren Zeitbegriffs: des Monats. Später gesellte sich dazu noch der Begriff des Jahres mit seinen vier Jahreszeiten.

Die Einführung eines Kalenders zur Bestimmung von Vergangenheit, Gegenwart und Zukunft lag also auf der Hand, obwohl diese mit Schwierigkeiten verbunden war. So wurde beispielsweise das Sonnenjahr von den babylonischen Sternkundigen mit den Abschnitten des erkennbaren Mondwechsels gemessen. Da von Neumond zu Neumond 29,5 Tage, also bei 12 Monaten 354 Tage verstreichen, mußte man den Unterschied von 11 Tagen zum Sonnenjahr, das 365 Tage zählt, ausgleichen. Die Griechen führten deshalb einen Kalender ein, bei dem die 12 Monate des Jahres im Wechsel 29 bzw. 30 Tage hatten. Später wurden dann diese komplizierten Kalender von den Römern verbessert, und es war Julius Cäsar, der 46 v.Chr. eine Kalenderreform durchführte. Erst im Mittelalter wurde dann von Papst Gregor XIII. im Jahre 1582 eine endgültige Fassung durchgebracht. Weil jedoch auch der Gregorianische Kalender mit seinen verschiedenen Monatslängen und wechselnden Feiertagen unbefriedigend ist, sucht man bis heute noch, zu einer einheitlichen weltweiten Lösung zu kommen, zumal es in östlichen Ländern noch kompliziertere Zeitrechnungen gibt.

So gründet sich beispielsweise der muslemische Kalender, der im Nahen Osten allgemein benützt wurde und wird, auf den Mond-Sonne-Kalender. Sein Mondjahr umfaßt 354 Tage (12 Monate zu 29 und 30 Tagen) und zum Ausgleich in 30 Jahren 11 Schaltjahre zu 355 Tagen. Eine solche Zeitrechnung kann natürlich verwirrend sein, und deshalb regeln die islamischen Länder ihre internationalen Angelegenheiten nach dem westlichen Gregorianischen Kalender.

Wie die Moslems leben auch die Chinesen nach zwei Kalendersystemen, dem Gregorianischen und dem neuen Nationalen Kalender. Interessanterweise wurde im Fernen Osten jedoch das kosmische Polaritätsprinzip herausgestellt, wie es sich durch Sonne und Mond so deutlich verkörpert. Das gesamte irdische Leben wird vom Yang, dem aktiven Prinzip, gesteuert, während Yin, das passive Prinzip, das unbewußte Geschehen beherrscht. Gerade in jüngster Zeit rückt das Gesetz vom Ausgleich dieser Kräfte wieder in den Vordergrund der Betrachtungen, beispielsweise in den esoterischen Lehren und in der Naturheilkunde.

Die besondere Bedeutung des Geburtsmondes

Vielleicht besitzen Sie einen Kalender mit Angabe der verschiedenen Mondphasen, oder aber Sie tragen bereits eine attraktive Uhr, die Sie neben Stunden und Minuten auch laufend über die Mondphasen informiert. Wissen Sie mit diesen Angaben etwas Brauchbares anzufangen, oder sehen Sie das Ganze nur als Spielerei an?

Auch wenn Sie nicht an die Aussagen der Astrologie glauben, so schwingt möglicherweise bei Ihnen im Unterbewußtsein der Gedanke mit, daß die einzelnen Abschnitte des Mondes den Ablauf des Lebens beeinflussen könnten. Tatsächlich ist es so, denn mehr, als man gemeinhin vermutet, wirkt sich zeitweise der Stand des Mondes auf das tägliche Geschehen aus.

Jeder kennt seinen Geburtstag, und er weiß auch, wie er nach dem Sonnenzeichen einzuordnen ist; der eine ist Jungfrau, der andere Krebs und so fort, und der Zusammenhang mit dem Geburtstermin wird sofort ersichtlich. Kaum jemand ist sich jedoch der Mondphase bewußt, in der er geboren wurde, und weiß nicht, welchen Einfluß diese Zeitangabe für seine Persönlichkeit und Entwicklung nimmt.

Jeder Geburtstag im Jahr hat seine bestimmte Mondposition, und so könnte man ohne weiteres auch sagen: »Ich bin ein Vollmond-Typ«, oder: »Ich bin ein Neumond-Typ«, oder »Ich bin im ersten oder letzten Viertel geboren.« Wie interessant eine solche Klassifikation sein kann, wollen wir am folgenden Beispiel eines typischen Vollmond-Menschen erläutern:

Der weltweit erfolgreichste und populärste Musiker der achtziger Jahre, der amerikanische Popstar Michael Jackson, kam im Sommer 1988 mit einer zweistündigen Open-air-Show nach Europa. Er machte nicht nur wegen seines immensen Reichtums (geschätztes Jahres-Einkommen von durchschnittlich 35 Millionen US-Dollar) Schlagzeilen, sondern wegen seiner unfaßbaren Persönlichkeit, die eine einmalige Karriere möglich machte. Eine Reihe von Fachleuten unternahmen den Versuch, das Geheimnis seiner Erfolge zu ergründen, wie zum Beispiel Professor Dr. Hermann Rauhe von der Musikhochschule Hamburg, der glaubt, daß »Michael Jackson die Wünsche, Sehnsüchte, Gefühle, Sorgen, Nöte und Ängste von Millionen, insbesondere junger Menschen, ausdrückt«. Aber es ist nicht allein seine Musik, die so fasziniert er komponierte beispielsweise die erfolgreichste Platte aller Zeiten (»Thriller«) mit einer Auflage von über 40 Millionen –, sondern es ist auch sein ungewöhnlicher Lebensstil, der allseits Aufsehen erregt. Er begeistert einerseits Millionen, bleibt aber andererseits in seinem privaten Bereich isoliert und ist ständig geheimnisumwittert. Sein neues Leben begann am 26. Mai 1994, als er in der Dominikanischen Republik in einer geheimen Hochzeit Lisa Marie Presley ehelichte und damit viele Gerüchte und Vermutungen zum Verstummen brachte (die Trennung allerdings wurde inzwischen bereits vollzogen). Bei alldem träumt er von ewiger Jugend und Schönheit und kämpft täglich gegen die Vergänglichkeit aller Dinge.

Michael Jackson ist mit einem Wort ein Phänomen und nach dem Fremdwörterduden »etwas, was als Erscheinungsform auffällt, ungewöhnlich ist, ein Mensch mit außergewöhnlichen Fähigkeiten«.

Gibt es eine Möglichkeit, die seelisch-geistigen Eigenarten und Wesenszüge dieses am 29.08.1958 in Gary (Indiana, USA) geborenen Sohnes eines Kranführers zu erfassen?

Michael Jackson gehört zu den sogenannten *Vollmond-Persönlichkeiten*, bei denen sich am jeweiligen Geburtstag das Sonnen- und Mondzeichen im Tierkreis gegenüberstanden; in seinem Falle waren es Jungfrau und Fische. Dieselbe Konstellation gilt auch für Johann Wolfgang von Goethe (*28.08.1749).
Ihm verdanken wir das herrliche Gedicht »An Luna«:

Schwester von dem ersten Licht,
Bild der Zärtlichkeit in Trauer!
Nebel schwimmt mit Silberschauer
um dein reizendes Gesicht;
Deines leisen Fußes Lauf
weckt aus tagverschloßnen Höhlen
traurig abgeschiedne Seelen,
mich und nächtge Vögel auf.

Forschend übersieht dein Blick
eine großgemeßne Weite.
Hebe mich an deine Seite!
Gib der Schwärmerei dies Glück;
und in wollustvoller Ruh
säh der weitverschlagne Ritter
durch das gläserne Gegitter
seines Mädchens Nächten zu.

Des Beschauens holdes Glück
mildert solcher Ferne Qualen,
und ich sammle deine Strahlen,
und ich schärfe meinen Blick;
hell und heller wird es schon
um die unverhüllten Glieder,
und nun zieht sie mich hernieder,
wie dich einst Endymion.

Die gleiche Konstellation zeichnet auch den bekannten Charakterdarsteller Mario Adorf (*08.09.1930) aus sowie Baudouin I. (*07.09.1930), König der Belgier von 1951 bis 1993, und den ideenreichen deutsch-französischen Modeschöpfer und hervorragenden Fotografen Karl Lagerfeld (*10.09.1938).

Auch unter dem umgekehrten Vorzeichen Fische/Jungfrau versammeln sich namhafte Persönlichkeiten wie der geniale und eigenwillige Philosoph Arthur Schopenhauer (*22.02.1788), der scharfsinnige Psychiater und Philosoph Karl Jaspers (*23.02.1883), der große Entdeckergeist und Nobelpreisträger Otto Hahn (*08.03.1879), der aus einer berühmten amerikanischen Politikerfamilie stammende Edward Kennedy (*22.02.1932) und der Medienexperte und ehemalige Bundesgeschäftsführer der SPD, Peter Glotz (*06.03.1939).

Selbstverständlich befinden sich auch bei anderen Vollmond-Konstellationen weitere interessante Menschen, wie zum Beispiel die ungewöhnliche Erscheinung im weiblichen Tennissport Martina Navratilova (*18.10.1956) und der durch tragische Umstände in die Schlagzeilen gekommene Berufsboxer Gustav Scholz (*12.04.1930) oder der Oxford-Student Roger Bannister (*25.03.1929), der für eine Weltsensation sorgte, als er als Mittelstreckenläufer die 4-Minuten-Schallmauer für die Meile (1609 m) durchbrach.

Trotz vieler persönlicher Unterschiede haben die aufgeführten Personen unübersehbare Gemeinsamkeiten: eine eigenwillige Geisteshaltung, eine ausgeprägte Sensibilität, eine auffallende Massenwirkung, ein distanziertes Partnerschaftsverhalten und ein starkes Unabhängigkeitsbedürfnis.

Auch die *Neumond-Geborenen* (Sonne und Mond sind zur Geburtszeit im Tierkreis vereint) können meistens mit besonderen Kennzeichen aufwarten. Man denke zum Beispiel an den berühmten Illusionisten, Schauspieler und Poeten André Heller (*22.03.1947), der kontinuierlich sichtbare Beweise für seine Kreativität erbringt und der auch die Kraft besitzt, seine Phantasien zu verwirklichen. Ebenso ideenbesessen war der Philosoph und Revolutionär Karl Marx (*05.05.1818), der wie kaum ein anderer das Denken über gesellschaftliche Zusammenhänge beeinflußt hat. Zu nennen ist hier auch der österreichische Arzt und Psychoanalytiker Sigmund Freud (*06.05.1856). Er war der Begründer der theoretischen und praktischen Psychoanalyse, und seine Erkenntnisse hatten weitreichende Folgen in der Medizin und in der Psychologie. Zu erwähnen ist Clara Barton (*25.12.1821), die Begründerin des amerikanischen Roten Kreuzes, die mit unendlicher Aufopferungsbereitschaft internationale Hilfsaktionen für Verwundete, Gefangene oder Hungernde in die Wege geleitet hat.

Eine der bemerkenswertesten, auch umstrittenen Gestalten der Gegenwart ist das Oberhaupt der katholischen Kirche, Papst Johannes Paul II. (*18.05.1920), der immer wieder Rom verläßt, um in allen Kontinenten seine Lehre zu verbreiten. Auch sein Landsmann Lech Walesa (*29.09.1943), ehemaliger Vorsitzender der verbotenen polnischen Gewerkschaft Solidarität, hatte ein doppeltes Geburtssignum. Innerhalb weniger Jahre ging auf dem Gebiet des Tennissports der Stern von Steffi Graf (*14.06.1969) auf. Mit unbeirrbarer Energie hat sie sich mit ihrem Sonne- und Mondzeichen Zwilling an die Weltspitze gesetzt.

Diese kleine Auswahl soll andeuten, wie persönlichkeitsbezogen, leidenschaftlich und gefühlsbetont dieser Personenkreis auf sich aufmerksam macht. Wenn auch manchmal ihr zielbewußtes Vorgehen oder ihre progressiven Ansichten auf Unverständnis stoßen, so fordern sie in den meisten Fällen doch früher oder später allgemeine Bewunderung und Anerkennung heraus.

Neben den vorgestellten Vollmond- und Neumond-Typen gibt es noch eine Reihe anderer Konstellationen innerhalb der verschiedenen Mondaufenthalte, die mit der Veranlagung und Verhaltensweise eines Menschen in Zusammenhang gebracht werden können.

So wurde zum Beispiel der grobe Versuch unternommen, die Zeitabschnitte des zunehmenden Mondes, gerechnet vom Neumond bis zum 1. Viertel und vom 2. Viertel bis zum Vollmond, sowie die Tage des abnehmenden Mondes, gerechnet vom Vollmond bis zum 3. Viertel und vom letzten Viertel bis zum Neumond, zu kategorisieren. Obwohl man keine allgemein verbindlichen Regeln über günstige oder ungünstige Mondpositionen aufstellen kann, weil nicht jeder Mensch auf innere und äußere Einflüsse in derselben Weise reagiert, findet man immer wieder erstaunliche Fakten:

Erkundet man beispielsweise die Mond-Geburtstage der amerikanischen Präsidenten seit 1933, dann überrascht die Tatsache, daß alle ohne Ausnahme im ersten oder zweiten Viertel – also bei zunehmendem Mond – geboren wurden. Dies erklärt sich unter anderem daraus, daß in diesem Zeitraum der Wahlkampf zunehmend von Presse, Hörfunk und Fernsehen beeinflußt wurde, die jeweiligen Kandidaten also möglichst »publikumswirksam« sein mußten. Der zunehmende Mond verleiht darüber hinaus starken Willen und Betriebsamkeit und typisiert Sie in erster Linie als Gestalter und Macher.

US-Präsidenten und ihr Geburtsmond

Name	Geburtstag	Tage nach Neumond (annähernd ermittelt)
Bush, George	12.06.1924	10
Reagan, Ronald Wilson	06.02.1911	7
Carter, Jimmy	01.10.1924	3
Ford, Gerald	14.07.1913	10
Nixon, Richard	09.01.1913	2
Johnson, Lyndon B.	27.08.1908	1
Kennedy, John F.	29.05.1917	8
Eisenhower, Dwight D.	14.10.1890	1
Truman, Harry S.	08.05.1884	11
Roosevelt, Franklin D.	30.01.1882	11
Clinton, Bill	19.08.1946	21
Clinton, Hillary	26.10.1947	11

Eine Ausnahme in dieser aktuellen Aufstellung bildet lediglich der amtierende US-Präsident Bill Clinton, wobei dessen Powerfrau Hillary in auffallender und bisher einmaliger Art und Weise ihren Mann politisch unterstützt und möglicherweise sogar beeinflußt.

Personen, die wie die obengenannten bei *zunehmendem Mond* geboren wurden, sind nach Meinung des englischen Astrologen Dane Rudhyar mit einem starken Willen ausgestattet, der sie für leitende Positionen besonders qualifiziert. Diese Veranlagung führt naturgemäß zu einem zielstrebigen Charakter, der genug Selbstvertrauen besitzt, um durch aktives Handeln Hindernisse aus dem Weg zu räumen.

Selbstverständlich gibt es auch Kämpfernaturen, die bei *abnehmendem Mond* geboren wurden, doch tendieren diese Menschen mehr dazu, anderen zu demonstrieren, was sie gelernt oder erfahren haben. Sie befassen sich oft mit der Verbreitung von Ideen und treten mehr für Reformen ein. Einige internationale Naturwissenschaftler haben erkannt, daß bedeutsame Ereignisse von vielen kosmischen Einflüssen, insbesondere von den Mondphasen, beeinflußt werden und daß jeder Mensch bei der Geburt eine rhythmische Prägung erfährt, die später schicksalhafte Ereignisse nach sich ziehen kann.

Auch eine Untersuchung der umschwärmten Musik-Familie Kelly zeigt auffallende Entsprechungen zur Sonne-Mond-Konstellation. Ausgenommen Kathy, die nach dem Tode von Mutter Barbara zu Beginn des Jahres 1982 die Geschicke der Familie in die Hand nahm (sie ist bei zunehmendem Mond geboren), haben die anderen Geschwister ausnahmslos in der Zeit von Vollmond bis zum Neumond das Licht der Welt erblickt. Auffallend ist ferner, daß die meisten Geschwister in der Geburtskonstellation entweder Sonne oder Mond im Sternbild des freiheitsliebenden Schützen haben. Das allseits bekannte Flohmarkt-Outfit der Großfamilie findet hier eine mögliche Deutung des verrückten, abenteuerlichen Familienlebens.

Interessant ist fernerhin die wissenschaftliche Aussage von J.E. Davidson, einem Forscher von den Sandia-Laboratorien in Albuquerque in New Mexico, der die Verhältnisse bei Unfällen untersucht hat und zu der Schlußfolgerung kam: »Unsere Daten lassen die Möglichkeit erhöhter Unfallneigung (Irrtum, Fehlurteil usw.) während einer Mondphase vermuten, die derjenigen entspricht, unter der die Betreffenden geboren wurden, sowie während der gegenüber dieser um 180 Grad verschobenen, also entgegengesetzten Mondphase.«

Auch der Schweizer Tiefenpsychologe Carl Gustav Jung hat in einem berühmt gewordenen Experiment herausgefunden, daß die Sonne-Mond-Position bei der Geburt eines Menschen in einer mehr als zufälligen Anzahl von Fällen derjenigen seines späteren Heiratstermins gleicht.

Ebenso stellte Michel Gauquelin, der als Psychologe und Statistiker an der Universität Paris (Sorbonne) eine großangelegte Untersuchung über kosmische Zeitgeber durchgeführt hat, deutliche Zusammenhänge zwischen den Planetenständen der Geburt und der erfolgreichen Berufslaufbahn fest, und er vermutet, daß eine Synchronisierung zwischen Geburt und Mondposition erfolgt sein muß.

Der Mond – ein Freund der Dichter und Künstler

Seit alters hat der Mond mit seinem weichen Licht Dichter und Träumer zu schöpferischen Gedanken inspiriert. Viele Autoren wurden von seiner erhabenen Schönheit berührt, und sie brachten ihre Gefühlswahrnehmungen in gebundener und ungebundener Sprache zum Ausdruck. Besonders um die Wende zum 19. Jahrhundert – in der Zeit der Romantik – war der Mond ein gefragtes Losungswort, wie auch aus dem nachfolgenden Prolog des alten Volksbuches aus dem Jahre 1804, »Kaiser Octavius«, hervorgeht:

> *»Mondbeglänzte Zaubernacht,*
> *Die den Sinn gefangen hält,*
> *Wundervolle Märchenwelt,*
> *Steig auf in der alten Pracht!«*

Geht man die literarische Auswahl an Gedichten und Prosa über den Mond durch, dann fällt auf, daß besonders viele der mondfühligen Verfasser zur Neumondzeit bzw. zur Vollmondzeit mit vertretbaren Abweichungen von wenigen Tagen geboren wurden. So auch der deutsche Naturwissenschaftler, Philosoph, Erkenntnis-Theoretiker und Privatgelehrte Arthur Schopenhauer (*22.2.1778 – Vollmond), der schon vor rund 200 Jahren seine Vorstellung über den Mond mit der folgenden Frage niedergeschrieben hat:

»Warum wirkt der Anblick des Vollmondes so wohltätig, beruhigend und erhebend? Weil der Mond ein Gegenstand der Anschauung, aber nie des Wollens ist:... Ferner ist er erhaben, das heißt stimmt uns erhaben, weil er, ohne alle Beziehung auf uns, dem irdischen Treiben ewig fremd, dahinzieht, und alles sieht, aber an nichts Anteil nimmt. Infolge dieses ganzen wohltätigen Eindruckes auf unser Gemüt wird der Mond allmählich der Freund unseres Busens, was hingegen die Sonne nie wird, welcher, wie einem überschwenglichen Wohltäter, wir gar nicht ins Gesicht zu sehen vermögen.«

Die anschließende Aufstellung mit kurzen Auszügen aus der »Mond-Literatur« soll die Verbundenheit der Dichter mit dem Mondgeschehen veranschaulichen.

Hans Arp *16.9.1887 Neumond	»Für Spaziergänger, die sich gelegentlich einmal bei einem Nachtspaziergang vor ihm verbeugen, hat der Mond nicht viel übrig. Den Mondträumern aber gibt er sich ganz hin. Für sie überbietet er sich an Süße und Silber.«
Ernst Barlach *2.1.1870 Neumond	»Der Mondscheinspuk verzaubert uns und die in der Zauberferne schwelgenden Augen, erlöst uns vom Stadt-Bann und Dunstmorast-Elend, und wir fühlen uns in der allgemeinen Spukstimmung als wahre Zauberer und tanzen begeistert übernatürliche, gespenstische Hopser.«
Bert Brecht *10.2.1898 Vollmond	»Kuppellied«: »Ach, man sagt, des roten Mondes Anblick Auf dem Wasser macht die Mädchen schwach Und man spricht von eines Mannes Schönheit Der ein Weib verfiel. Daß ich nicht lach!«
Joseph von Eichendorff *10.3.1788 Neumond	»Mondnacht«: »Es war als hätt' der Himmel Die Erde still geküßt Daß sie im Blütenschimmer Von ihm nur träumen müßt Die Luft ging durch die Felder Die Ähren wogten sacht Es rauschten leis' die Wälder So sternklar war die Nacht Und meine Seele spannte Weit ihre Flügel aus Flog durch die stillen Lande, Als flöge sie nach Haus.«

Max Frisch *15.5.1911 Vollmond	»Über den schwarzen Bergen geht langsam der Mond auf, wie ein silbernes Lampion hinter den schwarzen Stämmen ... Oh gewiß, es ist schön! Immer wieder ist es schön. Und immer wieder: Was hilft es, was tut es, daß die Welt so schön ist?«
Gottfried Herder *25.8.1744 Vollmond	»Nacht und Tag«: »Golden, süßes Licht der allerfreuenden Sonne, und du friedlicher Mond, und ihr Gestirne der Nacht, leitet mich sanft mein Leben hindurch, ihr heiligen Lichter, ...«
Hermann Hesse *2.7.1877 Vollmond	»Juninacht« »Über den Kronen der hohen Bäume segelten leichte Nachtwolken durch den milden Himmel, und über den flüchtigen Wolken hing ruhig und strahlend der helle Mond«
Else Lasker-Schüler *11.2.1869 Neumond	»Vollmond«: »Leise schwimmt der Mond durch mein Blut ... Schlummernde Töne sind die Augen des Tages Wandelhin – taumelher ...«
Alma Mahler-Werfel *31.8.1879 Vollmond	Tagebucheintrag zur Vollmondzeit: »Die Stimmen all meiner geliebten Menschen fließen in einen Orgelton zusammen, und das ist mein Leben.«
Robert Musil *6.11.1880 Neumond	»Auf den Blättern der Sterne lag der Knabe Mond in silberner Ruh, Und des Sonnenrades Nabe drehte sich und sah ihm zu.«

Wie ein Poet empfindet, der nicht bei Voll- oder Neumond geboren wurde, sondern bei zunehmendem Halbmond, zeigt folgendes typisches Gedicht vom österreichischen Lyriker und Dramatiker Franz Grillparzer (*15.01.1791):

>*Der Halbmond glänzet am Himmel,*
>*Und es ist neblicht und kalt*
>*Gegrüßt sei du Halber dort oben,*
>*Wie du, bin ich einer der halb.«*

Auch Georg Büchner (*17.10.1813), ebenfalls bei Halbmond, diesmal bei abnehmender Sichel, zur Welt gekommen, schildert die Situation weniger beeindruckend:

>*»Leise hinter düstrem Nachtgewölke*
>*Tritt des Mondes Silberbild hervor,*
>*Aus des Wiesentales feuchtem Grunde*
>*Steigt der Abendnebel leicht empor.«*

Nicht nur in der Dichtkunst ist der Mond unzählige Male beschrieben worden, auch in der Malerei und Fotografie war und ist er ein begehrtes Motiv; allein die zahlreichen Darstellungen des Marienlebens zeigen die Mondsichel und erinnern an die Mondreligionen anderer Völker, die im Christentum eine starke Nachwirkung gehabt haben. Die Jungfräulichkeit Marias haben die Mondgöttinnen Asiens, Europas und die der Neuen Welt mit ihr gemeinsam, und ihr Tod mit der anschließenden Auferstehung ist allgemein ein beredtes Sinnbild, wie das Vergehen und Werden des Mondes.

Auch andere Beispiele beschäftigen sich mit der Lichtgestalt des Nachtgestirns, etwa als freundlicher Begleiter in einem der schönsten Mondbilder, in Caspar David Friedrichs (*5.9.1744 – Neumond) »Zwei Männer den aufgehenden Mond betrachtend« oder im »Mondaufgang am Meer« von Odilon Redon (*20.4.1840 – Vollmond). Ganz modern ist das phantasmagorische Bild des Italieners Dino Buzzati (*16.10.1906 – Neumond) »Ein Weltenende«, wo der Mond in erschreckender Weise eine Stadt bedroht und das Finale der bewohnten Erde verdeutlicht.

Auch in den bewegenden Bildern des Films wurde das Thema Mond immer wieder aufgegriffen. So beispielsweise vom italienischen Regisseur Frederico Fellini (*20.1.1920 – Neumond), der in seinem Werk »Die Stimme des Mondes« gegen die »allgemeine Verblödung« angehen will. Der Film handelt vom mondsüchtigen Salvini, der nachts durch nebelumwaberte Felder streift und der Stimme des Mondes lauscht, die er unten im Brunnen vermutet – wo sich der Himmel im Wasser spiegelt. Anstoß und nicht Vorlage zum Film war der Roman »Das Gedicht der Mondsüchtigen« von Ermanno Cavazzoni.

In der Musik hat Franz Joseph Haydn (*31.3.1732 – Neumond) in seiner komischen Oper »Die Welt auf dem Monde« den Erdtrabanten in sein Schaffen einbezogen, ebenso Arnold Schönberg (*13.9.1874 – Neumond) mit »Pierot lunaire« und Carl Orff (*10.7.1895 – Vollmond) mit seinem Märchenstück »Der Mond«. Weltbekannt wurde der Schlager »Berliner Luft« aus Paul Linckes (*7.11.1866 – Neumond) Operette »Frau Luna«, in der es zu einer Mondfahrt kam. Die Uraufführung dieses Werkes fand übrigens in der Silvesternacht vom 19. zum 20. Jahrhundert statt, und man fragt sich unwillkürlich, war es Absicht oder Zufall, daß im Kalender der Neumond abgedruckt war, genau wie am Geburtstag des Berliner Komponisten?

Sonne und Mond im Tierkreis und ihre Berechnung

Auch der astrologische Laie weiß: Es gibt 12 historische Sternbilder, die am Himmel in einer Kreisebene liegen. Die Sonne durchwandert aus irdischer Sicht im Laufe von 12 Monaten eine scheinbare Bahn – Ekliptik genannt. Besser als viele erklärende Worte zeigt das nachfolgende Schaubild deutlich den Lauf der Erde um die im Mittelpunkt stehende Sonne, wobei in Pfeilrichtung die wechselnden Symbole der Tierkreiszeichen auftauchen. In unserer Darstellung wird die März-Sonne gezeigt, die sich im Tierkreiszeichen Fische befindet.

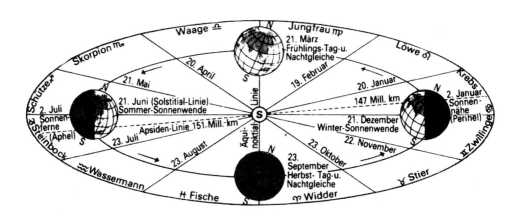

Die Sonne im Tierkreiszeichen

Name	Symbol	Datum	Sterngruppe
Widder	♈	21. 03.- 20.04.	Frühlingszeichen
Stier	♉	21. 04.- 20.05.	
Zwillinge	♊	21. 05.- 21.06.	
Krebs	♋	22. 06.- 22.07.	Sommerzeichen
Löwe	♌	23. 07.- 22.08.	
Jungfrau	♍	23. 08.- 22.09.	
Waage	♎	23. 09.- 22.10.	Herbstzeichen
Skorpion	♏	23. 10.- 21.11.	
Schütze	♐	22. 11.- 20.12.	
Steinbock	♑	21. 12.- 19.01.	Winterzeichen
Wassermann	♒	20. 01.- 18.02.	
Fische	♓	19. 02.- 20.03.	

Nicht alle Menschen, die am gleichen Tag, aber jeder in einem anderen Jahr Geburtstag feiern, haben dieselben hervorstechenden Eigenschaften und Anlagen, demzufolge auch keine ähnlichen Bezüge. Wer dies nicht aus eigener Erfahrung bestätigen kann, den verweise ich auf nachfolgende Aufstellung von Personen, die alle an meinem Geburtstag, dem 8. September, im Sonnenzeichen der Jungfrau geboren wurden.

Name	Beruf	Geb. 8. Sept. im Jahr	Geb. Mond
Clemens Brentano	Dichter	1778	Widder
Eduard Mörike	Lyriker	1804	Skorpion
Wilhelm Raabe	Schriftsteller	1831	Waage
Antonin Dvorak	Komponist	1841	Zwillinge
Georg Michaelis	Politiker	1857	Stier
Jakob von Uexküll	Biologe	1864	Schütze
Alfred Jarry	Dichter	1873	Widder
Denis de Rougemont	Schriftsteller	1906	Stier
Erik Reger	Schriftsteller	1893	Löwe/Jungfrau
Jean-Louis Barrault	Schauspieler	1910	Skorpion
Peter Sellers	Schauspieler	1925	Stier/Zwillinge
Christoph v. Dohnany	Dirigent	1929	Skorpion
Mario Adorf	Schauspieler	1930	Fische
Christiane Krüger	Schauspielerin	1945	Waage
Stefano Casiraghi	Speedbootfahrer, Playboy	1960	Widder
Markus Babbel	Fußballspieler	1972	Jungfrau

Manche Astrologiekundige versuchen nun, um die Treffsicherheit ihrer Aussagen zu erhöhen, den Aszendenten (= der am Osthorizont aufsteigende Punkt der Ekliptik zur Zeit der Geburt) mit einzubeziehen. Aber wenn man bedenkt, daß der Aszendent alle zwei Stunden einen anderen Tierkreis durchwandert, erkennt man augenblicklich die Unsicherheit dieses Verfahrens, denn eine zuverlässige Berechnung setzt die Kenntnis der genauen Geburtsminute und des Geburtsortes voraus – und diese Angaben sind selten zweifelsfrei erhältlich.

Es stellt sich daher die Frage, ob es eine zusätzliche Möglichkeit gibt, die aus der reinen Sonnenposition sich ergebenden Grundaussagen über eine Person zu ergänzen und zu verbessern. Dabei bietet sich die Betrachtung der Mond-Position an, weil sich auch unser Erdtrabant von unserem Blickwinkel aus in den bekannten Sternbildern aufhält. Erst durch die Hinzunahme der Mond-Positionen am Geburtstag erhalten wir demzufolge eine präzisere Information über die Charakteristik eines Menschen. Sonne und Mond bilden aus astrologischer Sicht eine Einheit, weil sie ein Paar sind, das die Polarität der männlichen und weiblichen Machtverhältnisse verkörpert. Nach der Symbolsprache der Astrologie wird die Sonne als »männliches Gestirn« betrachtet, das den Willen, die Energie und das Bewußtsein steuert. Der Mond dagegen gilt als »weiblich«, zuständig für das Gemüt, die Seele und das Unbewußte im Menschen. Über den psychologischen Gehalt dieser Zusammenhänge hat sich die englische Fachbuch-Autorin M. Esther Harding wie folgt geäußert: »Zu Zeiten der Mondverehrung war Religion mit den unsichtbaren Mächten der geistigen Welt befaßt, und sogar als die Staatsreligion auf die Sonne, einen Kriegsgott persönlicher und weltlicher Machtvergrößerung, übertragen wurde, blieben die geistigen Qualitäten bei den Mondgottheiten. Denn die Verehrung des Mondes ist gleichbedeutend mit der Verehrung der kreativen und fruchtbaren Naturkräfte und der Weisheit, die im Instinkt und in der Übereinstimmung mit den Gesetzen der Natur liegt. Dagegen ist die Verehrung der Sonne die Verehrung dessen, was die Natur besiegt, was Ordnung in ihre chaotische Fülle bringt und ihre Kräfte der Erfüllung menschlicher Ziele nutzbar macht.«

Je nach der Stellung von Sonne und Mond im Tierkreis erhalten wir eine Winkelbeziehung, die eine gewisse Prägung ausübt und eine Betonung positiver oder negativer Eigenschaften zur Folge hat. Daher gibt es Menschen, die eine ausgesprochene Mondbetonung aufweisen und die eine mehr triebhafte oder wenig vernünftig orientierte Natur besitzen. Dies äußert sich beispielsweise durch einen übertriebenen Hang zum Träumen und Phantasieren oder durch ein auffallendes »Bemutternwollen«.

Aufgrund meiner Untersuchungen und Befunde an weit mehr als 6.000 Horoskopeignern und deren Lebensbildern wage ich die Behauptung, daß erst das Zusammenwirken von Sonne und Mond ein differenziertes Urteil über Anlagen und Verhaltensweisen eines Menschen erlaubt. Da die Sonne innerhalb eines Jahres und der Mond innerhalb eines Monats sämtliche Tierkreiszeichen durchlaufen, entstehen 144 verschiedene Kombinationsmöglichkeiten mit hochinteressanten Ergebnissen.

HINWEIS Kleinere graphische Abweichungen der Tierkreissymbole (z.B. Jungfrau, Schütze, Steinbock) von der Aufstellung auf Seite 29 und den Seitenüberschriften sind technisch bedingt.

Außerdem: Da sich der astronomische Sonnenstand (Beginn und Ende eines Tierkreiszeichens) in bestimmten Jahren um einen Grad verändern kann, ergeben sich manchmal abweichende Daten für die entsprechenden Zeiträume (z.B. Beginn 22. statt 23. eines Monats).

Bei der psychologischen Kurzbeschreibung der einzelnen Kapitelüberschriften habe ich nur männliche Namen verwendet, und dies mögen mir die Leserinnen verzeihen. Es versteht sich von selbst, daß es die Lebenskünstlerin genauso gibt wie beispielsweise die Vielbeschäftigte und so fort, aber der *Typ* ist in der deutschen Sprache nun einmal männlich – genauso wie der Mond – obwohl beide sehr weibliche Züge aufweisen.

Sollten Sie sich übrigens gut getroffen fühlen, ist dies nur die Bestätigung für die vielen gleichartigen eigenen und fremden Beobachtungen, Einschätzungen und Aussagen. Betroffen aber sollten Sie keinesfalls sein, denn es gibt überall Ausnahmen, die früher oder später die Regel bestätigen.

Die folgende von mir vereinfachte Mondformel erleichtert Ihnen die Auffindung Ihres Typs bzw. auch den der anderen.

Die Mondformel

zur Berechnung des Mondstand-Zeichens im Tierkreis (= Tierkreiszeichen, in dem sich der Mond an einem Stichtag, z.B. Geburtstag, befand).
Die nachfolgenden Tabellen sind für die erfolgreiche Benutzung dieses Buches besonders wichtig, zumal die vereinfachte Vorgehensweise keinerlei Schwierigkeiten bereiten dürfte.
Um das Tierkreiszeichen für den Mond des jeweiligen Geburtstags zu ermitteln, sucht man in der Tabelle 1 (= Jahreskennziffer) den betreffenden Jahrgang. Dann findet man in der Tabelle 2 (= Monatskennziffer) die entsprechende Zahl für den Geburtsmonat heraus und addiert beide mit dem Tag der Geburt.
Von der so erhaltenen Summe braucht man dann nur noch den größtmöglichen der folgenden Werte abzuziehen: 27, 55, 82 – schon zeigt das Ergebnis aus der Tabelle 3 das gesuchte Tierkreiszeichen.

Nur wer in einem Schaltjahr (= ein durch 4 ohne Rest teilbarer Jahrgang, z.B. 1960) in den Monaten März bis Dezember geboren wurde, muß zum Ergebnis noch eine 1 addieren.

AUSNAHME !

Da bei der Vereinfachung die Geburtsstunde keine Berücksichtigung finden konnte und der Mond zu sehr unterschiedlichen Tages- und Nachtzeiten von einem Tierkreiszeichen in das andere wechselt, ist beim Ziffernergebnis eine Abweichung um 1 Position bei der Zuordnung möglich. Im Zweifelsfall gibt eine Ephemeride mit dem täglichen Stunden- und Minutenstand der Himmelskörper oder ein ganz persönlich erstelltes Horoskop genaue Auskunft.

HINWEIS

Berechnung des Tierkreiszeichens, in dem sich der Mond ☽ zum Zeitpunkt der Geburt befand

TABELLE 1:
JAHRES-
KENNZIFFERN

1900:	20	1928:	0
1901:	3	1929:	12
1902:	13	1930:	21
1903:	22	1931:	3
1904:	4	1932:	13
1905:	16	1933:	25
1906:	26	1934:	7
1907:	8	1935:	16
1908:	17	1936:	26
1909:	1	1937:	10
1910:	11	1938:	20
1911:	20	1939:	2
1912:	3	1940:	12
1913:	14	1941:	23
1914:	24	1942:	5
1915:	6	1943:	14
1916:	16	1944:	25
1917:	0	1945:	9
1918:	10	1946:	18
1919:	19	1947:	0
1920:	1	1948:	11
1921:	13	1949:	22
1922:	23	1950:	4
1923:	5	1951:	13
1924:	14	1952:	24
1925:	26	1953:	7
1926:	8	1954:	17
1927:	17	1955:	26

1956:	10	1978:	12
1957:	20	1979:	23
1958:	2	1980:	5
1959:	12	1981:	16
1960:	23	1982:	25
1961:	6	1983:	8
1962:	15	1984:	18
1963:	25	1985:	1
1964:	8	1986:	11
1965:	19	1987:	21
1966:	1	1988:	4
1967:	11	1989:	14
1968:	21	1990:	24
1969:	4	1991:	7
1970:	13	1992:	17
1971:	24	1993:	27
1972:	7	1994:	9
1973:	17	1995:	20
1974:	26	1996:	2
1975:	10	1997:	13
1976:	20	1998:	22
1977:	3	1999:	5

TABELLE 2: MONATS-KENNZIFFERN

Januar:	0	Juli:	17
Februar:	4	August:	21
März:	4	September:	24
April:	8	Oktober:	27
Mai:	11	November:	3
Juni:	14	Dezember:	6

TABELLE 3:
ZUORDNUNG
VON KENN-
ZIFFER ZU
TIERKREIS-
ZEICHEN

0, 1, 27, 18:	Widder	14, 15:	Waage
2, 3, 4:	Stier	16, 17:	Skorpion
5, 6:	Zwillinge	18, 19:	Schütze
7, 8:	Krebs	20, 21, 22:	Steinbock
9, 10:	Löwe	23, 24:	Wassermann
11, 12, 13:	Jungfrau	25, 26:	Fische

Beispiel 1:
Gesucht ist das Mondstands-Zeichen am Geburtstag von Franz Beckenbauer, geboren am 11.9.1945 im Sonnenzeichen Jungfrau.

Jahreskennziffer	9
Monatskennziffer	24
Tag	+11
Summe dieser Werte	= 44
Korrektur-Abzug	− 27
Zuordnungszahl	17 = Skorpion (Mondstands-Zeichen)

Beispiel 2:
Gesucht ist das Mondstands-Zeichen am Geburtstag von Richard von Weizsäcker, geboren am 15.4.1920 im Sonnenzeichen Widder.

Jahreskennziffer	1
Monatskennziffer	8
Tag	15
Schaltjahrzuschlag	+ 1
Zuordnungszahl	25 = Fische (Mondstands-Zeichen)

(ohne Korrektur, da unter 27)

Der Mond als Mitbestimmer der Persönlichkeit

144 Menschentypen im Zeichen des Mondes

ZEICHENERKLÄRUNG FÜR DIE FOLGENDEN HOROSKOPDARSTELLUNGEN:

◀ = Sonne = ☉   ◁ = Mond = ☽

die nach Kenntnis von Geburtssonne und Geburtsmond im Tierkreis die Persönlichkeitsbestimmung für jedermann, auch für astrologische Laien, ermöglichen.

Sonnenzeichen Widder ♈

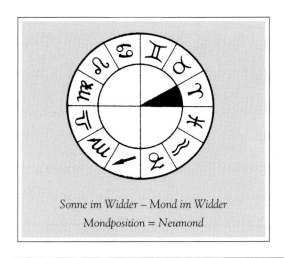

Sonne im Widder – Mond im Widder
Mondposition = Neumond

Der Bestimmer

Es gibt diesen reinen Widder-Typ überall, beispielsweise innerhalb der Familie oder im Freundeskreis, im Sportverein oder im Landesverband, beim Steuerberater oder beim Landgericht, in der Vertriebsabteilung oder in der Firmenverwaltung, bei der Bundeswehr oder in der Staatsregierung.

Der Bestimmer hat wesentlichen Einfluß auf den Ablauf der Dinge, und er ist nicht immer der nach außen hin bekannte Ansprechpartner oder Befehlsgeber. Zuweilen verschanzt er sich auch hinter anderen ausführenden Personen oder Institutionen. Dann heißt es beispielsweise: der Aufsichtsrat hat beschlossen ..., Bonn pocht auf ..., der Weltsicherheitsrat bemüht sich ..., die Post plant ... usw., usw.

Dahinter verbirgt sich immer eine planende und anweisende Person, die anordnet, vorschreibt, verfügt oder festlegt, ganz einfach ein Bestimmer, bei dem das dem Widder zugeordnete Element Feuer zweifach in Beziehung zu setzen ist. Dies weist auf persönliche Qualitäten hin, wie sie Führernaturen mit Willenskraft, Mut und impulsivem Drängen nach Fortschritt und Erneuerung eigentümlich sind. Als besonderes Beispiel für einen Bestimmer sei der politische Regierungsberater George Frost Kennan (*16.04.1904) genannt, der im Planungsstab des US-

WESENSART

Außenministeriums nach dem 2. Weltkrieg die amerikanische Politik der »Eindämmung« der Sowjetunion entwarf.

Wenn die Kombination Widder/Widder auch für Sie zutreffend ist, suchen Sie stets nach neuen Aufgaben, treten energiegeladen und mit schier unerschöpflichem Tatendrang auf, wobei Ihre Ungeduld zur Vorsicht mahnen sollte, vor allem angesichts der Neigung, die eigenen Kräfte zu überschätzen oder sich ungenügend anzupassen. Sprunghaftes Handeln, fehlende Ausdauer und ein Hang zur Launenhaftigkeit können die positiv zu wertenden Charaktereigenschaften wie Idealismus, Begeisterungsfähigkeit und Gefühlsoffenheit überdecken und negative Auswirkungen haben. Sie sollten auf den Rat Ihrer Mitmenschen achten und Ihre eigene Meinung nicht als allein gültig betrachten; dazu gehört auch, daß Sie begangene Fehler nicht so schnell wie möglich vergessen, sondern nach der Weisheit verfahren, daß man vor allem »durch Erfahrung klug wird«.

FÄHIGKEITEN UND EIGNUNG

In Ihrem Beruf sind Sie bei reiner Routinearbeit nicht glücklich, denn Sie brauchen die Abwechslung und stete Herausforderung, um die Ihrem Wesen entsprechende Spontaneität zur Geltung bringen zu können. Je schärfer der Wettbewerb und je höher die Anforderungen, desto wohler fühlen Sie sich: Suchen Sie möglichst die eigenständige Wirkungssphäre. Persönlichkeiten Ihres Typs sind auf diplomatischem Gebiet meist erfolgreich tätig, auch als selbständiger Unternehmer in der Industrie, im Handel und in der Wirtschaft kann Ihre ausgeprägte Initiative sehr gefragt sein – sofern Sie Ihrem Streben nach »einsamen Entschlüssen« im richtigen Augenblick Zügel anlegen und Fingerspitzengefühl statt Direktheit zeigen.

LIEBE UND PARTNERSCHAFT

Ihre etwas egozentrische Art kann in Partnerschaften störend sein. Respekt vor der Gefühlswelt anderer muß an die Stelle von Rechthaberei treten nach dem Motto: Leben und leben lassen. Das gilt auch für den Bereich von Liebe und Sexualität, wo Sie sich wenig um überkommene Moralbegriffe kümmern und auch alternative Lebensweisen ausprobieren. In der Liebe sind Sie stürmisch und aktiv, aber zuverlässig, sobald Sie sich für einen Partner entschieden haben.

In diesen Zeichen sind geboren: der Schauspieler Marlon Brando (*3.4.1924) sowie König Fuad I. (26.03.1868), Sultan unter brit. Schutzherrschaft, später unabhängiger ägyptischer König.

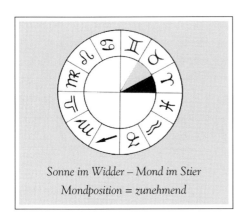

Sonne im Widder – Mond im Stier
Mondposition = zunehmend

Das Glückskind

WESENSART

Hier werden die Persönlichkeitsmerkmale von zwei Tierkreiszeichen vorbestimmt, die einander benachbart sind und einen Spannungszustand herbeiführen. Menschen dieses Typs verfolgen mit Begeisterung und Durchsetzungskraft sehr energisch ihre Lebensziele, haben aber auch innere Ruhe und Geduld, um den Erfolg abwarten zu können. Wie andere Widder-Geborene bringen Sie Ehrgeiz und Überzeugungskunst auf, weil ein gewisses Maß an Eigensinn und herrischem Wesen nicht zu übersehen ist; doch das wird von den meisten Mitmenschen akzeptiert. Sie sind so etwas wie ein Zugpferd für andere, wenn es gilt, Vorhaben in die Tat umzusetzen. Dabei bleiben Sie selbst im Denken eher konservativ, streben nach materieller Sicherheit und besitzen ein sicheres Gespür für die finanziellen Seiten eines Projekts. So erschließen Sie sich die guten Dinge des Lebens und können sich jenen Luxus erlauben, der Ihrem erdverbundenen, etwas sinnlichen Wesen gemäß ist.

Da Sie freundlich und zuvorkommend auftreten, brauchen Sie keine rüden Methoden, um voranzukommen und Ihre Ziele zu erreichen. Von einer vorgefaßten Meinung sind Sie nur schwer zu trennen, und Sie zeigen sich oft uneinsichtig bei Fehlern, die Sie eingestehen sollten. Hier tritt Ihre Skepsis zutage, die mitunter angebracht ist, doch auch Einseitigkeit und Kritiksucht bedingt. Hüten Sie sich vor Vorurteilen, bleiben Sie flexibel und respektieren Sie die Gesichtspunkte der anderen.

FÄHIGKEITEN UND EIGNUNG	Manche in dieser Zeichen-Kombination Geborene sind sehr künstlerisch veranlagt und sollten ihre Kreativität bei der Berufswahl berücksichtigen. Der musischen Begabung entspricht meist ein guter Geschmack und die Aufgeschlossenheit für die schönen Künste. Doch da demgegenüber ein einzigartiger Geschäftssinn vorhanden ist, wird häufig die unsichere Künstlerkarriere vermieden; in Folge bieten sich Betätigungen als Verleger, Projektleiter in Bereichen der Forschung und der Technik oder als Moderator in den Medien an.
LIEBE UND PARTNERSCHAFT	Auch bei der Partnerwahl können die Grundzüge Ihrer Veranlagung nicht unbeachtet bleiben: Sie brauchen Sicherheit und Stabilität in den Beziehungen. Sie sind bereit, viel zu geben, aber Sie können Ihre Gefühle leicht verbergen und sollten ehrlichen Partnern gegenüber auch in der Liebe bezüglich Ihrer Gedanken und Gefühle mitteilsam sein. Größere Einfühlungsbemühungen sind hier oft angebracht. Vertreter dieser Zeichen-Kombination sind: der Raketenkonstrukteur Wernher Freiherr von Braun (*23.3.1912), der Schriftsteller Johannes Mario Simmel (*7.4.1924) und der Fußballprofi Lothar Matthäus (*21.3.1961).

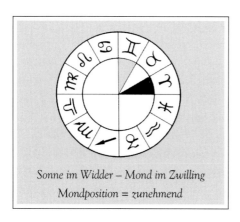

Sonne im Widder – Mond im Zwilling
Mondposition = zunehmend

Das Energiebündel

WESENSART	Bei der Stellung des Mondes im 1. Viertel sind zwei typisch männlich aktive Tierkreiszeichen wirksam. Sie lassen auf einen Charakter schließen, der sich mit viel Geschick und Schaffensfreude durchzusetzen vermag. Bei großer Kontaktbe-

reitschaft und Kommunikationskraft bewahrt er Eigenständigkeit, ist stets beherrscht und sehr selbstbewußt und erweckt durch seine Zurückhaltung den Eindruck von Kühle und Distanziertheit. Doch sind Sie, der Sie diesem Typ zuzurechnen sind, ein nachdenklicher, ehrgeiziger Arbeiter, der gern »den Ton angibt und die Puppen tanzen läßt«. Allerdings sind Ihnen dabei überschwengliche Gefühle fremd; bei Ihrer artgemäßen Bescheidenheit zählen Sie nicht zu den Personen, die ihre Erfolge hinausposaunen.

Dem Widdereinfluß entspricht Ihre geradlinige, energische Haltung, doch neigen Sie zuweilen zum cholerischen Aufbrausen. Wenn Sie sich an die Kandare nehmen, können Aufstieg und Popularität dadurch nicht gebremst werden, aber nehmen Sie Verleumdungen und Intrigen sehr ernst, und lernen Sie vor allem, Ich-Bezogenheit und schulmeisterliches Auftreten zu vermeiden, damit Sie von Ihren Freunden richtig eingeschätzt werden.

Zu Ihrem Geschick und Ihrer Fähigkeit, schnell das Wesentliche einer Sache zu erfassen, gesellt sich Ihr Arbeitseifer, der bis zur Besessenheit gesteigert werden kann und Sie zu außerordentlichen Leistungen treibt. Dem steht eine angeborene Trägheit auf manchen Gebieten gegenüber, doch Ihr Stolz und Ihre Eitelkeit lassen Ihnen keine Ruhe.

FÄHIGKEITEN UND EIGNUNG

Beruflich fühlen Sie sich am wohlsten in Positionen, in denen Sie Qualitäten als Führer ausspielen können. Ihr Sinn für Unabhängigkeit und Ihre Energiereserven befähigen Sie, die Initiative zu ergreifen und neue Gedanken zu verwirklichen. Dabei sind Sie beliebt und erreichen mit zuverlässigen Mitarbeitern große Erfolge.

Wenn Sie die Merkmale des Doppelzeichens Widder/Zwilling richtig ansetzen, haben Sie die seltene Gabe, andere unauffällig zu lenken und für sich einzuspannen. Sie schließen nicht sehr rasch Freundschaften; als Partner sind Sie mit Ihrer etwas rauhen Zärtlichkeit zuweilen unbequem. Sie können unnahbar und reserviert sein, obwohl Sie freundliche Wesenszüge haben. Sie brauchen einen toleranten Partner, der Ihren Individualismus akzeptiert.

LIEBE UND PARTNERSCHAFT

Vertreter dieses Typs sind: Bundeskanzler Helmut Kohl (*3.4. 1930), der Dirigent Herbert von Karajan (*5.4.1908) und der Fernsehmoderator Frank Elstner (*19.4.1942).

♈ Widder

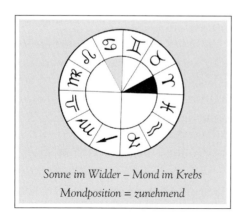

Sonne im Widder – Mond im Krebs
Mondposition = zunehmend

Der Tausendsassa

WESENSART Dem männlichsten der Tierkreiszeichen, dem Widder, hat sich hier ein typisch weiblich passives Zeichen durch den zunehmenden Mond zugesellt. Dem Element Feuer steht das Element Wasser gegenüber. Zwei grundverschiedene Wesensarten ringen miteinander: Die eine sucht mutig und dynamisch den Weg vorwärts in die Zukunft, die andere ist mehr rückschauend orientiert und lebt gefühlsbetont und nachdenklich in der Gegenwart.
Falls Sie diesem Persönlichkeitstyp zugehören, werden Sie eine gewisse Unausgeglichenheit in sich spüren. Sie fühlen sich hin- und hergerissen zwischen Frohsinn und Schwermut. Trotz Ihrer nachdenklichen und bedachtsamen Introvertiertheit eignen Sie sich besonders für das Vorbereiten und Ausarbeiten neuer Gedanken und Einfälle, wenn Sie den richtigen Schuß Begeisterung aufbringen. Mit Mut und Entschlossenheit können Sie sich von Stufe zu Stufe emporarbeiten und zur Spitze gelangen.
Ihre Stärke liegt in Ihrer Spontaneität, mit der Sie angesichts Ihrer Intelligenz und Aktivität auch schwierige Situationen erfolgreich bestehen. Nehmen Sie sich aber in acht vor allzu impulsivem Handeln, mit dem Sie mitunter längeres unschlüssiges Nachdenken überspielen wollen. Wenn Sie Ihre schöpferische Phantasie in vernünftige Bahnen lenken, werden Sie beruflich Erfolg haben und große Möglichkeiten richtig nutzen. Dazu bedarf es dann keines Imponiergehabes, mit dem Sie versuchen könnten, einen Hang zur Inkonsequenz zu kompensieren. Ihr Problem ist möglicherweise schon in Ihrer Kindheit begründet, in der Sie unglückliche oder zerrüttete Zustände erlebt haben. Sie sollten Belastungen dieser

Art versuchen, abzuschütteln und sich nicht zu sehr von Vorsicht und Erinnerung an die Vergangenheit hemmen lassen. Selbstvertrauen und Mut zum Abenteuer helfen Ihnen mehr als ständige Selbstkritik.

FÄHIGKEITEN UND EIGNUNG

Als Tausendsassa haben Sie beruflich gute Chancen in vielen Tätigkeitsbereichen, vorausgesetzt, Sie haben mehrere Eisen im Feuer, Sie stellen sich der Herausforderung und geben Ihre Reserviertheit rechtzeitig auf. Letztere entspricht einem Egoismus, mit dem Sie stets nach Sicherheit und Stabilität streben.

LIEBE UND PARTNERSCHAFT

Sicherheit ist auch wichtig für Ihre Partnerschaften, um zwischenmenschliche Spannungen zu vermeiden. Denn da Sie zu Treue und Verläßlichkeit tendieren, sobald der Partner Ihren Vorstellungen entspricht, würde eine Trennung von einer liebgewonnenen Person Sie tief in der Seele verletzen.
Als Vertreter dieses Doppelzeichens finden wir: die Schauspielerin und Oscar-Preisträgerin Emma Thompson (*15.4.1959) und den Quizmaster Hans Rosenthal (*2.4.1925).

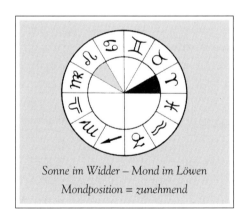

Sonne im Widder – Mond im Löwen
Mondposition = zunehmend

Der Pionier

WESENSART

Mit dem Mond im 2. Viertel, wenige Tage vor dem Vollmond, gehören Sie zu jenen Menschen, die sich mit viel Selbstvertrauen auf ihre Karriere konzentrieren und ihre speziellen Fähigkeiten zum Einsatz bringen.

Dem Widdereinfluß sind die Anlagen zur Führerpersönlichkeit zuzuschreiben. Sie haben Ausstrahlungskraft und entwickeln den Ehrgeiz, der erforderlich ist, um sich von der Allgemeinheit abzuheben. Streben nach Unabhängigkeit, Unternehmensgeist, Risikobereitschaft und hervorragende Gestaltungskraft auf vielen Betätigungsgebieten sind Kennzeichen einer Persönlichkeit, für die Glück und Erfolg vorbestimmt zu sein scheinen. Sie verstehen es, sich bewußt in Szene zu setzen und sind gern Mittelpunkt des Geschehens. Wenn es zu einer Überbetonung dieser Neigungen kommt, besteht die Gefahr, daß Sie mit Ihrem Gehabe zu auffallend und exaltiert wirken; es ist deshalb zuweilen Zurückhaltung empfehlenswert. Obwohl Sie sich Ihrem Wesen nach für Ihre Mitmenschen einsetzen und hilfsbereit sind, kann Ihr Drang, die Dinge positiv zu beeinflussen, zu einer nachteiligen Einschätzung durch andere führen; Sie geraten in Gefahr, als überzogen und überheblich zu gelten.

FÄHIGKEITEN UND EIGNUNG

Vielleicht hatten Sie eine schwere Jugend und sehnen sich deshalb nach Harmonie und glücklichem Daseinsgenuß. So suchen Sie möglicherweise angesichts Ihrer Neigung zur Aktivität Ablenkung und Zerstreuung nach dem Motto »Wein, Weib und Gesang«, doch sollten Sie darauf achten, daß die Zeit nicht mit zu viel Unwesentlichem vergeudet wird, sondern lohnende Ziele angepeilt werden. Sie sind ja stets bereit, Neuland zu betreten und sich durchzukämpfen, auch wenn Rodung und Fruchtbarmachung eines Feldes viel Geduld und Ausdauer erfordern. Beruflich eignen Sie sich vor allem für Wirkungskreise, in denen Ihre Lebhaftigkeit voll zur Geltung kommen kann und Kreativität gefordert wird, beispielsweise als Künstler, Forscher, Kaufmann und Politiker. Sie werden bald im Vordergrund stehen und allgemein bekannt sein, wenn Sie sich vor Eitelkeit und Selbstherrlichkeit hüten.

LIEBE UND PARTNERSCHAFT

Da Sie auch in Partnerschaften Ihre dominierende Rolle nicht aufzugeben bereit sind, stoßen Sie vielleicht auf Unverständnis und Widerstand. Sie sollten immer daran denken, daß die Liebe nur dauern kann, wenn Geben und Nehmen selbstverständlich ist. Es gehört zum Unabdinglichen, die Gefühle und Bedürfnisse des Partners zu akzeptieren.

Als Vertreter dieser Konstellation finden wir: den Schauspieler und Schriftsteller Sir Peter Ustinov (*16.4.1921) und den Schweizer Politiker Jean-Pascal Delamuraz (*1.4.1936).

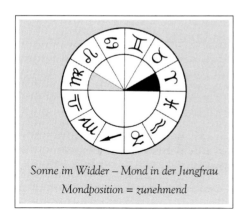

Sonne im Widder – Mond in der Jungfrau
Mondposition = zunehmend

Der Schlaukopf

WESENSART

Wenn man die charakteristischen Merkmale des unter dieser Tierkreiskombination Geborenen aufzählt, dann bemerkt man bald Gegensätzliches, dem man sich stets erneut stellen muß. Den dem Widdereinfluß zuzuordnenden Eigenschaften wie Dynamik, Aggressivität, Tatkraft und Mut stehen die für den Jungfrau-Typ dominierenden Kennzeichen der zurückhaltenden, nachdenklichen Verschlossenheit gegenüber. Das ausgeprägte Selbstwertgefühl wird immer wieder auf den Prüfstand gestellt, weil Pflichtgefühl und Verantwortungsbewußtsein Zweifel an den eigenen Werten nähren. Diese Doppelnatur kann Minderwertigkeitskomplexe auslösen, die dann mitunter zwanghaft überspielt werden.

Falls die Konstellation Widder/Jungfrau für Sie zutrifft, sollten Sie sich dennoch trösten mit der Gewißheit, daß mit zunehmendem Lebensalter Ecken und Kanten abgeschliffen werden, so daß eine Synthese der gegensätzlichen Neigungen möglich wird. Mit Disziplin und Selbstbeherrschung läßt sich dieser Zustand jedenfalls in den Wirkungen nach außen – schon früher erreichen. Es kommt sehr darauf an, daß Sie sich so annehmen, wie Sie sind und wie es Ihrer Veranlagung entspricht, nicht jedoch so, wie Sie oder andere es gern haben wollen.

FÄHIGKEITEN UND EIGNUNG

Der ausgeprägte Sinn für das Kaufmännische, der durch außergewöhnliche Willens- und Tatkraft unterstützt wird, ergibt sich aus der Neigung, die Vor- und Nachteile beider Seiten abzuschätzen. Ehe Sie sich einer Aufgabe widmen, wägen Sie ganz nüchtern die Möglichkeiten ab und werten dabei auch die Untersuchungsergebnisse und Erfahrungen anderer. Mit Ihrer Devise »Vorsicht ist besser als Nachsicht« handeln Sie immer richtig. Durch Ihre Konzentrationsfähigkeit und Ihr Engagement für den sozialen Bereich sind sie befähigt, eine Laufbahn auf dem Sektor der Medizin oder der Jurisprudenz anzustreben; Sie werden durch die Neigung zum Erforschen hintergründiger Gesetzmäßigkeiten vorzüglich motiviert. Ihr Organisationstalent und Ihr Hang zur Perfektion kommt auch bei einer Tätigkeit im Bereich der Informatik gut zur Geltung.

LIEBE UND PARTNERSCHAFT

Hüten Sie sich vor Übersteigerungen, vor Lehrmeisterei und ungezügeltem Tatendurst, vor allem, wenn Sie sich angegriffen fühlen. Geben Sie Fehler und Schwächen zu, und versuchen Sie, Verständnis auch für den Partner aufzubringen. Bemühen Sie sich, damit ein harmonisches Familienleben nicht durch Ihr Verschulden in die Brüche geht. In diesem Doppelzeichen sind geboren: der Industrielle Ernst von Siemens (*9.4.1903), der Schriftsteller Rolf Hochhuth (*1.4.1931) und der Schriftsteller Erich von Däniken (*14.4.1935).

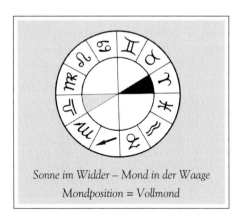

Sonne im Widder – Mond in der Waage
Mondposition = Vollmond

Der extreme Individualist

WESENSART

Wer im Zeichen des Widders zur Vollmondzeit das Licht der Welt erblickt hat, ist in diese Kombination einzuordnen. Die Sonne steht in Opposition zum Mond; wenn Sie zu den Menschen dieses Typs gehören, werden Sie schon bemerkt haben, daß Sie besonders anfällig sind für Gefühlsschwankungen, von denen »die eine ist die himmelblaue, die uns froh entgegenlacht, doch die andere ist die graue, welche angst und bange macht«. Wenn Sie übertrieben empfindsam sind, nicht nein sagen können, sollten Sie sich nicht allzu großen Spannungen aussetzen und sich um mehr Gelassenheit bemühen. Sie bleiben somit urteilsfähig und berechenbar, zumal wenn Medikamente, Alkohol und dergleichen keine Beeinträchtigung herbeiführen können.

Ein klassischer Vertreter dieses Doppelzeichens ist der vielseitig begabte und schaffensfreudige Dichter und Maler Wilhelm Busch (*15.4.1832) gewesen. In seiner Selbstbiographie schrieb er im Alter von 66 Jahren: »So stehe ich denn tief unten an der Schattenseite des Berges. Aber ich bin nicht grämlich geworden sondern wohlgemut; halb schmunzelnd, halb gerührt, höre ich das fröhliche Lachen von andererseits her, wo die Jugend im Sonnenschein nachrückt und hoffnungsfreudig nach oben strebt.«

Sein liebenswürdiges Wesen, seine philosophische Lebensauffassung und sein ruheloser Geist, seine vorbildliche Pflichtauffassung und strenge Selbstbeurteilung, aber auch seine genießende Lebensweise können für viele andere gleicher kosmischer Prägung Geltung haben.

So wie Wilhelm Busch Ernstes und Heiteres, Schein und Sein in seinem Lebenswerk in einzigartiger Weise zum Klingen bringt, so können solche Polaritäten als charakteristisch für diesen Menschentyp betrachtet werden.

In beruflicher Hinsicht werden künstlerische Tätigkeit wie Maler, Zeichner, Bildhauer und Schauspieler im Vordergrund stehen, da der Mondeinfluß das künstlerische Talent und das Traum- und Phantasieleben andere Wesenszüge stark fördert.

Fähigkeiten und Eignung

In Partnerschaften brauchen sie einen verständnisvollen Menschen, der auf Ihre Eigenart eingeht. Sollten Sie bei der Partnerwahl glücklos gewesen sein, so bleiben Sie am besten auf Distanz, um Konfliktsituationen zu vermeiden. In der Liebe ist Ihnen oft mehr Hingabe und Aufopferung zu wünschen.

Als Vertreter dieses Typs finden wir: den Berufsboxer und Werbekaufmann Gustav Scholz (*12.4.1930), den Schauspieler O.W. Fischer (*1.4.1915) und den Schauspieler Richard Chamberlain (*31.3.1934).

Liebe und Partnerschaft

♈ Widder

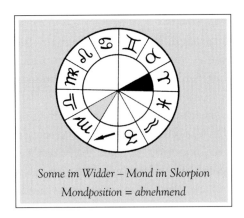

Sonne im Widder – Mond im Skorpion
Mondposition = abnehmend

Der Nonkonformist

WESENSART Die Grundzüge der Persönlichkeit bei dieser Verbindung zwischen einem positiv männlichen und einem negativ weiblichen Zeichen sind herrisches und leidenschaftliches Wesen bei stark ausgeprägtem Willen, großer Gefühlsbindung und ränkevoller List.
Aber wo viel Licht ist, ist auch viel Schatten, und so steht neben diesen, nach außen wirkenden Symptomen einer Führernatur oft eine innere Unausgeglichenheit, die die Harmonie eines zufriedenen Lebens nicht aufkommen läßt.
Der Widder-Skorpion-Geborene gilt als Realist, aber er muß seine Schwächen immer wieder bekämpfen, um realistisch zu sein, denn es fällt ihm schwer, Kompromisse zu schließen und sich zu bescheiden. Er kennt nur Sieg oder Niederlage und kostet beide aus. Herausforderungen stellt er sich ohne Zögern; das Wort Langeweile kennt er nicht.

FÄHIGKEITEN UND EIGNUNG Sie leben ständig in seelischer Hochspannung, die Ihrer Mitwelt Furcht einflößt, weil sie sich unvermutet entladen kann. Ungeduld und fehlende Nachsicht sind Ihre Schwächen. Mit Selbstbeherrschung und Anpassungswillen könnten Sie viel erreichen. Auch wenn Sie nicht in einer Partei tonangebend sind oder als Diplomat arbeiten, werden für Sie verwandte Tätigkeiten anzustreben sein, da Sie sich auf die Kunst des Taktierens verstehen.
Es besteht allerdings das Risiko, daß Sie mit den allgemein herrschenden Ansichten nicht konform gehen und Ihnen die fehlende Übereinstimmung berufliche Probleme bereitet.

Partnerschaften gestalten sich angesichts Ihrer Neigung zum Herrschen recht schwierig, wenn nicht die Liebe einer einfühlsamen, verständnisvollen Persönlichkeit Ihre schroffe Aggressivität ausgleicht. Am ehesten wird das im engsten Familienkreis möglich sein. Andererseits ist es denkbar, daß Sie das Opfer einer wilden, ja sogar zerstörerischen Leidenschaft werden.

Die Fatalistin Claudia Cardinale, die weder an Horoskope noch an höhere Fügung, sondern nur an eigene Leistung glaubt, sieht die Partnerschaft zwischen zwei Menschen ganz einfach so: »Liebe ist die Voraussetzung für alles. Aber als Frau habe ich mich nie als Sklavin des Mannes gefühlt; sondern immer als gleichberechtigte Partnerin. Ein Leben zwischen Mann und Frau funktioniert nur unter der Voraussetzung der gegenseitigen Anerkennung.«

In diesen Zeichen sind geboren: der König der Stummfilmkomödie Charles Spencer Chaplin (*16.4.1889) und die Schauspielerin Claudia Cardinale (*15.4.1938).

LIEBE UND PARTNERSCHAFT

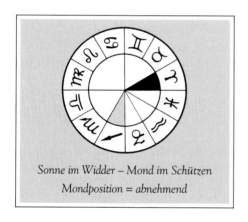

Sonne im Widder – Mond im Schützen
Mondposition = abnehmend

Der Beredsame

Aus der Sicht des Astrologen ist hier das Zusammenwirken zweier Feuerzeichen so zu deuten, daß es zu einer Verstärkung dieses Elements kommt. Feuer kann die Finsternis erhellen, aber es kann auch selbst verzehren. Streben nach Macht und Erfolg, Wissensdurst und geistige Aktivität sind Ihre besonderen Persönlichkeitsmerkmale, wenn Sie unter diesem Zeichen stehen; Ihr Drang nach

WESENSART

Ungebundenheit und selbständigem Handeln macht Sie zu einem reformfreudigen Charakter.

Sie sind begeisterungsfähig, aber es fehlt ein wenig an Ausdauer, und selten verfolgen Sie Ihre Ziele mit letzter Konsequenz. Wenn Sie sich aber zu einer Mission verpflichtet fühlen, können Sie viele Menschen mit Ihrer mitreißenden Beredsamkeit für die Sache gewinnen. Mit Ihrem großen Pathos neigen Sie zu Übertreibungen und zur Überschätzung der Sachlage; Sie sollten daher streng auf die Grenzen der eigenen Möglichkeiten achten.

FÄHIGKEITEN UND EIGNUNG

Vorzüglich eignen Sie sich als Lehrer, Dozent und Berater. Wenn Sie Ihre Chancen zu nutzen verstehen, werden Ihre Einsatzfreude und die Kraft Ihrer persönlichen Ausstrahlung Ihnen Führungspositionen auf jeder Stufe des Managements öffnen. Sie verstehen es, die langweiligste Sache interessant darzubieten, und Sie werden mit Schwierigkeiten gut fertig. Schwächen ergeben sich, weil Ihre Gefühle leicht verletzt werden können und Sie mit mancher Situation nicht gerade einfühlsam umgehen. Schlimmstenfalls kann sich dies bis zur Taktlosigkeit steigern.

LIEBE UND PARTNERSCHAFT

Sie leben nach der Devise: »Edel sei der Mensch, hilfreich und gut«, und man kann verstehen, daß Sie in einer Freundschaft, in Liebe und Ehe Loyalität und Großzügigkeit erwarten. Allerdings laufen Sie dabei Gefahr, wegen Ihrer Leichtgläubigkeit von anderen ausgenutzt zu werden. Sie sollten deshalb den Rat beherzigen, im Umgang mit unbekannten Personen vorsichtig zu sein und auch in Partnerschaft sich nicht von Ihrem idealistischen Streben hinreißen zu lassen. In der Liebe werden Sie meist der gebende Teil sein; Sie binden sich nicht vorschnell, stehen aber fest zu einem Entschluß, wenn Sie sich für einen Lebensgefährten entschieden haben. Eine Ehe oder Familie sehen Sie als Schicksalsverband, den man nicht verläßt.

In diesen Zeichen sind geboren: der Maler Vincent van Gogh (*30.3.1853) und Bundespräsident Roman Herzog (*5.4.1934).

Widder ♈

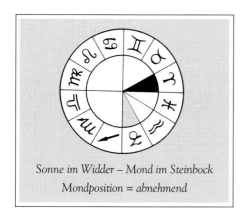

Sonne im Widder – Mond im Steinbock
Mondposition = abnehmend

Der nüchterne Taktiker

WESENSART

Bei dieser Verbindung eines Feuerzeichens mit einem Erdzeichen ist der Mondeinfluß schwach; eine wahrnehmbare Abkühlung der Gefühlsregungen und Zurückhaltung können die Folge sein. Zu den markantesten Gestalten dieser Gattung gehört Otto von Bismarck, der »Eiserne Kanzler« (*1.4.1815), der die prägende politische Kraft im Europa der 2. Hälfte des 19. Jahrhunderts war. Bei ihm zeigten sich äußerste Härte und Kampfbereitschaft dem Gegner gegenüber, gepaart mit diplomatischer Nachgiebigkeit und zähem Verhandlungsgeschick, sowie ergebene Fügung in das Unvermeidliche.

Falls Sie in diesem Zeitabschnitt Geburtstag haben, dürfte bei Ihnen der nüchterne Verstand mit den Gefühlstrieben im Wettstreit liegen; abwechslungsweise tritt mehr die eine oder die andere Seite Ihres Wesens hervor. Sobald sich die hervorragenden Eigenheiten des Widders wie Impulsivität, Willensstärke, Entschlußkraft und Freude an Veränderungen mit denen des Steinbocks wie Ausdauer, Zuversicht und gutem Gedächtnis zu einer Synthese vereinen, entsteht eine starke Persönlichkeit mit vielseitigen Ambitionen. Wenn derartige Menschen sich ein Ziel setzen, erreichen sie es – im Extremfall sogar ohne Rücksicht auf Verluste.

FÄHIGKEITEN UND EIGNUNG

Es ist deshalb für Sie wichtig, Ihr Temperament zu zügeln und die Signale Ihres rebellischen Charakters rechtzeitig zu erkennen. Werden Sie tolerant und nachgiebig, wo es angebracht ist, und verhalten Sie sich betont menschlich und fürsorglich. Warten Sie nicht, bis die Zeit sich wandelt, versuchen Sie, sich selbst zu wandeln. Bedenken Sie: Wer glücklich macht, vermehrt sein eigenes Glück und Wohlbefinden.

Beruflich bieten sich Laufbahnen in der öffentlichen Verwaltung oder in Organisationen an. In der Politik und auch in der Rechtswissenschaft können befriedigende Betätigungen gefunden werden. Sollte es Ihnen an Kreativität fehlen, so ist dies kein Manko, weil Sie es vorzüglich verstehen, die Ideen anderer zu verwirklichen. Wenn Sie ein Sportmuffel sind, dann halten Sie es mit der Bismarckschen Einstellung: »Turnerei widert mich an«.

LIEBE UND PARTNERSCHAFT

In Partnerschaft und Liebe zwingt eine gewisse Unsicherheit Ihnen oft Zurückhaltung auf. Nicht jede Romanze entwickelt sich zu einer Verbindung von Dauer. Ihr Drang nach Unabhängigkeit wird selten akzeptiert, und eben dies ist Ihr Problem.

In diesen Zeichen sind geboren: der Violin-Virtuose Yehudi Menuhin (*22.4.1916) und die Schauspielerin Ingrid Steeger (*1.4.1948).

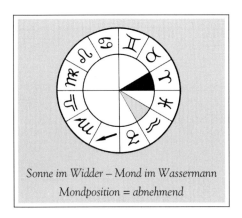

Sonne im Widder – Mond im Wassermann
Mondposition = abnehmend

Der Selbstbewußte

WESENSART

Bei dieser Konstellation kommt es zu einer Union zwischen dem männlich-kardinalen Sternzeichen Widder und dem männlich-festen Wassermann-Zeichen; sie führt in der Regel zu einer energischen, zielbewußten und zukunftsorientierten Persönlichkeit. Ihre Lebensäußerungen streben vorwärts, und es ist erstaunlich,

wie Ihr Selbstverständnis Sie gefühlsmäßig richtig urteilen und handeln läßt. Schwungvoll nehmen Sie Ihr Leben selbst in die Hand, und Ihren Tatendrang lenken Sie meist in die richtigen Bahnen.
Als hinderlich auf dem Weg zum Erfolg erweisen sich jedoch Schwächen wie mangelnde Ausdauer, Unsicherheit und Gefühlskälte. Es bedarf zuweilen großer Anstrengungen, diese mehr oder weniger stark ausgeprägten negativen Wesenszüge auszugleichen. Unter Umständen wird Ihr Wille, sich durchzusetzen, der sich bis zur Kompromißlosigkeit steigern kann, von Ihren Mitmenschen als Arroganz ausgelegt. Versuchen Sie deshalb, Ihr selbstbewußtes Auftreten nicht zu übertreiben, und zeigen Sie sich gegenüber den Vorschlägen und Empfehlungen anderer immer aufgeschlossen.
Es ist möglich, daß Sie für Außenstehende unberechenbar erscheinen, weil Ihr Verhalten zwischen zuvorkommend und abweisend schwankt. Sie neigen zu cholerischem Aufbrausen und sollten streßempfindliche Menschen sowie Streßsituationen meiden, damit Sie nicht in unerwünschte Schwierigkeiten kommen.

Ihr starkes Unabhängigkeitsstreben wird wahrscheinlich bei der Berufswahl eine bedeutsame Rolle spielen. Der Einfluß des letzten Viertels des Mondes im Wassermann sorgt bei Ihnen für einen Hauch von Idealismus und Originalität; in der Kunst zum Beispiel suchen Sie nach neuen Wegen, Sie sind erfinderisch und werden durch Ihren Wissensdurst zu guten Positionen in der Welt des Fortschritts und der Zukunftsgläubigkeit gelangen.

FÄHIGKEITEN UND EIGNUNG

In Partnerschaft ist das Halten und Bewahren nicht gerade Ihre Stärke; nicht allen Menschen dieser Zeichenkombination gelingt es, ihre Launen und ihr sprunghaftes Gebaren zu bezwingen. So brauchen Sie denn auch in der Liebe einen Partner, der es fertigbringt, sich ganz auf Sie einzustellen, Ihre Argumentation zu erfassen und sie zu tolerieren.
In diesen Zeichen finden wir: den Präsidenten des Bundesnachrichtendienstes von 1956 bis 1968 Reinhard Gehlen (*3.4.1902), den ungarischen Pianisten und Komponisten Bèla Bartók (*25.3.1881) und den österreichischen Zeichner und Schriftsteller Alfred Kubin (*10.4.1877).

LIEBE UND PARTNERSCHAFT

♈ Widder

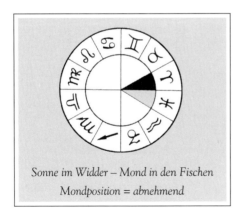

Sonne im Widder – Mond in den Fischen
Mondposition = abnehmend

Der Weltgewandte

WESENSART   Der abnehmende Mond im letzten Viertel im Zeichen der Fische und die Sonne im Widder bilden eine Koalition zwischen einem positiv-männlichen Zeichen (Widder) und einem negativ-weiblichen Zeichen (Fische). Falls Sie in diesem Abschnitt des Mondtierkreises geboren wurden, sind Ihnen Kräfte einer aktiven, entschlossen handelnden Persönlichkeit mit einer konträren Neigung zu nachdenklichem, zögerndem Verhalten mit auf den Weg gegeben. Diese etwas widersprüchliche Konstellation macht Sie hellsichtig für die wirklichen Hintergründe und Entwicklungstendenzen; Sie sind besonders empfänglich für Stimmungsschwankungen und Launen Ihrer Mitmenschen. Vielleicht hält man Sie für zurückhaltend und zu bedächtig, doch hinter dieser Maske steckt ein Mensch, der sich voller Leidenschaft engagieren kann. Oft tasten Sie zuerst vorsichtig das Terrain ab und erkunden, wie weit Sie gehen können, um den Erfolg zu sichern. Mit der Willensstärke und dem Idealismus des Widder-Geborenen, dem Feingespür und der Distanziertheit der Fische verfolgen Sie mit Selbstsicherheit und Charme Ihre Ziele. Sie gelten als liebenswürdig, freundlich und mitleidsvoll, entwickeln diese Gefühle aber auch sich selbst gegenüber.

FÄHIGKEITEN UND EIGNUNG   Sie haben die bemerkenswerte Gabe, andere instinktiv richtig zu beurteilen und wissen genau, wer Ihr Vertrauen verdient und wem Sie mit Vorsicht begegnen müssen. Ihr soziales Verantwortungsgefühl und Ihre religiöse Einstellung läßt Sie zum Beschützer der Unterdrückten und Schwachen werden.

Wenn Sie zu Beginn Ihrer beruflichen Laufbahn erkennen müssen, daß Sie der unerschrockene Draufgänger, für den Sie sich gehalten haben, nicht sind, besteht die Gefahr, Resignation und Minderwertigkeitsgefühl zu entwickeln. Sie dürfen in diesem Fall jedoch keinesfalls der Gefangene Ihrer Ängste und Bedenken werden. Es ist wichtig für Sie, daß Sie den Auslöser für Ihre Talente und Fähigkeiten finden, damit Sie im Leben jene Rolle spielen können, die Ihnen zukommt und die Sie dauerhaft zu befriedigen vermag.

Die Auswahl von Partnern sollten Sie überlegt vornehmen und sich optimistisch gesinnten Menschen anschließen, die Sie aufmuntern und aufbauen. Überwinden Sie eventuelle Kontaktschwierigkeiten, und verlassen Sie getrost Ihre Reserve. Trennen Sie in der Liebe Sein und Schein, und falls Sie Ihr Mißtrauen aufgeben, können Sie auch auf diesem Gebiet Erfüllung und Harmonie finden, die Sie Ihrem Wesen nach stets suchen.

LIEBE UND PARTNERSCHAFT

In diesen Zeichen sind geboren: der Politiker Richard Freiherr von Weizsäcker (*15.4.1920) und die Rekordschwimmerin Franziska van Almsick (*5.4.1978).

Sonnenzeichen Stier ♉

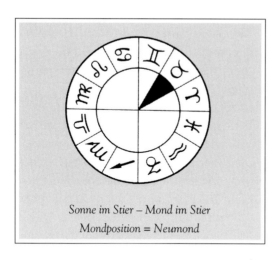

*Sonne im Stier – Mond im Stier
Mondposition = Neumond*

Die treibende Kraft

WESENSART Bei Ihrer Geburt stand die Sonne im Tierkreiszeichen Stier, aber auch der Erdtrabant hatte dort seine Position, und eine derartige Konstellation hat zur Folge, daß sowohl positive wie negative Züge im Charakterbild verstärkt zur Geltung kommen können. Es kommt sehr darauf an, ob Sie die »guten« Eigenschaften wie Ausdauer, Zielstrebigkeit, Güte und Ehrlichkeit fördern und in welchem Maße Sie die nachteilig wirkenden wie Eigensinn, Selbstgerechtigkeit und geringe Anpassungsbereitschaft unterdrücken. Astrologen schreiben dem fixen, dem Element Erde zugeordneten Stier einen Einfluß zu, der sich im sicheren Empfinden für das Materielle und in der Realitätsbezogenheit des Denkens äußert. Dagegen fehlt es ein wenig an Beweglichkeit. Der Stiergeborene liebt und verteidigt das Bestehende und ist Änderungen nicht zugeneigt.

Beharrlich verfolgen Sie Ihren Weg durch dick und dünn ohne Rücksicht auf Schaden und Verluste. Sie zweifeln nicht an Ihrer Begabung und vertrauen auf Fähigkeiten, die Ihnen das Lösen der gestellten Aufgaben ermöglicht. Sie stellen sich allen Anforderungen, setzen sich entschlossen und ehrgeizig ein und nehmen kein Blatt vor den Mund, wenn Sie Ihr Konzept darlegen und Argumente öffentlich vortragen.

Ihre Naturverbundenheit, die dem doppelten Einfluß des Erdzeichens zu verdanken ist, kommt immer wieder in Ihrer Neigung zu einem Leben auf dem Lande zum Vorschein, auch wenn es sich nur um Urlaubsaufenthalte oder Ausflüge handelt. Sie sind bescheiden und geduldig, haben Ihr Gefühlsleben fest unter Kontrolle und zeigen Ihre Gefühle nicht gern; das kann zu seelischen Störungen führen, wenn Sie nicht bedenken, daß man sich in bestimmten Lagen offen zu seinen Gemütsempfindungen äußern sollte. Selbstdisziplin ist eine gute Sache, aber sie darf keine Absonderung zur Folge haben.

Ihre Umgebung wird Sie als einen Menschen schätzen, der für das Recht und das Gemeinwohl eintritt, zumal Ihre praktische Vernunft brauchbare Lösungen aufzeigt. Bleiben Sie dabei anpassungsbereit, und versuchen Sie, sich nachgiebig zu zeigen, indem Sie Vorurteile meiden. Ihre Vielseitigkeit eröffnet Ihnen berufliche Möglichkeiten in Fülle. Das materielle Streben befähigt Sie zu Posten in der Wirtschaft, im Handel und im Bankgewerbe. Bei Sprachbegabung könnten Sie auch als Redner, Schriftsteller, Prediger oder Journalist tätig sein. Bei all dem sollten Sie die geistigen und seelischen Werte nicht verkümmern lassen.

<small>FÄHIGKEITEN UND EIGNUNG</small>

Partnerschaftsprobleme könnten entstehen, wenn Sie nicht erkennen, daß Freiheit und Gebundenheit Gegensätze sind, die sich durch eine beiderseitige tolerante Haltung neutralisieren lassen.
In diesen Zeichen sind geboren: der Philosoph und Revolutionär Karl Marx (*5.5.1818) und Papst Johannes Paul II. (*18.5.1920).

<small>LIEBE UND PARTNERSCHAFT</small>

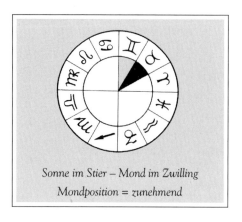

Sonne im Stier – Mond im Zwilling
Mondposition = zunehmend

Der Rauschgoldbengel

WESENSART Beide Zeichen, das negativ weibliche des Stiers wie das positiv männliche der Zwillinge, sind Frühlingszeichen, und sie sorgen für eine erfrischende, anregende und jugendliche Persönlichkeit. Bei dieser Konstellation im Tierkreis wirken ein erdgebundenes und ein flüchtiges, ein festes und ein bewegliches Zeichen; dabei entstehen Charakter- und Wesenszüge, die den Menschen mehr praktisch als ideell orientiert erscheinen lassen. Falls Sie unter diesen Zeichen geboren sind, treffen Ihre dem Stiereinfluß zuzuschreibenden Eigenschaften, vor allem der nüchterne, beharrliche Sinn, mit der geistreichen und lebhaften Gewandtheit der Zwillingsnatur zusammen. Als scharfsinniger Beobachter erkennen Sie rasch Oberflächlichkeit und fehlerhaftes Verhalten Ihrer Mitmenschen.

FÄHIGKEITEN UND EIGNUNG Eine innere Uhr treibt Sie, Menschen und Dinge zu erforschen, und da Sie vielseitig begabt sind, steht Ihnen eine weites Feld beruflicher Möglichkeiten im Bereich der Forschung und technischen Anwendungen offen. Es gelingt Ihnen allerdings selten, Ihre Fähigkeiten realistisch auf ein Ziel auszurichten und durch eine geordnete Zeit- und Arbeitsplanung umfassende Gewinne aus Ihrer Arbeit zu erzielen. Machen Sie ein »persönliches Erfolgsprogramm«, und legen Sie dabei Ihre Aktivitäten nach Beruf, Familie, öffentlichem Auftreten genau fest. Richten Sie dann Ihre gesamte Energie auf ein Gebiet, und prüfen Sie regelmäßig, ob die Richtung noch stimmt.
Ihre Anteilnahme am Bildungs- und Sozialwesen verschafft Ihnen Zugang zu Wirkungsbereichen, in denen Sie neue Ideen und Vorschläge entwickeln können.

LIEBE UND PARTNERSCHAFT

Wenn Ihre Zuwendung oder Liebe zu einem Partner keine angemessene Erwiderung findet, machen Sie aus der Not eine Tugend und übersehen eventuelle Unzulänglichkeiten und Schwächen der Beziehung. Möglicherweise sind Sie zu sehr besorgt um andere und finden dort Fehler, obwohl Sie wissen sollten, daß niemand perfekt ist. So kommen Sie in Gefahr, zu verletzen und die Gefühle, die Ihnen entgegengebracht werden, falsch zu deuten; das kann Ärger verursachen! Glücklicherweise wirkt Ihre charmante und kluge Persönlichkeit auf Freund und Feind gleich stark, so daß Sie trotz Ihrer kritischen Einstellung überall als beliebt gelten. Lernen Sie die individuelle Art Ihrer Partner zu respektieren, dann werden Sie mit Ihren Beziehungen mehr Erfolg haben.
Prominente mit dieser Konstellation sind: der Begründer der Psychoanalyse Sigmund Freud (*6.5.1856) und der Entertainer Thomas Gottschalk (*18.5.1950).

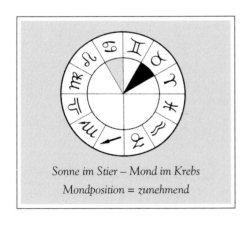

Sonne im Stier – Mond im Krebs
Mondposition = zunehmend

Der Systematiker

WESENSART

Wer mit der Sonne im Tierkreiszeichen Stier geboren wurde und den Mond im Krebs hatte, kann sich meist auf ein gutes und zuverlässiges Gedächtnis verlassen, mit dem er ohne Mühe vielseitiges Wissen aufnehmen und speichern kann. Zwar ist der Denkvorgang als ausgesprochen langsam zu bezeichnen, dafür aber sehr intensiv und systematisch vorgehend. Sie handeln praxisbezogen und konzentrieren sich auf das Wesentliche, strahlen Sicherheit und Vertrauen aus und erscheinen fast stets sehr beherrscht. Der Nachteil des guten Gedächtnisses ist, daß Sie nachtragend sein können und nur schwer vergeben und vergessen. In Ihrem Auftreten wirken Sie charmant, gepaart mit gutem diplomatischen Gespür; das kommt Ihnen im täglichen Leben zugute und hilft Ihnen, die dem Phlegma zugewandte Seite Ihrer Veranlagung zu überspielen.

Sie wissen recht gut, daß man mit Freundlichkeit und Zuvorkommenheit mehr erreicht als mit grobem Poltern, und gehen instinktiv auf Situationen und Personen, die Sie nicht ändern können, bis an die Grenze des Vertretbaren ein.

Obwohl Sie eigene Ansichten haben und diese auch vertreten können, wollen Sie nirgends anecken und entschuldigen sich sogar für Umstände, die Sie nicht zu verantworten haben. Das wirkt recht gutmütig, manchmal auch etwas unsicher, so daß mehr Selbstbewußtsein in kritischen Momenten angebracht wäre. Man muß nicht immer nur das tun, was andere erwarten, sondern sich zutrauen, die eigenen Ziele nach eigenem Ermessen zu wählen, damit die eigene Leistungsfähigkeit nicht verkümmert und Kräfte und Talente zur Entfaltung kommen.

FÄHIGKEITEN UND EIGNUNG

Mit Ihrem Reichtum an Ideen und Erfindungsgabe werden sich Ihnen recht interessante Arbeitsgebiete erschließen, sei es in der Forschung, der Kunst oder in der Architektur. Sie streben finanzielle Sicherheit an und werden sich Berufen zuwenden, die eine sichere Zukunft haben. Ihr Instinkt wird Sie auch in diesem Bereich richtig leiten; in Gelddingen werden Sie Spekulationen meiden und sparsam haushalten. Eher bescheiden und meist im Hintergrund bleibend, füllen Sie die Stellung, die man Ihnen anbietet, mit großem Bedacht aus.

LIEBE UND PARTNERSCHAFT

Treue und Hilfsbereitschaft sind Ihnen nicht nur Worte. Deshalb werden Sie als Partner und in der Liebe geben und nehmen, anhänglich sein und Familiensinn entwickeln. Möglicherweise können Abhängigkeit und Unselbständigkeiten entstehen, wenn Sie zu wenig Flexibilität zeigen.

In diesen Zeichen sind geboren: der Zukunftsforscher Robert Jungk (*11.5.1913) und der Künstler Joseph Beuys (*12.5.1921).

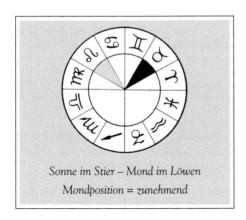

Sonne im Stier – Mond im Löwen
Mondposition = zunehmend

Der Unbeirrbare

Wenn man sich die Persönlichkeitsstruktur dieses Menschentyps vorstellen will, dann könnte man an den amerikanischen Super-Filmstar Barbra Streisand denken, eine Stier-Frau par excellence, die mit ungewöhnlichem Eigenwillen und gesundem Ehrgeiz ihre schauspielerischen Talente einsetzt, beim Publikum immer gut ankommt und sich entsprechend teuer zu verkaufen weiß.

Wenn auch Sie in diesem zweifach fixem Zeichen geboren sind, ist bei Ihnen der Hang zu energischem, dynamischem Auftreten vorhanden, und es bedarf keiner Bühne, um zu erkennen, daß schauspielerische Anlagen, Nachahmungstrieb und künstlerische Kreativität in reichem Maße dazu beitragen, daß Sie in jede Ihnen passende Rolle schlüpfen können. Sie sind stets voll in Aktion, Langeweile kennen Sie nicht. Mit Ihrer impulsiven Art können Sie Menschen mitreißen und traurige Stimmungen verscheuchen.

Zäh und voller Selbstbehauptungswillen versuchen Sie – wenn es sein muß, auch ohne fremde Hilfe – Ihre Ziele zu verwirklichen. Zügeln Sie dabei ein wenig Ihr Temperament, da die Gefahr besteht, daß eine gewisse Veranlagung zu Hysterie und cholerischem Aufbrausen zum Durchbruch kommt. Von einer einmal gebildeten Meinung sind Sie kaum mehr abzubringen, weshalb Sie sich vor Vorurteilen hüten müssen. Lassen Sie andere Menschen gelten, denn wer immer nur allein im Mittelpunkt stehen will, schafft sich oft Feinde.

Die Kehrseite Ihres resoluten Auftretens und Ihres zielstrebigen Einsatzes ist jene Kompromißlosigkeit, die zu Enttäuschungen führt, wenn andere nicht nach Ihrer Pfeife tanzen. Um auf die Dauer erfolgreich zu sein, sollten Sie

WESENSART

sich mit anderen verbünden und mit ihnen teilen; es kommt Ihrer Popularität zugute, wenn Sie dem Drang nach Anerkennung zuweilen einen Dämpfer aufsetzen.

FÄHIGKEITEN UND EIGNUNG

Obwohl Sie ein wirkungsvoller Redner und Darsteller sind, spüren Sie nicht unbedingt das Verlangen, Schauspieler zu werden. Dessen Existenz ist Ihnen vermutlich nicht sicher genug, denn mit Ihrem Talent und Ihrer schöpferischen Begabung erfüllen Sie alle Voraussetzungen für eine Führungsposition. Bei Ihren Ansprüchen an das Leben sind Sie ohnehin gezwungen, Höchstleistungen zu vollbringen.

LIEBE UND PARTNERSCHAFT

Auch in Freundschaft, Liebe und Ehe wollen Sie die dominierende Rolle spielen, deshalb brauchen Sie einen Partner, der Sie bewundert und anerkennt.
Bekannte Persönlichkeiten dieser Konstellation sind: die amerikanische Filmschauspielerin und Sängerin Barbra Streisand (*24.4.1942) und der Theologe Karl Barth (*10.5.1886).

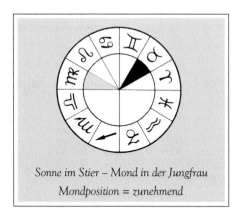

Sonne im Stier – Mond in der Jungfrau
Mondposition = zunehmend

Der Steilwandfahrer

WESENSART

Stellt man eine Liste der Charaktereigenschaften für Stier- und Jungfrau-Geborene auf, dann stehen auf der einen Seite Merkmale wie: ausgeglichen, ruhig, zuverlässig, freundlich und tolerant, auf der anderen: kritisch, perfektionistisch, rechtschaffen, ordnungsliebend und intelligent.

Diese Mischung ist harmonisch und gesund, denn sie ergibt einen aktiven, strebsamen und ideenreichen Menschen, der mit Mut und Hartnäckigkeit bei charmantem Sichgeben entschlossen seinen Weg geht. Wir erkennen eine farbige, willensstarke Persönlichkeit, die sich Freunde macht, weil sie Erkenntnisse und Erfahrungen gern anderen vermittelt. Mit scharfem, analytischem Verstand werden die Dinge beobachtet und gewertet, Forderungen und Anregungen knallhart, aber mit verbindlichem Lächeln durchgesetzt.

Falls Sie sich angesprochen fühlen, dann stimmen Sie nicht mit den Traumtänzern überein, die fernab jeder realistischen Einschätzung leben. Trotz aller Kritik vermeiden Sie es, Ihre Mitmenschen zu provozieren oder in ärgerliche Lagen zu bringen. Sie lassen sich nicht so leicht aus der Fassung bringen, denn Ihre Argumente sind fundiert, Ihre Selbstsicherheit und Gelassenheit kommt nicht von ungefähr, Ihre Arbeit nehmen Sie sehr ernst. Sie gehören zu denen, die es schwer haben, die sich durchbeißen müssen – und die es sich aber auch selbst schwermachen. Sie verstehen es meisterhaft, Gefühlsentladungen zu vermeiden und reagieren vorbildlich auf unpassende Gedanken und Gemütsregungen.

FÄHIGKEITEN UND EIGNUNG

Für berufliche Tätigkeiten erweisen sich Ihre Redegewandtheit und die Überzeugungskraft Ihrer Worte als sehr nützlich. Sie stehen für Führungsaufgaben zur Verfügung und sind ein hervorragender Organisator und Ratgeber. In Ihrem Wirkungskreis gelten Sie als kluger Kopf, der nicht etwa Träumen und Phantasiegebilden nachhängt, sondern sich den harten Tatsachen stellt.

LIEBE UND PARTNERSCHAFT

In Ihrem Herzen sind Sie konservativ und sollten versuchen, die Gedankenwelt Ihres Partners zu erforschen und freundlich zu akzeptieren. Lassen Sie Ihr Herz und nicht immer nur den Verstand sprechen. In wesentlichen Dingen sind Sie treu, beständig und voller Güte, das macht Sie und Ihre Liebe so wertvoll.
Als Beispiel für diese Kombination sei hier angeführt: der Journalist und Intendant Friedrich Nowottny (*16.5.1929) und der Extrembergsteiger Thomas Bubendorfer (*14.5.1962)

♉ STIER

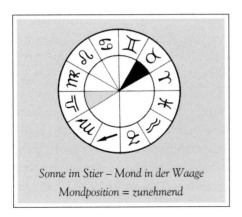

Sonne im Stier – Mond in der Waage
Mondposition = zunehmend

Der Duldsame

WESENSART

Der Mond im Zeichen der Waage festigt und verstärkt das »weibliche« Gefühlsempfinden, das dem Stiereinfluß zuzuschreiben ist, und wirkt beim Aufbau der Persönlichkeit typbestimmend für einen höflichen, taktvollen und kontaktfreudigen Menschen. Als kennzeichnend für Sie, der Sie unter diesem Zeichen geboren sind, kann Ihre äußerliche Ruhe und Zurückhaltung gelten, die dem oberflächlichen Beobachter verbirgt, daß Sie wie andere auch inneren Kämpfen und seelischen Belastungen ausgesetzt sind. Ihre Freundlichkeit und Aufgeschlossenheit den Mitmenschen gegenüber erleichtert Ihnen die Aufnahme von Beziehungen; Sie gelten bei Freunden, Bekannten und Nachbarn als sympathisch und angenehm im Umgang, zumal Sie die Kunst des Gewährenlassens vollendet beherrschen.

Probleme und Unannehmlichkeiten laden Sie sich möglichst gar nicht erst auf, und da Sie fair und gerecht gegen jedermann zu sein versuchen, ist es leicht, mit Ihnen auszukommen.

Die Nachteile dieses sanftmütigen und toleranten Wesens können nicht übersehen werden: Wer sich nicht mit den Ellbogen durchzusetzen weiß, gerät in der Gesellschaft des harten Wettbewerbs früher oder später ins Hintertreffen. Es ist deshalb für Sie sehr wichtig, daß Sie vor allem im Beruf mit diplomatischem Geschick Ihre berechtigten Ansprüche geltend machen und den Platz behaupten, der Ihnen zusteht.

FÄHIGKEITEN
UND
EIGNUNG

Lernen Sie »die Kunst, ein Egoist zu sein«, ohne allzusehr anzuecken, und lassen Sie sich nicht durch das Imponiergehabe anderer einschüchtern. Es fehlt Ihnen ein wenig an harter Entschlossenheit, aus der Reserve herauszugehen. Mit Ihren

Talenten und Ihrem feinen Gefühl für Ästhetik können Sie sich beispielsweise in der Modebranche, auf kulturellem und auch auf kaufmännischem Gebiet hervortun. Auch Berufe, in denen zwischenmenschliche Beziehungen eine wichtige Rolle spielen, sind für Sie besonders geeignet.

LIEBE UND PARTNERSCHAFT

Zum Thema Heirat und Moral hat ein Vertreter dieses Sonne-Mond-Zeichens, der englische Philosoph Bertrand Russel, seine Meinung wie folgt zum Ausdruck gebracht: »Sollten endlich alle Möglichkeiten der Ehe ausgeschöpft werden, dann müssen Mann und Frau begreifen lernen, daß beide in ihrem persönlichen Leben frei sein müssen, wie auch das Gesetz sich dazu stellen möge.« Auch für Sie empfiehlt sich, daß Sie sich in Partnerschaften nicht unterdrücken lassen. Sie brauchen aufgrund Ihrer romantischen und feinfühligen Ader Mitmenschen, die Sie mit ganzer Hingabe lieben und glücklich machen können, sonst besteht die Gefahr, daß Sie innerlich einsam bleiben.
Als Vertreter dieses Doppelzeichens seien genannt: der amerikanische Stummfilmstar Rodolfo Valentino (*6.5.1895) und die Wehrbeauftragte des Bundestages Claire Marienfeld (*21.4.1940)

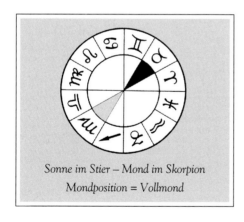

Sonne im Stier – Mond im Skorpion
Mondposition = Vollmond

Der Eigenbrötler

WESENSART

Die beiden als fixe Zeichen einzuordnenden Tierkreiszeichen Stier und Skorpion stehen sich um die Vollmondzeit gegenüber; es handelt sich um Erdzeichen (Stier) und Wasserzeichen (Skorpion), und ihrem gegensätzlichen Einfluß könnte es zuzuschreiben sein, wenn bei der Formung der Persönlichkeit je nach erblicher Veranlagung kontroverse oder sich ergänzende Triebkräfte die Oberhand gewinnen. Innere Konflikte sind nicht auszuschließen. Unter einem Mangel an Selbstbewußtsein werden Sie nicht leiden, aber es gibt da einen Hang zur Verschlossenheit und Isolation, der Ihre inneren Ängste und Befürchtungen beherrscht. Sie sind ein wenig pessimistisch; beim Betrachten eines nur halb gefüllten Glases bedauern Sie, daß eine Hälfte fehlt, statt sich über den vorhandenen Inhalt zu freuen. Es geht auch anders, beispielsweise nach dem Motto: Das Leben ist schwer, ein Grund mehr, es auf die leichte Schulter zu nehmen. Die Welt ist nicht immer wolkenverhangen, denken Sie an den Sonnenschein, und gewinnen Sie eine positive Einstellung zu Ihrer Persönlichkeit.

Sie neigen dazu, Ihre Gefühle zu verbergen und jeden Ärger in sich hineinzufressen. So wird man zum Eigenbrötler, zieht sich von den Mitmenschen zurück und läuft Gefahr, daß die zerstörerischen Kräfte des Skorpions sich gegen Sie selbst richten, aber auch schwere Konflikte mit der Umwelt heraufbeschwören. Versuchen Sie, tolerant und freundlich zu sein, denn dies ist zweifellos die beste Art der Kommunikation. Der Mensch mit einer positiven Einstellung und liebenswürdigen Haltung ist allseits willkommen.

FÄHIGKEITEN UND EIGNUNG

Sie besitzen sehr starke Willenskräfte und das ausgeprägte Pflichtbewußtsein der Stier-Geborenen. Mit großer Einfühlungsgabe ausgestattet, sind Sie für viele Berufe die geeignete Person. Nach statistischen Erhebungen werden Tätigkeiten in den Branchen Chemie, Technik, Medizin und im kaufmännischen Sektor bevorzugt. Auch im öffentlichen Dienst und beim Militär finden wir exzellente Vertreter dieser Zeichen.

LIEBE UND PARTNERSCHAFT

In Freundschaft und Liebe kommt Ihnen Ihre beschützende, anhängliche Art zugute, während Ihr Besitzen-Wollen durchaus zu – meist unbegründeten – Äußerungen von Eifersucht führt. Kompensieren Sie diesen Charakterzug durch Ihr liebenswürdiges Wesen!

In diesem Doppelzeichen sind geboren: Der Schlagerstar Roland Kaiser (*10.5.1952) und der einstige VW-Chef Toni Schmücker (*23.4.1921).

Stier ♉

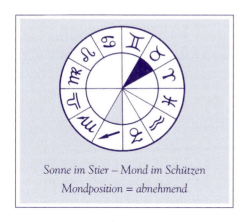

*Sonne im Stier – Mond im Schützen
Mondposition = abnehmend*

Der komplizierte Vogel

Bei dieser Konstellation können wir im Persönlichkeitsbild auf eine gesunde Mischung aus dynamischer Begeisterungsfähigkeit, Interessenvielfalt und Inspiration sowie die Neigung zu Beharrlichkeit und gelassenem, freundlichem Wesen schließen.

Sie sind ein verständnisvoller Mensch mit kreativen und künstlerischen Ambitionen; Ihrem Optimismus gelingt es – wenn auch verzögert –, Ihre Führungsansprüche durchzusetzen. Ungeduld und Entschlußlosigkeit wirken mitunter hemmend, und wenn dann manche Wünsche nicht realisiert werden können, besteht Neigung zu Gereiztheit und Wutanfällen, die Sie mit etwas mehr diplomatischem Geschick vermeiden sollten. Auffallend ist ein innerer Zwiespalt zwischen geistigen Höhenflügen und praktischer Verwertbarkeit im Rahmen der eigenen Möglichkeiten.

Sie streben nach materieller Sicherheit, und das hält Sie davon ab, berufliche Ziele anzusteuern, die nur auf ungewöhnlichen Wegen erreichbar wären. So ähnlich geht es auch anderen Menschen, doch sollten Sie in Anbetracht Ihrer Anlagen etwas mehr Flexibilität und weniger Verharren in ausgetretenen Pfaden zeigen. Es fällt Ihnen jedoch schwer, Ihren Standpunkt durchzusetzen, wenn dabei Gefühle anderer Menschen verletzt werden, denn Sie sind im Grunde Ihres Herzens hilfreich und mitfühlend. Vor allem Ihre Geberlaune und Ihre Lebensfreude machen Sie bei anderen beliebt.

Randnotizen: WESENSART — FÄHIGKEITEN UND EIGNUNG

♉ Stier

Ihr gut entwickeltes Denkvermögen und Ihre Wißbegier macht Sie geeignet für intellektuelle Berufe mit naturwissenschaftlichem, philosophischem, psychologischem oder religiösem Hintergrund. Da Sie sich zu Ausgefallenem besonders hingezogen fühlen, entsteht oft eine Sammlerleidenschaft, die Ihre Mußestunden voll ausfüllt.

Liebe und Partnerschaft

In Partnerschaftsangelegenheiten sorgt das Festzeichen Stier für ein von kritischem Verstand gelenktes Gefühlsleben, aber durch den Schütze-Einfluß sind Sie kontaktfreudig und anpassungsfähig. In der Liebe und als Ehepartner jedoch halten Sie Ihre Gefühle fest unter Kontrolle, so daß mitunter ein sprödes bis kränkendes Verhalten zutage tritt. Doch kann Ihr Partner sich unter allen Umständen auf Ihre kameradschaftliche Fürsorge verlassen.

Zu den prominenten Vertretern derselben Sonne-Mond-Kombination zählen: der Rock-Musiker Udo Lindenberg (*17.5.1946), der griechisch-deutsche Sänger Costa Cordalis (*1.5.1945).

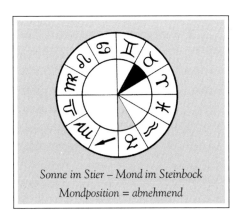

Sonne im Stier – Mond im Steinbock
Mondposition = abnehmend

Der personifizierte Gegensatz

Wesensart

Die beiden Erdezeichen, die hier aufeinandertreffen, gestalten die Antriebskräfte jener Menschen, die unter ihrem Einfluß geboren wurden, ein wenig gegensätzlich; wenn Sie zu dieser Gruppe zu zählen sind, liegt es an Ihnen, ob Sie zu einem Sorgen- oder einem Freudenbereiter werden.

Den positiv zu wertenden Eigenschaften wie ausdauernd, vielseitig, arbeitsam, schlagfertig und zielstrebig stehen negativ wirkende Anlagen wie Existenzangst und gestaute Triebe gegenüber. Humorvoll und mit natürlichem Sichgeben werden Sie versuchen, schädliche Einflüsse zu überspielen und störende Neigungen mitunter zu verdrängen, um rücksichtslos Ihre Vorhaben durchzusetzen.
Sie brauchen Ihr Temperament nicht zu beweisen, eher im Gegenteil! Gerade Ihre überschäumende Energie und Ihr scharfsinniger Intellekt birgt Gefahren, für andere und auch für Sie, denn mit der Ihnen eigenen Impulsivität gehen Sie unbeirrbar und ohne Schwanken den Weg, den Sie für richtig halten, auch wenn er mit Fehlschlägen gepflastert ist. Sie glauben an Ihre Mission, ohne Rücksicht auf eventuelle Nachteile.

Fähigkeiten und Eignung

Auffallend ist Ihre Ausstrahlung auf unterschiedlich veranlagte Personen; sie ist psychologisch kaum erklärbar. Auf geheimnisvolle Weise begeistern Sie andere Menschen für Ihre Ideen, und diese Fähigkeit öffnet Ihnen Wege zu beruflichem Wirken in der Politik, der Wirtschaft und auch der Medienlandschaft als Leitender, Vorgesetzter oder Manager. Mit der Unruhe und Unstetigkeit, die Ihnen der Drang nach Erfolg einträgt, müssen Sie fertig werden. Achten Sie mehr auf Gefühle und nicht nur auf die Karriere, denn es gibt viele lohnende Dinge, die der versäumt, der nur auf der Überholspur fährt.

Liebe und Partnerschaft

Drosseln Sie von Zeit zu Zeit das Lebenstempo, und genießen Sie Geselligkeit mit wahren Freunden, Reisen und sinnvolle Hobbys, sportliche Freizeitgestaltung und die Zweisamkeit mit einem liebenden Menschen. Entdecken Sie die vielen Möglichkeiten, fernab von materialistischem Denken und Handeln zu leben; wem nützt es letztlich, angeblich immer nur das Beste zu wollen und dabei persönlich zu scheitern?
Vertreter dieses Doppelzeichens sind: der Quizmaster Hans Joachim Kulenkampff (*27.4.1921) und der Politiker Uwe Barschel (*13.5.1944).

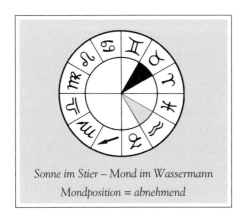

Sonne im Stier – Mond im Wassermann
Mondposition = abnehmend

Der zähe Arbeiter

WESENSART Unter den großen Männern der Weltgeschichte finden wir Wladimir I. Uljanow, als Führer der russischen Revolution und Begründer der Union der sozialistischen Sowjetrepubliken unter dem Namen Lenin bekannt. Die fixen Zeichen, in denen Sonne und Mond bei seiner Geburt standen, prägten eine souverän den Augenblick nutzende, mit genialem Weitblick und schöpferischem Verstand ausgestattete Persönlichkeit, die rücksichtslos jeden Gegner niederzwang und mitreißende Führerqualitäten besaß.

Nicht jeder Angehöriger dieser Gruppe hat derartige Eigenschaften, doch ist im allgemeinen ein gut entwickelter Sinn für das Praktische, Brauchbare und Materielle vorhanden, begleitet vom Streben nach Sicherheit und materiellem Gewinn, das sich bis zur Besitzgier steigern kann. Falsche Beurteilung der Verhältnisse kann hier gefährlich werden.

Es dürfte Ihnen vermutlich schwerfallen, das materialistische Denken einzuschränken und Ihre Gefühle offen zu zeigen oder gar darüber zu sprechen. Selten lassen Sie Ihrem Unmut und Ärger freien Lauf; nur wenn Sie zu sehr gereizt werden, kann Ihnen die Selbstkontrolle verlorengehen, die dann unberechenbare Entscheidungen erwarten lassen. Ihre diktatorische Veranlagung kann Ihnen Feinde schaffen und unnötige Komplikationen herbeiführen.

FÄHIGKEITEN UND EIGNUNG Sie besitzen ein starkes Sicherheitsdenken, das private und berufliche Unternehmungen beeinflußt und Ihren finanziellen Spielraum einschränkt. Nüchternes, den praktischen Dingen zugewandtes Handeln liegt Ihnen besonders, deshalb werden Sie im Bauwesen, in der Architektur, aber auch im Bank- oder Versicherungsgeschäft Erfolge haben. Ihre guten, geistvollen Empfindungen lassen auch Lehrberufe, die mit Kunst und Mode verbunden sind, für Sie geeignet erscheinen.

Ihr egozentrisches Autoritätsbewußtsein gestaltet die Partnersuche für Sie recht schwierig; zwar können Sie freundlich, rücksichtsvoll und charmant sein und überzeugend die Ihrerseits ernstgemeinten Anträge vorbringen, aber Ihre Neigung, alles besitzen zu wollen, kann wahrem Glück doch sehr im Wege stehen. Ihr Partner muß sehr tolerant sein, und auch Sie sollten sich darin üben, die Ansichten und Meinungen Ihrer Mitmenschen hinzunehmen und sich mit ihnen auseinanderzusetzen, statt sie von vornherein als falsch zu bezeichnen. Versuchen Sie, Ihre Meinung angemessen vorzutragen, und vermeiden Sie einen starren Standpunkt, damit Spannungen gar nicht erst entstehen können. Bedenken Sie, daß ein falsches Wort aus Zuneigung Abneigung machen kann.
Als Vertreter dieser Zeichen seien erwähnt: der Politiker Nikita Chruschtschow (*29.4.1894) und der Revolutionär Wladimir Iljitsch Lenin (*22.4.1870).

LIEBE UND PARTNERSCHAFT

Sonne im Stier – Mond in den Fischen
Mondposition = abnehmend

Der Spröde

Wenn sich der Mond im letzten Viertel der Neumond-Position nähert, dann prägt diese Tierkreiszeichen-Kombination einen sehr empfindsamen, vergeistigten und künstlerisch veranlagten »Stier«-Charakter.

WESENSART

Allgemein wird – falls die Sonne und der Mond bei Ihrer Geburt so standen – bei Ihnen der gesunde Menschenverstand mit viel Sinn für die Realitäten dieser Welt eine bemerkenswerte Kombination mit einer Neigung zum Träumen und zu fanatischen Gedankengebäuden zeigen.

Ihr Streben nach Selbständigkeit und Ihr Wille, Ihr Leben nach eigenem Planen zu gestalten, wird durch Ihre vielseitigen Anlagen und Fähigkeiten unterstützt, doch fühlen Sie sich oft gebremst und eingeengt. Um dauerhaften Erfolg zu haben, sind Sie genötigt, erhebliche Anstrengungen seelischer Art und taktisches Geschick aufzubringen, damit die Hindernisse beiseite geräumt werden können. Es genügt jedoch nicht, nur die Geisteskräfte und die speziellen Fertigkeiten einzusetzen, sondern Sie müssen auch den Grund eventueller Mißerfolge aufspüren und beseitigen.

Lassen Sie sich durch Fehlschläge nicht entmutigen, und fühlen Sie sich auf keinen Fall persönlich gedemütigt. Manchmal ist die Zeit einfach noch nicht reif für Ihre Ideen. Dann heißt es, Geduld aufzubringen und abzuwarten!

FÄHIGKEITEN UND EIGNUNG

Beruflich geht bei Ihnen nicht immer alles glatt und reibungslos; oft ist harte und kräftezehrende Arbeit erforderlich, um aufzusteigen und auch materielle Gewinne verbuchen zu können. Die erstrebten Positionen im Leben werden Sie erreichen, wenn Sie sehr zielbewußt handeln und Ihre geistigen Fähigkeiten geschickt einsetzen; aber wagen Sie sich mit neuartigen Ideen nicht zu rasch und zu weit vor, denn auch der intensivste Einsatz kann oft Enttäuschungen und Verluste nicht verhindern.

LIEBE UND PARTNERSCHAFT

Die Tierkreiszeichen Stier und Fische stehen bei Ihnen im spitzen Winkel, und das hat häufig zur Folge, daß sich Anpassungsschwierigkeiten in Freundschafts-, Geschäfts-, Familien- oder Liebesbeziehungen ergeben. Nur wenn Sie mehr Flexibilität entwickeln und nicht stur auf sofortiger Anerkennung Ihrer Vorstellungen und Wünsche bestehen, können Sie die Neigung zu Spannungen mit der Umwelt neutralisieren.

»Verkaufen« Sie sich nicht als spröde und arrogant, sondern zeigen Sie Sinn für Harmonie in anregenden Verbindungen. Empfinden Sie nicht jede Kritik als persönlichen Angriff, sondern eher als Anreiz, Ihr Verhalten zu überdenken. Versuchen Sie zuerst, »gut Freund« mit sich selbst zu sein, dann werden Sie auch mit Partnern auskommen und einer Vereinsamung aus dem Wege gehen.

In diesen Zeichen finden wir: den Komponisten Hans Pfitzner (*5.5.1869) und die Schauspielerin Audrey Hepburn (*4.5.1929).

STIER ♉

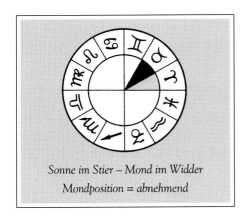

Sonne im Stier – Mond im Widder
Mondposition = abnehmend

Der Egozentriker

WESENSART

Diese bemerkenswerte Verbindung zwischen einem Kardinalzeichen (Widder) und einem Festzeichen (Stier), der die Kombination der Elemente Feuer und Erde entspricht, läßt auf einen Persönlichkeitstyp mit starken inneren Antrieben schließen. Nach außen erscheint der Mensch ruhig, gelassen, eher etwas schüchtern, doch in der Wirklichkeit steckt dahinter ein eigenwilliger, fordernder und besitzergreifender Charakter.

Wie immer man es auch betrachtet: Bei Ihren Mitmenschen werden Sie im allgemeinen als gütig und rücksichtsvoll gelten, obwohl Sie Ihre Probleme und Interessen – und somit sich selbst – für den Nabel der Welt halten. Die Winkelanordnung Ihrer Tierkreiszeichen steht für Ausdauer, Beharrlichkeit und Streben nach Erfolg; wenn Ihnen dabei jemand im Wege steht, gleichgültig ob beruflich oder privat, ist das für Sie eine sehr ernste Angelegenheit. Denn Sie geben selten auf und suchen, wenn es anders nicht möglich ist, Ihren Vorteil auch auf Kosten anderer.

Aber Sie haben glücklicherweise viele positiv zu wertende Eigenschaften wie Bedachtsamkeit, Vorsicht, Mut und ein freundliches, offenes Sichgeben, bei dem ein Hang zur Romantik zutage treten kann. Hier wirken also Bremsen gegenüber einer dynamischen und aggressiven Natur, denen Sie Raum geben sollten, wenn Sie bei Ihren Reaktionsweisen nicht allzu erfolgreich waren. Sie sollten Ihre Fähigkeiten, sich anzupassen und Kompromisse zu schließen, nicht verkümmern lassen. Ansonsten besteht die Gefahr, daß Sie durch das Streben nach Macht und Besitz in eine Richtung gedrängt werden, die zu Zusammenstößen mit anderen

Menschen führt, denn diese wollen ihre Ziele auch erreichen. Hören Sie deshalb auf den Rat Ihrer Freunde, nicht immer wird sich alles nach Ihren Wünschen ordnen lassen.

FÄHIGKEITEN UND EIGNUNG	Sie haben gute Möglichkeiten zur Betätigung auf künstlerischem Gebiet, wo Sie schöpferisch arbeiten könnten. Ihr reges und intensives Traum- und Phantasieleben und Ihre feinfühlige Wesensart kann hier und auch in Liebesdingen eine große Rolle spielen.
LIEBE UND PARTNERSCHAFT	Sie können eifersüchtig sein und sollten sich vor Belastungen, denen eine Partnerschaft durch diese Neigung ausgesetzt ist, in acht nehmen. Bleiben Sie besonnen und verbindlich, und dramatisieren Sie nicht unnütz.

In diesen Zeichen sind geboren: der spanische Maler Salvador Dali (*11.5.1904) und der Starpianist Justus Frantz (*18.5.1944).

Sonnenzeichen Zwillinge ♊

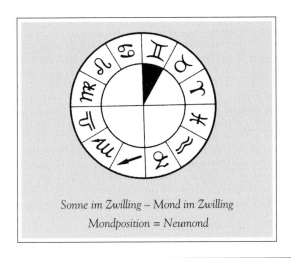

Sonne im Zwilling – Mond im Zwilling
Mondposition = Neumond

Der Vielseitige

Hier haben wir den »reinen« Zwillingstyp vor uns, denn sowohl die Sonne als auch der Erdtrabant befinden sich in diesem Tierkreiszeichen. Durch solche kosmische Konzentration ist eine Verstärkung der Planeteneinflüsse zu erwarten. Jeder bei dieser Sternenstellung Geborene sollte darauf bedacht sein, den Persönlichkeitsaufbau negativ beeinflussende Veranlagungen möglichst zu kompensieren und »positive« Fähigkeiten zu seinem Vorteil zu entwickeln. Die folgenden Hinweise auf grundlegende Eigenschaften mögen der Verbesserung der Lebensführung dienen.

Als Zwilling sind Sie ein extremer Vertreter des Elements »Luft«, und Ihre besondere, beinahe schrankenlose Vorliebe für Beweglichkeit und Anpassung ist damit begründet. Sie lieben den Wechsel und die Vielfalt; mitunter kann das dazu führen, daß Sie den Überblick verlieren und nicht mehr genau wissen, wo Sie sind oder sein wollen. Da Sie stets auf der Suche nach besseren Konditionen sind, wirken Sie auf andere ein wenig unsicher, obwohl Ihr Wagemut und Ihre Unerschrockenheit enorm sind.

Eine Gruppe gleichgearteter Zwillinge unter Kontrolle zu bringen, ist schwieriger als einen Sack Flöhe zu hüten. Das Konzentrieren auf ein Ziel fällt Ihnen schwer. Seien Sie deshalb auf der Hut vor Pfuscharbeiten und Hudelei.

WESENSART

Ⅱ Zwillinge

FÄHIGKEITEN UND EIGNUNG

Ihr privates und berufliches Lebensziel können Sie erreichen, wenn Sie sich selbst gegenüber streng und unnachgiebig werden und beharrlich Schritt für Schritt vorgehen. Zwingen Sie sich zu systematischem Planen, arbeiten Sie nach einem festgelegten Programm, und der Erfolg wird Ihnen sicher sein. Mit Disziplin, Selbstbeherrschung und Taktgefühl bekommen Sie Ihr Leben in den Griff, und es werden Ihnen Ihre beruflichen Tätigkeiten, unter anderem auch solche im Bereich zwischenmenschlicher Kommunikation oder künstlerischer Darbietung, mehr Freude bereiten.

LIEBE UND PARTNERSCHAFT

Für Kameradschaft, Freundschaft und Liebe ist Ihre ausgesprochene Bewegungsfreiheit eher hinderlich. Sie brauchen statt dessen Partner, die behutsam Ihren Drang nach Freiheit einengen. Sie können durchaus anhänglich sein, Ihre heiter-aktive Lebensauffassung verhilft Ihnen zu Einsichten, mit denen Sie die Vorliebe für Abwechslung ausschalten können, wenn Sie sich über Ihre Gefühle die nötige Klarheit verschaffen. Auch wenn Sie in Affären verwickelt werden, besteht immer die Hoffnung, daß Sie zum bisherigen Partner zurückfinden.
Als Vertreter dieser Zeichen seien vorgestellt: Papst Johannes Paul II. (*18.5.1920) und die Tennisspielerin Steffi Graf (*14.6.1969).

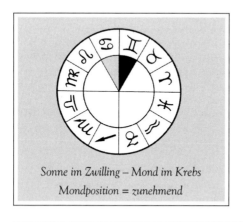

Sonne im Zwilling – Mond im Krebs
Mondposition = zunehmend

Der heimliche Haustyrann

WESENSART

Im Persönlichkeitsbild dieser Verbindung zwischen dem zur Unbeständigkeit neigenden Einfluß des Tierkreiszeichens Zwilling und der Empfindsamkeit des

Krebses ist eine gewisse Unstetigkeit – in der negativsten Form der Prägung auch Haltlosigkeit und Hilfsbedürftigkeit – nicht zu übersehen; aber die günstigen Eigenschaften überwiegen doch bei weitem und kompensieren die Schwächen. Damit, daß Sie sensibel und phantasiereich auf die Erfolge und die Schwierigkeiten in Ihrem Leben reagieren, müssen Sie fertig werden; es steht Ihnen dafür ein leichter und heiterer Sinn zur Verfügung.

Da Sie sehr empfindlich und leicht beeinflußbar sind, ist es in der Regel für Sie schwer, eigene Gefühle und Empfindungen von denen anderer Menschen zu trennen. Beruflich und privat sollten Sie deshalb eine Umgebung anstreben, die möglichst frei ist von Spannungen, Disharmonien und Feindseligkeiten. In einer spannungsbeladenen Atmosphäre kommen Sie in Gefahr, schwermütig zu werden und sich zurückzuziehen. Sie sollten immer versuchen, sich den Gegebenheiten zu stellen und sich zu arrangieren.

Sagen Sie ungeniert, wie Sie über eine Sache denken, und achten Sie darauf, daß nicht andere Ihr Glück auf Ihre Kosten machen.

Fähigkeiten und Eignung

Wenn Sie sich Freunde oder Mitarbeiter auswählen, dürfen Sie sich auf Ihr Urteil, Ihre Menschenkenntnis und Ihre Intuition verlassen und dadurch am ehesten vermeiden, daß Ihnen diese Beziehungen zum Nachteil gereichen. Es kommt sehr darauf an, daß Sie sich im richtigen Augenblick dem Herumkommandiertwerden widersetzen und dann ganz entschieden »nein« sagen, wenn es erforderlich ist.

Liebe und Partnerschaft

Ihr scharfer Verstand, dessen Äußerungen durch charmantes Wesen und Gutmütigkeit gemildert werden, schafft Ihnen eine Sphäre des Anerkanntseins und der Beliebtheit, auch beim anderen Geschlecht. In der Liebe tendieren Sie zu romantischen Affären; Sie brauchen einen Partner, der Ihnen hilft, aus der Welt Ihrer Phantasien in die Wirklichkeit zu finden. Immer auf der Suche nach dem idealen Menschen, sind Sie sehr verständnisvoll und nachsichtig, wenn Sie sich einmal gebunden haben.

Wir finden unter diesen Zeichen: den Schriftsteller Thomas Mann (*6.6.1875) und den Popstar Boy George (*14.6.1961)

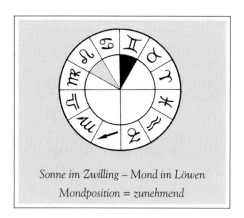

Sonne im Zwilling – Mond im Löwen
Mondposition = zunehmend

Der Typ für alle Fälle

WESENSART Das Luftzeichen Zwillinge schürt bei dieser Verbindung das Feuerzeichen Löwe und läßt es heller aufflammen. Das trägt möglicherweise zu einer recht harmonischen Persönlichkeit bei, aber es kann auch des Guten zuviel sein, denn zuviel Luft bekommt dem Feuer nicht bzw. zuviel Feuer verbraucht den Sauerstoff. Es kommt also auf die richtige Dosierung an.
Im negativen Fall können sich Reizbarkeit, Unbeständigkeit und Unberechenbarkeit mit übertriebenem Eigensinn und Überspanntheit vermengen und einen Menschen ergeben, der besonders melodramatisch veranlagt ist.
Doch Ihr Charakter hat auch die harmonische Mischung aus Liebenswürdigkeit, Großzügigkeit und Optimismus, die Sie für manche unwiderstehlich macht. Sie verstehen es, auf unerreicht nonchalante, lässige Art auf sich aufmerksam zu machen und Ihre Umgebung mit dem Duft der großen weiten Welt zu verzaubern. Man kann Sie schwer einschätzen, zumal Sie seriöser sind, als Sie sich geben. Das »Publikum« liebt Sie, und Sie lieben die Wirkung, da verzeiht man sich gegenseitig so manchen Fauxpas. Mit Schlagfertigkeit, Witz und Originalität können Sie eine faszinierende Wirkung in der Öffentlichkeit entfalten, wenn Sie Ihren nach – harmonischem Ausgleich strebenden – Kräften folgen.

FÄHIGKEITEN UND EIGNUNG Ihre etwas großspurige Art bringt nicht viel ein, denn meist kommt man mit ein wenig Bescheidenheit im Leben besser zurecht. Verdrängen Sie nicht Unsicherheit und Angst mit äußerer Unbekümmertheit, vertrauen Sie auf das Echte in Ihnen und auf die Kraft, Ihrem inneren Gefühl zu folgen.

Wie viele andere, die in diesen Zeichen geboren wurden, lieben Sie Ihren eigenen Lebensstil, doch sollten Sie auch den Rat Ihrer Mitmenschen beachten, wenn Ihnen an Freundschaften gelegen ist. Ihre ungehorsame, manchmal unbezähmbare Art macht Ihnen laufend Schwierigkeiten und anderen auch; wenn Sie ab und zu rechtzeitig einlenken, werden Sie beruflich und privat viel Erfolg haben, vor allem in der Kunst, der Repräsentation und in der Werbung.

LIEBE UND PARTNERSCHAFT

Nur schwer werden Sie den perfekten Partner finden, der bereit ist, Ihre Begeisterungsfähigkeit und Spontaneität hinzunehmen und Ihre Interessen zu teilen. Es gehört zu Ihrer Problematik, daß Ihre leichte, beschwingte und heitere Art auch nach Freiheit verlangt.
In diesen Zeichen sind geboren: der Schauspieler Harald Juhnke (*10.6.1929) und Prinz Philip von England (*10.6.1921).

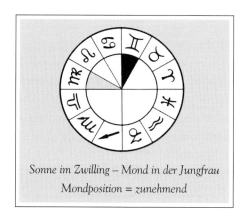

Sonne im Zwilling – Mond in der Jungfrau
Mondposition = zunehmend

Der viel Bewunderte

WESENSART

Über einen Vertreter der Gruppe der unter diesen Tierkreiszeichen Geborenen – beide gelten als veränderliche Zeichen –, den berühmten Komponisten und Dirigenten Richard Strauss, schreibt der Dichter Stefan Zweig recht treffend: »Strauss arbeitet sachlich und kühl, er komponiert – wie Johann Sebastian Bach, wie alle diese sublimen Handwerker ihrer Kunst – ruhig und regelmäßig.

Um 9 Uhr morgens setzt er sich an seinen Tisch und führt genau an der Stelle die Arbeit, wo er gestern zu komponieren aufgehört hat ... pausenlos weiter bis 12 Uhr oder 1 Uhr. Nachmittags spielt er Skat, überträgt 2, 3 Seiten in die Partitur und dirigiert allenfalls abends im Theater.
Jede Art von Nervosität ist ihm fremd, bei Tag und Nacht ist sein Kunstintellekt immer gleich hell und klar. Wenn der Diener an die Tür klopft, um ihm den Frack zu bringen zum Dirigieren, steht er auf von der Arbeit, fährt ins Theater und dirigiert mit der gleichen Sicherheit und der gleichen Ruhe, mit der er nachmittags Skat gespielt hat, und die Inspiration setzt am nächsten Morgen an der gleichen Stelle ein, denn Strauss kommandiert – nach einem Wort von Goethe – seine Einfälle.«
Wenn Sie ebenfalls dieser kosmischen Kategorie zuzurechnen sind, dann ist auch Ihr Denken weitgehend auf das Praktische ausgerichtet; zu den als positiv und wertvoll zu bezeichnenden Eigenschaften zählen Strebsamkeit, Verläßlichkeit, Gewissenhaftigkeit und zielgerichtetes Handeln. Doch können auch negative Charakterzüge das Bild trüben, zum Beispiel kann sich durch den Einfluß der in den Zwillingen stehenden Sonne Unausgeglichenheit, Nervosität entwickeln, und dem Mond in der Jungfrau wären die Übersteigerungen der Strebsamkeit und Gewissenhaftigkeit in Lehrmeisterei und Kritiksucht zuzuschreiben. Eine dauernde seelische Anspannung könnte bestimmend in Ihrem Leben werden, indem selbstzerstörerische Kräfte mobilisiert werden und zu Hysterie und Nervenzusammenbruch führen. Denken und handeln Sie großzügig, und vermeiden Sie Prinzipienreiterei! Werden Sie kein Kleinlichkeitskrämer.

FÄHIGKEITEN UND EIGNUNG Berufliche Eignungen sind vor allem dort gegeben, wo die Fähigkeit zu analysierendem Denken und zu präzisen Aussagen verlangt wird: in der Forschung, im Rechnungswesen und in der Datenverarbeitung.

LIEBE UND PARTNERSCHAFT Äußerlich erwecken Sie den Eindruck eines romantisch veranlagten Partners, aber der Schein kann trügen. Ihre Neigung zu Abwechslung macht Ihnen zu schaffen. Wenn Sie sich jedoch festgelegt haben, gewinnen Ihr Pflichtbewußtsein und Ihre Neigung zu Häuslichkeit und Ordnung in allen Dingen die Oberhand.
In diesen Zeichen finden wir: den 1963 ermordeten US-Präsidenten John F. Kennedy (*29.5.1917) und den Komponisten Richard Strauss (*11.6.1864).

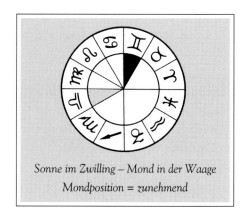

Sonne im Zwilling – Mond in der Waage
Mondposition = zunehmend

Der Ombudsmann

WESENSART

Bei dieser interessanten Kombination von zwei dem Element Luft zugeordneten Sternzeichen ergibt sich eine Verstärkung der geistigen Begabung und des sozialen Engagements des Zwilling-Geborenen durch den Einfluß der Waage. Derartige Menschentypen werden durch dynamische Kräfte, durch Ruhelosigkeit und Wißbegierde angespornt, neue Antworten auf bislang ungelöste Fragen zu finden und die Welt zu erobern.
Sie sind sehr eigenständig und verfügen über einen wendigen Verstand, der mit Objektivität und Hang zum Abenteuer sich leichthin den Forderungen des Tages stellt. Als gründlicher Geistesarbeiter haben Sie kein Verständnis für Oberflächlichkeiten und verabscheuen Langeweile und Interesselosigkeit. Mit Ihrer Beredsamkeit gelingt es Ihnen, fast immer zu überzeugen, zumal Ihre Mitmenschen Ihr offenes, ehrliches Auftreten und Ihre charmante Art sehr schätzen. Um Ihren scharfen Verstand werden Sie von vielen beneidet. Nicht immer kann er Sie jedoch davor bewahren, in Schwierigkeiten hineinzuschlittern; denn wenn Ihre Suche nach Veränderung und Abwechslung überhandnimmt, so haben Sie sich das selbst zuzuschreiben. Es kann deshalb vorkommen, daß Sie insgesamt aufgrund schlechter Erfahrungen und zahlreicher Widerstände, die Sie überwinden mußten, Ihre Erfolge in negativer Hinsicht bewerten.
Sie sollten sich voll Selbstvertrauen den Gegebenheiten stellen und mit Schwung und einem ausdrücklichen JA an die Arbeit gehen, denn ein NEIN führt ebensowenig zu der gewünschten Harmonie wie ein Hilfesuchen bei okkulten oder mystischen Kräften.

FÄHIGKEITEN UND EIGNUNG	Vermeiden Sie Selbstanklagen, und nutzen Sie die Talente, die Sie in sich spüren. Denken Sie auch an den Humor, der Ihnen schon oft in allzu ernsten Lagen geholfen hat. Mit der richtigen Einstellung und einem Schuß Ironie kann man vielen depressiven Anwandlungen am besten begegnen. Zu Ihren zahlreichen geistigen und künstlerischen Interessen gesellen sich noch hervorragende diplomatische Fähigkeiten. Das macht Sie besonders geeignet für bestimmte Berufe in der Rechtspflege, im Bereich der Politik und in der Sozialarbeit. Da Sie sich Ihre Meinung unabhängig von der Ihrer Mitmenschen bilden und Ihren eigenen Lebensstil leben, sind Sie – oft zum Leidwesen anderer – kaum berechenbar.
LIEBE UND PARTNERSCHAFT	In Partnerschafts- und Liebesangelegenheiten können Sie sich nur schwer entscheiden; deshalb werden zuweilen Schwierigkeiten entstehen, weil man Sie falsch verstanden oder eingeschätzt hat. Lernen Sie, zwischenmenschliche Konflikte zu vermeiden, die aus einer psychischen Überforderung des Partners entstehen können. In denselben Zeichen sind geboren: der Politiker Helmut Zilk (*9.6.1927) und der amerikanische Politiker Henry A. Kissinger (*27.5.1923).

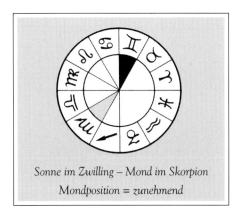

Sonne im Zwilling – Mond im Skorpion
Mondposition = zunehmend

Der charmante Sprücheklopfer

WESENSART	Die Kombination zwischen einem den geistigen Habitus beeinflussenden veränderlichen Luftzeichen und dem die Welt der Empfindungen steuernden festen Wasserzeichen deutet auf eine zu Rastlosigkeit neigende Persönlichkeitsstruktur,

die mit einer cleveren Einstellung zu Tagesfragen und dem festen Willen zu ihrer Meisterung ausgestattet ist. Unterstützt werden diese Anlagen noch durch eine ganz ausgezeichnete Einfühlungsgabe, die Zugang zu mystischen Bereichen schafft.
Sie geben sich gern etwas geheimnistuerisch, wirken nach außen hin großzügig und entscheidungsfroh und sind im Grunde genommen doch vorsichtig und bedachtsam. Gefühlsregungen Ihrer Mitmenschen registrieren Sie dank Ihrer typgeprägten Sensoren besonders stark und empfinden und leiden mit; es ist deshalb anzuraten, daß Sie sich nicht zu sehr mit anderen identifizieren und die Wahrheit beherzigen, daß jeder letztlich seine Bürde allein tragen muß.
Der Mond im Skorpion läßt Sie Ihre Ziele mit Hartnäckigkeit verfolgen, während die Geburtssonne im Zeichen Zwillinge Ihre Lust am Abenteuer und an eigenwilligen Unternehmungen fördert. Dabei kommt Ihre Neigung zu selbständigem Handeln zum Ausdruck, und es ist recht interessant zu sehen, wie Sie mit Geschick das Gedankengut und die Vorstellungen von anderen übernehmen und für eigene Zwecke weiterverwerten.
Ihre realistische Grundhaltung hindert Sie nicht, zu übertreiben und wichtige Tatsachen zu negieren, wobei dann die Gefahr besteht, daß Sie andere unbeabsichtigt verletzen und in ihren Gefühlen und Wünschen mißachten.

FÄHIGKEITEN UND EIGNUNG

Ihre Vielseitigkeit und Wißbegierde lassen sich beruflich auswerten in Tätigkeiten auf dem Gebiet der Werbung, des Verkaufs und auch in der Publizistik. Sie stellen Ihr Licht gar nicht gern unter den Scheffel und zögern nicht, Ihre Kenntnisse und Erfahrungen anderen zu übermitteln, obwohl Sie dabei mitunter wegen Ihrer überschwenglichen Art kritisiert werden.

LIEBE UND PARTNERSCHAFT

Achten Sie in Freundschaft und Liebe auf den Rat und die Meinung Ihrer Partner, auch wenn Sie intuitiv anders handeln möchten. Eine gewisse Anpassung und Abhängigkeit ist erforderlich, wenn man sich wirklich binden will. Mit Ihrer romantischen und gefühlsbetonten Veranlagung tendieren Sie auch ein wenig zu Eifersucht, aber Sie selbst billigen sich Unabhängigkeit und Großzügigkeit zu. In jeder Partnerschaft kommt es auf das Geben und Nehmen an, bringen Sie deshalb die Toleranz, die Sie von anderen verlangen, selbst auf, damit Sie nicht isoliert leben müssen.
In diesen Zeichen sind geboren: der Tierfilmer Heinz Sielmann (*2.6.1917) und der Generalintendant Boy Gobert (*5.6.1925).

♊ Zwillinge

Sonne im Zwilling – Mond im Schützen
Mondposition = Vollmond

Der Geschäftemacher

WESENSART

Diese Kombination entsteht meist zur Vollmondzeit, wenn Sonne und Mond sich gegenüberstehen und ist dem Aufbau einer Persönlichkeit mit zuvorkommendem, geselligem und tolerantem Wesen förderlich.

Sie können charmant wirken und verfügen über einen besonderen Einfallsreichtum; das macht Sie allseits beliebt, obwohl Sie sich nicht in den Vordergrund drängen und Beifall suchen. Unübersehbar ist ein gewisser Zwiespalt in seelischen Dingen, ein Mangel an Ausgeglichenheit. Aus Freiheitsdrang, Abenteuerlust und Unabhängigkeitsbedürfnis einerseits und Wankelmut, Willensschwäche und Launenhaftigkeit andererseits entwickeln sich Spannungsfelder, die sich möglicherweise schon in der Jugend in »Ausreißversuchen« äußerten.

Es lockt Sie in die Ferne, denn Sie wollen gern neue Wege gehen. Für Routinearbeiten sind Sie weniger gut geeignet, aber als Künstler, Wissenschaftler oder Unternehmer kämen Ihnen Ihr Ideenreichtum und Ihre Weltoffenheit gut zustatten.

FÄHIGKEITEN UND EIGNUNG

Bei der Berufswahl sollten Sie auf diese offensichtliche Neigung zu Interessenvielfalt und Abwechslung achten, um überflüssiges Zickzack in Ihrer Laufbahn zu vermeiden. Unter Umständen wird eine gestörte innere Harmonie zu Ihrem Hauptproblem, so daß auf diesem Gebiet psychotherapeutische Behandlungen oder auch eine bewußte Hinwendung zu religiösen Dingen ins Kalkül kommen könnten. Machen Sie sich bewußt, daß nur ein harmonisches Leben Freude und Zufriedenheit bringen kann, sehen Sie die positiven Seiten, und verbannen Sie negative Gedanken aus Ihren Überlegungen. Sie können nur das halten, was Sie innerlich akzeptiert haben, und dazu bedarf es eines eigenen, auf Ihre Mentalität zugeschnittenen Programms. Sorgen Sie auch für einen angemessenen Anteil an Erholung und Entspannung in Ihrem Tagesablauf, nutzen Sie die Veranlagung, ein glänzender Gesellschafter zu sein, zumal Sie mit der Herstellung neuer Kontakte keine Schwierigkeiten haben.

In Partnerschaften kommen Ihre Empfindsamkeit und Ihr Einfühlungsvermögen zur Geltung, dagegen wirkt sich das Freiheitsbedürfnis hemmend für konstante Verbindungen aus. Wenn Sie jedoch Ihre Zuneigung auf jene Person konzentrieren, die Ihrem Leben Inhalt gibt, sind Sie der treueste und liebenswerteste Partner. In denselben Zeichen finden wir: den Geschäftsführer Udo Proksch (*29.5.1934) und den Großunternehmer Donald Trump (14.6.1946)

LIEBE UND PARTNERSCHAFT

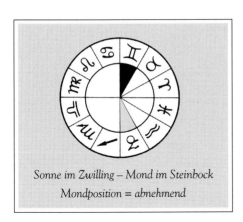

Sonne im Zwilling – Mond im Steinbock
Mondposition = abnehmend

Die Strichlippe

Das Geburtshoroskop der Menschen, die unter diesen Konstellationen geboren wurden, läßt auf einander fremde und gegensätzliche, jedoch nicht unbedingt einander ausschließende Einflußsphären schließen.
Auf der Seite der Zwillings-Natur finden wir Eigenschaften wie Beweglichkeit, Vielgestaltigkeit und Lust an schalkhaftem, zu Sarkasmus neigendem Treiben. Der Steinbock-Natur entspricht mehr die kühle Distanz, eine verhaltene und zuweilen abweisende Ernsthaftigkeit.

WESENSART

Zielstrebiges und berechnendes Handeln ist Ihnen wesensgemäß, und dementsprechend entwickeln Sie wirkungsvoll Ideen und Vorstellungen, deren Erfolge zu einem guten Teil auch auf Ihrer charmanten, fast magisch zu nennenden Persönlichkeitsentfaltung beruhen. Vieles gelingt Ihnen auf Anhieb und verschafft Ihnen Macht und Ansehen.

Hervorstechende Eigenschaften wie Selbstkontrolle, Beredsamkeit und intuitiv gesteuerte Reaktionsschnelle bringen Sie in Verfolgung Ihrer Ziele geschickt zum Einsatz.

FÄHIGKEITEN UND EIGNUNG

Ein gut entwickelter Sinn für Würde und Anstand sowie klar umrissene Moralbegriffe bewahren Sie davor, rücksichts- und skrupellos zu handeln. Speziell in geschäftlichen Dingen sind Sie meist unter den Siegern, weil Sie sich meisterhaft auf andere einstellen können, Überredungskunst zeigen und notfalls auch unter Zuhilfenahme von Schmeicheleien andere kontrollieren. Die Mitmenschen nehmen dies kaum wahr, denn Sie können liebenswürdig sein und Ihre Ziele hinter einer glatten Fassade tarnen. Doch bleiben Sie meist hilfsbereit, vor allem Ihren Partnern gegenüber, die vielleicht unglücklich agierten.

Beruflich können Sie mit Ihrem starken Willen und gesunden Ehrgeiz große Aufgaben bewältigen, zumal Sie den Wettbewerb nicht scheuen. Wahrscheinlich erwartet Sie ein spannungsreiches Leben mit Höhen und Tiefen, in dem Partnerschaften einen wesentlichen Anteil haben.

LIEBE UND PARTNERSCHAFT

Hüten Sie sich vor übertriebener Skepsis, und verlangen Sie von den Mitmenschen nicht zuviel; versuchen Sie, den auf den Steinbock-Einfluß zurückführenden Mangel an persönlicher Wärme zu überwinden, und vermeiden Sie allzu strenge Prinzipientreue. Das Zusammenleben wird dann auch für Sie angenehmer sein, zumal Sie in Dingen der Liebe zwar etwas anspruchslos, jedoch wohltemperiert und sehr zuverlässig sind.

Als Vertreter dieser Sonne-Mond-Konstellation seien hier erwähnt: der französische Sänger und Entertainer Charles Aznavour (*22.5.1924) und der Sportfunktionär Willi Daume (*24.5.1913).

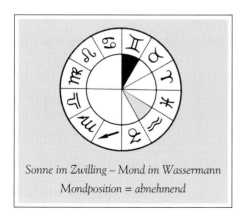

Sonne im Zwilling – Mond im Wassermann
Mondposition = abnehmend

Der Gespensterseher

Ein Repräsentant dieses Doppelzeichens, Richard Wagner, hat einmal geschrieben: »Glücklich das Genie, dem nie das Glück lächelte! Er ist sich selbst so ungeheuer viel. Was soll ihm das Glück noch sein?«
Mit diesem Wort werden all jene Menschen angesprochen, die mit Talent, Leidenschaft und Fleiß allen Widrigkeiten zum Trotz sich durchsetzen und wegen ihrer Leistungen Eingang in das Buch der Berühmtheiten gefunden haben. Wir denken an den Geschichts- und Kulturphilosophen Oswald Spengler, an den Künder des Existentialismus Jean Paul Sartre, auch an Rainer Werner Fassbinder, den Filmemacher und seine negative Grundeinstellung. Sie stehen hier für die vielen, die mit Ideenreichtum und Intelligenz unserer Welt neue Impulse gegeben haben, genial in ihrem Schaffen, aber keinesfalls Kinder des Glücks.
Auch wenn Sie sich nicht zu den Berühmtheiten zählen sollten, so sind doch Ihr Gedankenreichtum und Ihre Intuition Ihr größtes Kapital, mit dem Sie Ihre Zukunft gestalten, auch wenn Sie in der Gegenwart mitunter das launische Glück vermissen. Manchmal liegt es daran, daß Ihre Mitmenschen für Sie nicht das richtige Verständnis haben. Sie gelten vielleicht als der »zerstreute Professor«, weil Sie in Gedanken gerade ganz woanders sind und die Aufgabe des Tages übersehen.

WESENSART

Versuchen Sie, mehr in der Wirklichkeit zu leben, achten Sie auf die Meinung Ihrer Mitarbeiter und Kollegen, und bewahren Sie sich die geistige Beweglichkeit, um in den Räumen zwischen Wunschtraum und Realität spannungsfrei leben zu können. Ihre Aktivitäts- und Ruhephasen lassen sich nun mal nicht nach Belie-

FÄHIGKEITEN UND EIGNUNG

ben wählen, denn ein Leben gegen die »innere Uhr« bringt körperliche und seelische Probleme. Sie sind ein fanatischer Arbeiter, der ohne Grund nie aufgibt und haben das Zeug zu einer starken Persönlichkeit, die sich trotz Anfeindungen und Niederlagen immer wieder durchsetzt. Versuchen Sie nicht, zum Sklaven der beruflichen Pflichten zu werden. Leben Sie nach Ihrer eigenen Leistungskurve, und Sie werden vom Suchen und Wollen zum glücklichen Finden und Vollbringen kommen.

LIEBE UND PARTNERSCHAFT

Der typische Zwilling-Wassermann ist im Gegensatz zu seinem Beruf in der Liebe nicht immer erfolgreich. Er sucht den idealen Partner und übersieht, daß das Glück vielleicht gerade seinen Weg kreuzt.

In diesen Zeichen sind unter anderem geboren: die Schauspielerin Marilyn Monroe (*1.6.1926) und der Komponist Richard Wagner (*22.5.1813).

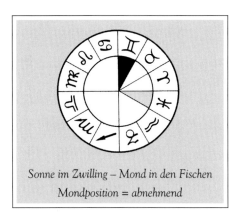

Sonne im Zwilling – Mond in den Fischen
Mondposition = abnehmend

Die ehrliche Haut

WESENSART

Zwei veränderliche Zeichen wirken hier formend auf die Einheit einer Persönlichkeit, und das kann zu einem von innerer Unruhe und Leidenschaft beseelten Charakter führen. Positive Eigenschaften wie Offenheit und Ehrlichkeit, Hilfsbereitschaft und Mitgefühl stehen in einer gewissen Konkurrenz zu negativ zu wertenden Zügen wie Willensschwäche, Hochmut und Unbeherrschtheit. Es ist schwer abzuschätzen, welche Merkmale im Einzelfall die Übermacht gewinnen.

Da Sie leicht zu beeinflussen sind, spielt die Umgebung, in der Sie aufgewachsen sind, eine ebenso große Rolle wie die Bedingungen, unter denen Sie leben. Sie sollten besonders darauf achten, daß Sie nicht von anderen unterdrückt oder ausgenützt werden. Sie haben zwar einen sicheren Instinkt dafür, zu erkennen, wer innerlich für oder gegen Sie eingestellt ist, aber nicht immer können Sie sich auf Ihre Gefühle verlassen. Versuchen Sie, andere dahin zu bringen, in Ihrem Sinn zu handeln und nutzen Sie dazu die bei Ihnen gut ausgebildeten Fähigkeiten zur Menschenführung aus.

Sie sollten sich bemühen, Ihr Selbstwertgefühl zu steigern und die Kränkungen und Herabsetzungen durch andere möglichst schnell vergessen. Das gelingt zum Beispiel, indem man sich selbst für gute Leistungen belobigt; Sie werden erstaunt sein, wie günstig sich dies auf Ihre persönliche Entwicklung auswirken wird. Denn Sie sind schöpferisch begabt, man schätzt Ihr liebenswürdiges und geselliges Wesen und erkennt Ihre Talente auf dem Gebiet der Kunst und der Literatur an. Auf diese Weise eröffnen sich Möglichkeiten, die es Ihnen gestatten, Ihr Leben nach eigenen Vorstellungen einzurichten.

FÄHIGKEITEN UND EIGNUNG

Ihre Menschenkenntnis ist eine günstige Voraussetzung für eine gute Partnerwahl, bei der Sie sich als romantisch veranlagt und sensibel erweisen. Vielleicht halten andere Sie – wohl zu Unrecht – für arrogant und überzogen, deshalb müssen Sie Ihre Menschlichkeit und Klugheit einsetzen und Ihre Zurückhaltung aufgeben, um nicht in eine Blockade der Gefühle zu geraten. Zeigen Sie offen Ihre Zuneigung, und sprechen Sie über das, was Sie bewegt, denn kühl und abweisend allein läßt sich nicht zu einer harmonischen Beziehung finden. Durch Gefühlskrisen können Minderwertigkeitskomplexe entstehen, die zur seelischen Vereinsamung führen.
In diesen Zeichen finden wir: den Musiker Prince Roger Nelson (*7.6.1958) und Fabiola, Königin v. Belgien (*11.6.1928).

LIEBE UND PARTNERSCHAFT

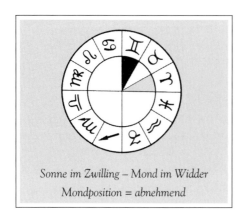

Sonne im Zwilling – Mond im Widder
Mondposition = abnehmend

Der Wendige

WESENSART Wenn man die typischen Persönlichkeitsmerkmale der im Zeichen der Zwillinge Geborenen mit den «Widder-Eigenschaften» mischt, dann entsteht aus Unternehmungslust, Freiheitsliebe, Unbeständigkeit und lebhaftem Temperament einerseits, dem Zielbewußtsein, der Willensstärke, der Freude am Risiko und der dynamischen Direktheit andererseits eine vielseitige, lebhafte und ein wenig schillernde Persönlichkeit.

Wie ein Hubschrauber, der sich gleichzeitig nach oben und vorwärts oder rückwärts bewegen kann, sind Sie sehr wendig und beweglich, das kommt auch in der raschen Auffassung, der hohen Intelligenz und der Fähigkeit zu spontanem Umdenken zum Ausdruck. Man kann Sie als schlau bezeichnen und vielleicht auch als etwas verschlagen – was im allgemeinen der Geschäftstüchtigkeit zugutekommt. Sie lassen keine günstige Gelegenheit aus; für Menschen, die sich geduldig und abwartend zeigen, haben Sie wenig Verständnis. Während andere auf eine Chance warten, erledigen Sie ein Dutzend Dinge, auch wenn Sie dabei eine hektische Betriebsamkeit entfalten müssen.

Ihre Erfolge beruhen auf der Fähigkeit, schnell zupacken und Probleme sofort lösen zu können. Falls Sie dabei manchmal in gewagte Lagen hineinschlittern, wird das Nervenkostüm hart beansprucht, und Sie bekommen Schwierigkeiten mit Ihren Gefühlen oder der Gesundheit. Kochen Sie also ein wenig auf »Sparflamme«, und hören Sie auf, sich restlos so zu engagieren, daß körperliche, geistige und seelische Grenzen der Belastbarkeit überschritten werden. Bekämpfen Sie Ihre neurotische Veranlagung, und akzeptieren Sie die Lebenswirklichkeiten, sonst werden Sie aufgerieben.

Als praktisch veranlagter Problemlöser sind Sie in vielen Geschäftsbranchen am richtigen Platz. Wenn Sie sich in geeigneter Weise konzentrieren, können Sie auch im Bereich der Medien und in der Kunst Ihr Glück machen.

FÄHIGKEITEN UND EIGNUNG

Die schnellen Entschlüsse lieben Sie auch bei Partnerschaften und in Dingen der Liebe. Fehlentscheidungen sind mitunter nicht auszuschließen. Versuchen Sie auch in diesem Bereich, sich in Geduld zu üben und Familie, Haus und Heim schätzen zu lernen.
Wir finden in diesen Zeichen: den Bank- und Versicherungsmanager Hans Gerling (*6.6.1915) und den Entertainer Peter Frankenfeld (*31.5.1913).

LIEBE UND PARTNERSCHAFT

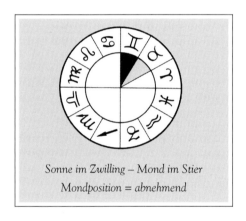

Sonne im Zwilling – Mond im Stier
Mondposition = abnehmend

Der Plagegeist

Sie sind im dritten Zeichen des Tierkreises gegen Ende des Frühlings geboren und weisen als Zwilling die typischen Merkmale der Persönlichkeiten dieses Sternzeichens auf: die Wißbegierde, Unternehmungslust, Lebensfreude und einen Hang zu intellektuellem Diskutieren.
Da Sie jedoch ein Zwilling sind, bei dem der Mond im Zeichen Stier steht, werden negative Züge wie allzu große Offenherzigkeit bis hin zum Leichtsinn und eine etwas flatterhafte Oberflächlichkeit gut im Zaum gehalten. Auch wenn Sie manchmal über das Ziel hinausschießen und gar aus der Rolle fallen, werden Sie durch den Stier-Einfluß wieder auf die rechte Bahn geführt.

WESENSART

Zwar streben Sie materielle Sicherheit an, doch suchen Sie immer wieder Abenteuer und Abwechslung. Sie beherrschen die Kunst der freien Rede und können Ihre Ansichten und Meinungen mit Überzeugungskraft vorbringen. Sie erfassen rasch das Wesentliche und können begeistern, so daß Ihnen Erfolg auf geschäftlichem Terrain ziemlich sicher ist. Mit Ihrem Verständnis für die Probleme anderer Menschen sind Sie in der Lage, sich auf Tätigkeitsfeldern der Psychologie und der Sozialeinrichtungen zu bewähren.

Sie sollten sich eingestehen, daß Ihr Verlangen nach stabilen Lebensverhältnissen immer wieder unterminiert werden kann durch die dem Zwilling eigene Leichtigkeit und Lust zur Veränderung. Kaum haben Sie den Anker geworfen und meinen, im sicheren Hafen gelandet zu sein, drängt es Sie schon nach Neuem.

FÄHIGKEITEN UND EIGNUNG

Mit Ihrem Heim, Ihrem Lebensgefährten oder Ihrem Beruf sind Sie nicht richtig zufrieden, nörgeln gerne herum, es sei denn, Sie legen Ihre impulsive und etwas zu dynamische Verhaltens- und Denkweise ab. Freuen Sie sich über die bisher erzielten Erfolge, auch wenn Sie glauben, Sie könnten viel mehr erreichen und es sei leicht, auf der Leiter des Erfolgs emporzusteigen. Vielleicht hatten Sie immer Glück, und es ist Ihnen vieles ohne Mühe in den Schoß gefallen.

LIEBE UND PARTNERSCHAFT

Ein im Grunde gutmütiger Mensch, wie Sie es sind, muß einen Partner finden, der gleiche Interessen hat und dem Verlangen nach Abwechslung entgegenkommt. Mit der Bereitschaft zur Anpassung und mit weniger Besserwisserei werden Sie auch in der Liebe das Glück finden, das Sie ersehnen.

In diesem Doppelzeichen finden wir: die Schauspielerin Joan Collins (*23.5.1933) und den Revolutionär Che Guevara (*14.6.1928).

Sonnenzeichen Krebs ♋

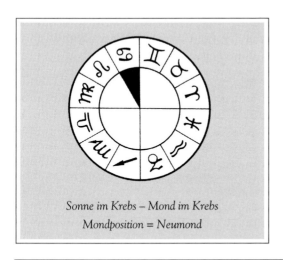

Sonne im Krebs – Mond im Krebs
Mondposition = Neumond

Der Menschenfreund

WESENSART

Der Einfluß des Wasserzeichens Krebs wird bei dieser Stellung von Sonne und Mond sehr stark verdichtet; nach Ansicht erfahrener Astrologen können dadurch die folgenden Merkmale im Charakterbild herausragende Bedeutung erlangen: Feinfühligkeit und große seelische Empfindsamkeit, die Stimmungen und Gefühle der Umwelt aufnimmt, registriert und wie ein Spiegel wieder zurückwirft, dazu ausgeprägte Fähigkeiten im Erkennen seelischer Verwandtschaft; bemerkenswert ist auch die Beherrschung der Kunst, andere Menschen so zu nehmen, wie sie sind. Unter diesem Zeichen ist auch der Philosoph und Praktiker Oskar Schellbach geboren, der mit seinen Büchern in Millionenauflage seinen Lesern theoretisch und praktisch den Weg zu positivem Denken gezeigt hat. Richtungsweisend war sein »Erfolgssystem«, eine kluge und genaue Unterweisung, wie man sein Leben so einrichten kann, daß ein Höchstmaß an seelischer Kraft und Freiheit, körperlicher Gesundheit und Schaffenskraft, persönlichem Einfluß, voller Lebensharmonie und andauerndem Wohlergehen möglich wird.

FÄHIGKEITEN UND EIGNUNG

Auch Sie verfügen über die Gabe, freundlich und hilfsbereit Ratschläge zu erteilen, wenngleich Sie selbst ungern welche annehmen. Da Sie rücksichtsvoll sind und das Empfinden anderer Menschen achten, erkennt man Sie und Ihre verdienstvolle Art auch an. Doch meistens zeigen Sie nicht spontan Ihre besten Talente, und es bedarf einer geraumen Zeit, bis man herzlichen Kontakt mit Ihnen hergestellt hat. Vor allem durch Ihr mitmenschliches Wesen ist es Ihnen gegeben, andere zu verstehen und ihnen zu helfen. Sie sind ein echter »Krebs«, der starke Beschützerinstinkte mobilisieren kann, was im Extrem dazu führt, daß Sie andere zu sehr betreuen und bevormunden.

LIEBE UND PARTNERSCHAFT

Nach außen neigen Sie hin und wieder zur Zurückhaltung und Unsicherheit, und mit diesen Eigenschaften haben Sie den gewünschten Vorwand, um ein wenig im Hintergrund bleiben zu können. Ihre Empfindlichkeit kann dazu führen, daß Sie sich von Ihrer Umgebung in eine selbstgewählte Isolation zurückziehen, obwohl Sie andererseits ohne Zuneigung und zahlreiche Kontakte nicht auskommen. Heim und Familie treten oftmals durch Ihr Vorhaben, das Leben in vollen Zügen zu genießen oder durch Ihre Absicht, die Welt zu verbessern, in den Hintergrund. Wie dieser Krebstyp zur Meisterung seines Ichs kommt, sagt Schellbach: »Lernen Sie, an Ihre Größe zu glauben, und beseitigen Sie alles, was die Selbstachtung untergräbt, was feige, mutlos, kleinlich, zaghaft und unentschlossen macht.« Mit diesen Worten sind schon die negativen Seiten Ihres Charakters genannt, und es gilt allen Ernstes, sie zu überwinden.

In denselben Zeichen sind geboren: der Ex-Playboy und Gastronom James Graser (*23.7.1922) und die Fernseh-Moderatorin Linda de Mol (*8.7.1964).

Sonne im Krebs – Mond im Löwen
Mondposition = zunehmend

Der Ja-aber-Sager

WESENSART

Schon der griechische Philosoph Plato (427 – 347 v.Chr.) hat von zwei widerstrebenden Hälften der Seele gesprochen. Er vergleicht sie in seiner Schrift »Phaedrus« mit einem Gespann von zwei Rossen, von denen das eine schön und gut, das andere unedel ist, das eine himmelwärts strebt, das andere mit Wucht zur Erde zieht, jenes der Sitz der besseren Leidenschaften, dies der allersinnlichsten Begierden.

Vielleicht hatte er dieses Erscheinungsbild bei einem Menschen erfahren, der wie Sie nach der Geburtskonstellation von einem Zeichen des Elements Wasser (Krebs) und einem des Elements Feuer (Löwe) beherrscht wurde.

Obwohl Sie einerseits zurückhaltend und vorsichtig veranlagt sind, treibt Sie Ihre willensstarke Löwe-Natur stets zu neuen Aktivitäten. Sie können diplomatisches Geschick entwickeln und Gedanken wie Gefühle ausdrücken – der Erfolg ist Ihnen sicher, denn durch Selbstsicherheit überwinden Sie die meisten Hindernisse. Aber Sie brauchen auch den Erfolg und den Beifall Ihrer Mitmenschen, Sie wollen glänzen. Ihr Leistungsvermögen ist in dieser Situation beträchtlich erhöht, und es packt Sie die Arbeitswut, während Sie andererseits auch gern manche Arbeiten auf den nächsten Tag verschieben. Störend wirkt sich außerdem Ihre ausgeprägte Neigung zum Zu- und Widerspruch aus.

Sie wollen keine Leistung mit der Stoppuhr vollbringen, da Sie erkannt haben, daß jede Aufgabe ihr eigenes Gewicht hat und eigengesetzlich zu vollenden ist. Mit dieser Einstellung erledigen Sie Ihre Pflichten entweder sehr gut oder überhaupt nicht, weshalb man Sie hie und da für unzuverlässig halten wird.

FÄHIGKEITEN UND EIGNUNG	Trotz dieser Schwäche im Persönlichkeitsbild, haben Sie wegen Ihrer Kreativität und eines oft übertrieben wirkenden Realismus gute Chancen, sich auf künstlerischem oder verantwortlichem unternehmerischen Gebiet auszuzeichnen. Man findet auch unter den typischen Vertretern dieser Gattung eine besondere Schauspielbegabung, die gefördert werden sollte.
LIEBE UND PARTNERSCHAFT	Einerseits sind Sie empfindlich und beeinflußbar, andererseits eigenwillig und selbstbewußt. Das wirkt sich in Ihren privaten Beziehungen aus. Es kann geschehen, daß Sie in der Liebe für Ihren Partner Feuer und Flamme sind, aber nach einer gewissen Zeit bedenkenlos die eingegangene Verbindung wieder lösen. Versuchen Sie es mit mehr Beständigkeit und Ruhe in Ihrem Liebesleben! In diesen Zeichen sind geboren: der Zeichner Paul Flora (*29.6.1932) und der Dirigent Claudio Abbado (*26.6.1933).

Sonne im Krebs – Mond in der Jungfrau
Mondposition = zunehmend

Der Zurückhaltende

WESENSART	Wenn bei Ihnen die Qualitäten der auf den Jungfrau-Einfluß beruhenden Lebensenergien stärker zur Wirksamkeit gelangen, verfügen Sie auch über innere Kräfte und die Geduld, die Problematik der Überempfindlichkeit und Ruhelosigkeit zu meistern. Je nach erblicher Veranlagung und den die Persönlichkeit formenden Kindheitserfahrungen werden bei Ihnen Charakterzüge geprägt, in denen Disziplin und Selbstbeherrschung eine große Rolle spielen und die Hemmungskomplexe nicht aufkommen lassen.

Sie sind bereit, als brauchbar erkannte Grundsätze zu verteidigen und sich auch von Rückschlägen nicht entmutigen zu lassen. Dank Ihrer freundlichen Wesensart und einer bemerkenswerten Großzügigkeit zeigen Sie stets viel Verständnis für Sorgen und Nöte Ihrer Mitmenschen.
Sie knüpfen gern neue Kontakte, und es ist Ihnen ein Bedürfnis, auf andere Menschen zuzugehen und Hilfe anzubieten. Allerdings besteht die Gefahr, daß Sie als aufdringlich empfunden werden und Gefühle der Ablehnung auslösen. Vermeiden Sie es deshalb, sich anzubiedern, und seien Sie sich Ihres Wertes voll bewußt. Ziehen Sie sich rechtzeitig zurück, wenn Sie merken, daß Sie nicht mehr erwünscht sind. Den erhobenen Zeigefinger liebt niemand, und Moralpredigten oder Ermahnungen werden ungern entgegengenommen – und seien sie noch so liebevoll gemeint. Bedenken Sie, daß Ihre Mitmenschen ihre eigene Persönlichkeitssphäre brauchen und in ihrer Bewegungsfreiheit nicht eingeschränkt werden wollen.

Beruflich sind Sie durch Ihre menschenfreundliche und gütige Grundhaltung vor allem prädestiniert für beratende und pflegerische Tätigkeiten im sozialen Bereich; außerdem verfügen Sie über Organisationstalent und kommen für Arbeiten in der Verwaltung oder im kaufmännischen Sektor in Frage. — FÄHIGKEITEN UND EIGNUNG

In Ihren Partnerschaften sind Sie meist der gebende Teil; das Bewußtsein, gebraucht zu werden, geht Ihnen über alles. Sie sollten jedoch darauf achten, daß Sie nicht in eine zu große Abhängigkeit geraten, die Ihre Neigung zu neurotischen Störungen verstärken würde. Sie stehen auch in Gefahr, sich zu sehr nach politischen oder religiösen Vorbildern auszurichten, wodurch unter anderem eine Einengung in hausbackenen Moralvorstellungen erfolgen könnte. Streben Sie auch in Ihren Liebesbeziehungen eine Verbindung an, in der Ihre verborgenen Wünsche und Gefühle nicht unterdrückt werden. — LIEBE UND PARTNERSCHAFT

In denselben Zeichen sind geboren: die Schauspielerin Gina Lollobrigida (*4.7.1927) und der schwedische Regisseur Ingmar Bergman (*14.7.1918).

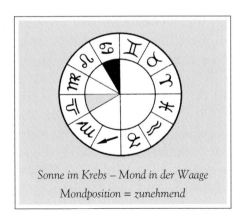

Sonne im Krebs – Mond in der Waage
Mondposition = zunehmend

Der Pfiffikus

WESENSART Nach alter astrologischer Überlieferung haben wir es hier mit zwei Kardinalzeichen zu tun, die die antiken Naturphilosophen den Elementen Wasser und Luft zuordneten. Die Stellung der Gestirne in diesen Zeichen begünstigt die Heranbildung einer aktiven, ehrgeizigen, idealistisch denkenden und sozial eingestellten Persönlichkeit.
Aufgrund Ihrer Zugehörigkeit zu dieser Menschengruppe gelten Sie als zuvorkommend, nett und höflich; vor allem bringt das Verständnis für die Probleme anderer Ihnen viel Sympathie ein. Sie verstehen es, geschickt zu taktieren und verfügen über das Talent zum Diplomaten. Daher haben Sie kaum Schwierigkeiten in Beziehungen zu den Mitmenschen, zumal Sie deren Wünsche und Erwartungen in Ihre Überlegungen einkalkulieren.
Aber diese Neigung, freundlich und einfühlsam zu sein, kann auch zu Unannehmlichkeiten für Sie führen, wenn Sie allzu fürsorglich Ihr Vertrauen in andere setzen. Bringen Sie Ihre Neigung zum Entgegenkommen unter Kontrolle; es ist zwar lobenswert und macht zufrieden, wenn man andere glücklich machen kann, doch sollte dies nicht auf Kosten eigenen Wohlbefindens geschehen.

FÄHIGKEITEN UND EIGNUNG Ihre Schwächen liegen vielleicht in einer falschen Einschätzung der eigenen Fähigkeiten, die Sie häufig zu überspielen versuchen. Zeigen Sie mehr Selbstvertrauen, und geben Sie nicht so viel auf die Meinung anderer Menschen Ihnen gegenüber. Sie sind beruflich am ehesten geeignet für Tätigkeiten, in denen Sie nicht ein lebendes Denkmal sein müssen. Zu erwähnen sind hier Berufe, die mit dem Heilen und Pflegen verbunden sind, aber auch solche, in denen Ihr Einfühlungsvermögen oder Ihr technisches Wissen zur Wirkung kommen können. Mit Trainingsfleiß können Sie auch sportliche Erfolge erringen, sofern Sie Ihre Schüchternheit ablegen.

Ihre romantische Veranlagung und Ihr warmherziges menschliches Fühlen bedingen, daß Sie sich ein Leben ohne Liebe nicht vorstellen können. Sie brauchen einen Partner, der ebenso zartfühlend und idealistisch veranlagt ist wie Sie und der zugleich Ihre Unentschlossenheit und Ihr Zaudern akzeptiert. Ihr Partner muß Sie unterstützen und aufbauen, wenn es gilt, Widerstände zu überwinden und Freud wie Leid gemeinsam zu tragen.
In diesen Zeichen sind geboren: der Moderator Günther Jauch (*13.7.1956) und die Geigerin Anne-Sophie Mutter (*29.6.1963).

LIEBE UND PARTNERSCHAFT

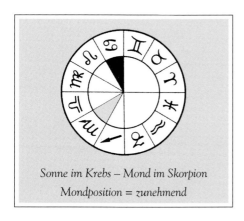

Sonne im Krebs – Mond im Skorpion
Mondposition = zunehmend

Der Realist

Wenn man sich mit der spannenden Geschichte der großen Polar-Expeditionen beschäftigt, stößt man unweigerlich auf Roald Amundsen (*16.7.1872), der im Jahre 1911 als erster den Südpol erreichte. Der Norweger Amundsen war Seemann und Flieger, er widmete sein abenteuerliches Leben der Erforschung der Polarregionen der Erde.

WESENSART

Amundsens Geburt stand im Zeichen einer Krebs-Skorpion-Kombination, bei der zwei Wasserzeichen eine gemeinsame Wirksamkeit entfalten. Die Charakterzüge, die wir an ihm registrieren, sind symptomatisch für viele andere, die diesem Zeichen angehören. Falls Sie betroffen sind, dann setzen auch Sie sich gerne hohe Ziele und versuchen, mit Mut, Zähigkeit und Ausdauer Erfolge zu erringen. In Ihrem Naturell finden wir große Begeisterungsfähigkeit, mit der Sie zu ehrenvollen Taten angespornt werden und Ruhm suchen.

Ihre Persönlichkeit ist gekennzeichnet durch Ihren Arbeitseifer, Ihre Verläßlichkeit und Hilfsbereitschaft, allerdings auch durch klug berechnendes Abwägen der Chancen für den Erfolg.

FÄHIGKEITEN UND EIGNUNG

Als Realist arbeiten Sie am liebsten dort, wo Sie konkurrieren können und Ihre Ziele erkennbar abgesteckt sind. Da Sie pragmatisch und materialistisch eingestellt sind, werden Sie meist Ihre Fähigkeiten praktisch nutzbringend einsetzen. Sie wirken geschäftstüchtig, sind aber auch in geistiger Hinsicht produktiv.

Mitunter sind Krebs-Skorpion-Geborene Ängsten und Depressionen ausgesetzt; sie teilen dieses Schicksal mit Millionen anderen Menschen, die an Unsicherheiten und Phobien leiden, ohne sich dessen bewußt zu sein, doch den wenigsten gelingt es, sich den heimtückischen Wirkungen zu entziehen. Suchen Sie deshalb in erprobten Therapien nach Selbsterkenntnis und Selbstbeherrschung, damit Sie schädliche Einflüsse vermindern können. Am besten ist es, wenn Sie sich Ihren Problemen stellen und einen lebhaften Gedankenaustausch mit positiv eingestellten Partnern praktizieren.

LIEBE UND PARTNERSCHAFT

Zu körperlichem und seelischem Wohlbefinden gehört bei Ihnen insbesondere auch der sexuelle Bereich; es ist von wesentlicher Bedeutung, ob Sie den passenden Lebensgefährten finden. Da Sie hin und wieder nachtragend und eifersüchtig sein können, brauchen Sie Freunde und Partner mit ehrlichem und aufrichtigem Wesen. Viel hängt davon ab, welche Erfahrungen Sie in Ihren Verbindungen sammeln, denn neue Beziehungen können dadurch blockiert oder gefördert werden. Sie nehmen sich oft selbst zu wichtig und verstehen keinen Spaß, während Sie gern die Schwächen anderer aufdecken und gelegentlich auch anprangern. Etwas Rücksichtnahme und mehr Taktgefühl kann Ihnen nur zum Vorteil gereichen.

In denselben Zeichen finden wir: den Politiker Nelson Mandela (*18.7.1918) und den Politiker Walter Scheel (*8.7.1919).

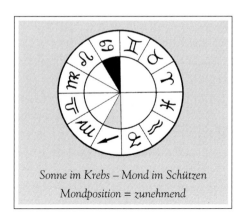

Sonne im Krebs – Mond im Schützen
Mondposition = zunehmend

Der perfekte Traumtänzer

WESENSART

Im Persönlichkeitsbild des unter diesem Aspekt Geborenen sind gewissermaßen zwei Seelen in einer Brust in vorteilhafter Weise vereinigt. Die vom Krebs beeinflußte Natur ist auf Familiensinn, auf Häuslichkeit und Behäbigkeit ausgerichtet, aber der Schütze-Mond verursacht Fernweh, abseitsliegende Interessen und Freude an Geselligkeiten.

Sie schwanken mithin zwischen gefühlsbetontem Introvertiert-Sein, einer nach innen gekehrten Ich-Bezogenheit und einem ausgesprochenen extravertierten Drang nach fremden Ländern, nach Abenteuern und dem Kennenlernen anderer Menschen.

Dieses permanente Schwanken stellt sich bei Ihnen auch in den Grenzzuständen zwischen Traum und Realität ein und bedingt eine gewisse Launenhaftigkeit, bei der Sie einmal »himmelhoch jauchzend«, dann aber wieder »zu Tode betrübt« sind. Aus dieser Unruhe in Ihrem Innern entstehen Belastungen, die Sie immer neu überwinden müssen.

Gefühlsmäßig sind Sie mit liebgewordenen Menschen und mit den Gegenständen der Ihnen vertrauten Umgebung verbunden und von ihnen abhängig, was unter Umständen hinderlich und hemmend wirkt. Vorsicht ist geboten vor übertriebener Sparsamkeit, damit sie sich nicht zum Geiz entwickelt. Auch aus Ihrem großen Mitleid kann Gefahr erwachsen, und zwar dann, wenn es in Selbstmitleid umschlägt.

Sie haben eine romantische Ader und sind im Grunde ein Optimist; das hilft Ihnen, die Höhen und Tiefen im Leben zu überwinden und lenkt Ihr Handeln in die rechten Bahnen. Gegen Ungerechtigkeiten reagieren Sie mutig und rechtschaffen; hüten Sie sich aber vor dramatischen Übertreibungen. Die leichte Verletzbarkeit Ihres Stolzes und Ihrer idealistischen Empfindungen kann Sie den Verlust von Freunden kosten.

FÄHIGKEITEN UND EIGNUNG
Beruflich besteht gute Eignung als Mitarbeiter von Politikern, Denkern, Morallehrern und Firmenleitern. Die Arbeit macht Ihnen Freude, und es erfüllt Sie mit Stolz, wenn Sie sich anerkannt sehen. Überschätzen Sie Ihre Kräfte und Ihre Möglichkeiten nicht, damit keine gesundheitlichen Beeinträchtigungen eintreten.

LIEBE UND PARTNERSCHAFT
In Partnerschaftsfragen handeln Sie verantwortungsbewußt und sind zuverlässig. Hemmend kann sich auswirken, daß Sie in Ihren Gedanken zuweilen zu lange an vergangenen Freundschaften und Liebesbeziehungen hängen.
Als Beispiel für eine in dieser Winkelstellung der Gestirne geborenen Personen seien der Verpackungskünstler Christo Javacheff (*13.7.1935) und der Musical-Star Ute Lemper (*4.7.1963) genannt.

Sonne im Krebs – Mond im Steinbock
Mondposition = Vollmond

Der Gemütsakrobat

WESENSART
Bei dieser polaren Konstellation steht der Mond in Opposition zur Sonne; wegen der großen Sensibilität der betreffenden Personen kann das zu einem spannungsreichen Seelenleben führen.

Der im Zeichen Krebs stehenden Geburtssonne sind Einflüsse in Richtung Ich-Bezogenheit, Verschlossenheit und konservativer Häuslichkeit zuzuschreiben, während der Steinbock-Mond mehr in Neigungen zu Begeisterungsfähigkeit und Weltoffenheit deutlich wird. Mit diesen gegensätzlichen Verhaltensmustern müssen Sie leben, wenn Sie im Zeichen dieser Gestirne geboren sind. Das Pendel der Empfindungen schlägt immer wieder abwechselnd nach der einen und nach der anderen Seite aus. So können dann zuweilen fatalistische Gedanken Platz ergreifen und plötzlich überschäumender Lebensfreude weichen; es kommt also sehr darauf an, daß Sie sich dieser Situation stellen und nicht zum Sklaven der jeweiligen geistigen und seelischen Verfassung werden.

Konflikte aus diesem Zwiespalt der Gefühle sind möglicherweise in der Kindheit nicht ganz verarbeitet worden, aber in fortgeschrittenem Lebensalter kann eine nachdrückliche Reifung Sie ernster und nachdenklicher werden lassen als viele Ihrer Mitmenschen. Auf diesem Weg lassen sich auch Minderwertigkeitskomplexe aus der Jugendzeit überwinden; es liegt in Ihrer Hand, ob Sie Ihren Hang zu Unzufriedenheit mit sich selbst und innerer Verschlossenheit überwinden und zu Harmonie und Frieden finden. Versuchen Sie, sich selbst zu erkennen, und Sie werden entdecken, daß Sie im Grunde Ihres Herzens freundlich, hilfsbereit, offen und ehrlich sind und wegen dieser Qualitäten von Ihren Mitmenschen geschätzt werden.

FÄHIGKEITEN UND EIGNUNG

Mit Ihrer gut ausgebildeten Auffassungsgabe und dem wachen Geist haben Sie gute berufliche Chancen, doch könnte Ihnen eine Neigung zu unorthodoxer Arbeitsweise Schwierigkeiten bereiten. Sie möchten vielleicht dem Hang zu künstlerischer und schöpferischer Betätigung folgen, doch ist bei Ihrer etwas unsteten Gemütsverfassung ein häufiger Wechsel der Berufe nicht auszuschließen.

LIEBE UND PARTNERSCHAFT

In Freundschaften und in der Liebe kommt Ihr wirklichkeitsbezogenes Denken ebenfalls zum Durchbruch. Sie wissen die Vorzüge dauerhafter und sicherer Beziehungen zu schätzen; trotzdem treibt Sie die Unbeständigkeit immer auf die Suche nach neuem Glück. Deshalb ist es für Sie bedeutungsvoll, daß sich Ihnen Partner zugesellen, die Ihre Einsichten teilen und Ihre Persönlichkeit zu schätzen wissen.

In diesen Zeichen finden wir: den amerikanischen Schriftsteller Ernest Hemingway (*21.7.1899) und den Schlagersänger und Schauspieler Rex Gildo (*2.7.1939).

♋ KREBS

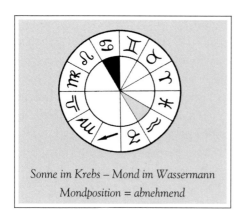

Sonne im Krebs – Mond im Wassermann
Mondposition = abnehmend

Der Ungewöhnliche

WESENSART Sie kennen das: Ein Mensch kommt plötzlich durch günstige oder widrige Umstände in eine für ihn fremdartige Umgebung, in andere Gesellschaftskreise oder in ein anderes Land, und innerhalb kürzester Zeit hat er sich total angepaßt, so, als hätte er zuvor schon immer in diesem Milieu gelebt.
Auch der Menschentyp dieses Doppelzeichens fühlt sich in einem neuen Lebensbereich sofort wohl, selbst wenn ein ungewohnter Lebensstil verlangt wird. Wenn Sie, der Sie zu dieser Typengruppe gehören, die Grenze Ihres bisherigen Wirkungsbereichs überschritten haben und neue Möglichkeiten sehen, verstehen Sie es blendend, die Situation unverzüglich auszunutzen und sich dazugehörig zu fühlen. Dieser Sprung in ein anderes Rollenbewußtsein bedarf nicht nur einer ungewöhnlich guten Beobachtungsgabe und Lernfähigkeit, er bedarf auch des Vergnügens am Wandel und am Ablegen des Bisherigen. Eine derartige Begabung ist ideal für Emigranten, Künstler, Politiker und Wissenschaftler.
Sie sind sehr selbstbewußt und vertreten stets Ihre eigene Meinung. Von anderen werden Sie deshalb zuweilen als arrogant und überheblich empfunden. Ihre Ungeduld und Ihr geistiger Snobismus können für Sie unverdientermaßen problematisch werden. Sie lassen sich leicht inspirieren und fangen Dinge an, die Sie anschließend nicht zu Ende führen. Sie sind imstande, Erstaunliches zu vollbringen und kommen durch Ihre Gewandtheit und Vielseitigkeit mit vielen Menschen auf Anhieb zurecht.

Es öffnen sich Ihnen sehr gute berufliche Chancen, denn Sie sind anpassungsfähig und betriebsam. Es gibt für Sie keinen Grund zum Müßiggang, man kann bei Ihnen beispielsweise an den 80jährigen Marc Chagall denken, der gesagt hat: »Die Erde dreht sich auch immer weiter. Warum soll ich stillhalten?« Sie haben Tugenden wie Hilfsbereitschaft, Freundlichkeit und Toleranz, aber auch Schwächen, die es zu bekämpfen gilt. Es ist vor allem die Launenhaftigkeit, die sich in extremen Fällen bis zu Wutausbrüchen steigern kann, wenn man Sie reizt.	FÄHIGKEITEN UND EIGNUNG
Obwohl es nicht ganz leicht ist, mit Ihnen zusammenzuleben, behandeln Sie die Personen Ihrer Wahl als echte Kameraden. Sie brauchen Partner, die Ihre Launen akzeptieren, ohne lange nach Erklärungen zu fragen. Nach kurzer Zeit sind Sie erstaunlich nachgiebig und entgegenkommend. Leben Sie unverändert nach dem Grundsatz der Redlichkeit und Gerechtigkeit gegenüber Ihren Mitmenschen, und denken Sie daran, daß man mit Güte fast jeden Menschen für sich gewinnen kann. Diesem Doppelzeichen zugehörig sind: der Maler der Liebe, Marc Chagall (*7.7.1887) und die Prinzessin von Wales, Diana (*1.7.1961).	LIEBE UND PARTNERSCHAFT

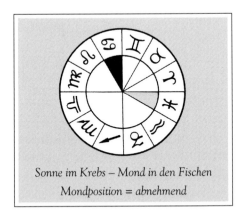

Sonne im Krebs – Mond in den Fischen
Mondposition = abnehmend

Der Nachdenkliche

Wie empfindsam Menschen sein können, die unter diesen negativ-weiblichen Zeichen geboren sind, führt uns der Dichter Hermann Hesse (*2.7.1877) vor	WESENSART

Augen, wenn er schreibt: »Ich möchte einen Auszug finden für die Zweiheit, ich möchte Kapitel und Sätze schreiben, wo beständig Melodie und Gegenmelodie gleichzeitig sichtbar wären, wo jeder Buntheit die Einheit, jedem Scherz der Ernst beständig zur Seite steht. Denn einzig darin besteht für mich das Leben, im Fluktuieren zwischen zwei Polen, im Hin und Her zwischen den beiden Grundpfeilern der Welt. Beständig möchte ich mit Entzücken auf die seelige Buntheit der Welt hinweisen und ebenso beständig daran erinnern, daß dieser Buntheit eine Einheit zugrunde liegt.«

Mit diesen Gedanken über das Spannungsfeld zwischen zwei gegensätzlichen Erscheinungsformen knüpft Hesse an die chinesische Philosophie des Yin und Yang an, eine der ältesten Erkenntnisse der Menschheit, und er gibt gleichzeitig seinen eigenen gegensätzlichen Gefühlen Ausdruck.

Auch bei Ihnen, der Sie wie Hesse mit der Sonne im Krebs und dem Mond in den Fischen geboren sind, ist bemerkenswert, daß Sie sich in verborgene Zusammenhänge einfühlen können, daß Sie Dinge begreifen, die andere nicht wahrnehmen, daß Sie besonders sensibel sind und ein hohes Maß an Auffassungsvermögen entwickeln können. Darum suchen Sie fortwährend nach einem Ausgleich zwischen positiven Eigenschaften wie hilfsbereit, nachdenklich, einfühlsam, heiter, vorsichtig und negativ zu wertenden Zügen wie egoistisch, spießig, rechthaberisch, geltungsbedürftig und quertreibend. Dieser Kampf in Ihrem Inneren bringt eine gewisse Unbeständigkeit mit sich und äußert sich eventuell in Mitgefühl und Aufopferung.

FÄHIGKEITEN UND EIGNUNG

Es kommt für Sie darauf an, daß Sie konstruktiven Gebrauch von Ihren Fähigkeiten machen und sich von Ängsten und Illusionen befreien. Lassen Sie sich nicht zu sehr von Ihren Träumen und Phantasien beeinflussen, sondern nutzen Sie Ihre Geistesgaben, um die Wirklichkeit zu sehen und zu akzeptieren. Sie können tatkräftig auftreten und Kontaktbereitschaft zeigen; in diesem Fall werden sich auch berufliche Erfolge einstellen, die vornehmlich auf künstlerischem Gebiet liegen, Sie aber auch als Naturforscher, Lehrer oder Priester begleiten. Auch Tätigkeiten innerhalb der Psychologie und im Bereich des Heilens und Pflegens sind denkbar.

LIEBE UND PARTNERSCHAFT

In Partnerschaften suchen Sie in erster Linie die seelische Übereinstimmung und wenden sich Menschen zu, die treu und ehrlich sind. Sie wollen Ihrem Partner vertrauen können; Enttäuschungen auf dem Gebiet der Liebe verletzen Sie schwer und führen oft zur Abwendung von vertrauten Bindungen. Eine dauerhafte und glückliche Beziehung wird für Sie müheloser, wenn Sie ihr die Chance für eine Seelenharmonie bieten.

In denselben Zeichen sind geboren: der Buchautor und Moderator Franz Alt (*17.7.1938) und der Sänger Peter Alexander (*30.6.1926).

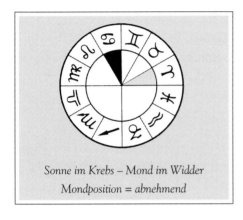

Sonne im Krebs – Mond im Widder
Mondposition = abnehmend

Der Vorwärtsstrebende

WESENSART

Zwei widersprüchliche Naturen sind es, die aufgrund der Einflüsse dieser Tierkreiszeichen in den Menschenkindern dieser Konstellation miteinander ringen: Da ist einmal die einfühlsame »Krebs«-Veranlagung mit ihrer Verschlossenheit, Dünnhäutigkeit, Wankelmütigkeit und dem auffallenden Traditionsbewußtsein, und zum anderen tritt das ungestüme »Widder«-Temperament mit seiner Impulsivität, Ungeduld, Angriffslust und dem unbedingten Glauben an den Fortschritt hervor. Ist diese Widder-Krebs-Kombination für Sie zuständig, dann kann in Ihrem Persönlichkeitsbild eine gewisse Zwiespältigkeit nicht ausgeschlossen werden: vorsichtiger Rückzug oder rigoroser Vorstoß, konservatives Beharren oder Bemühen um Erneuerung, ruhige Beschaulichkeit oder heftiger Gefühlsausbruch, ernstes Betrachten oder humorvolles In-Szene-Setzen – all dies Verhaltensweisen, die wechselweise zum Vorschein kommen können.

Sie gehen energisch und dynamisch vor, und man kann sich der Wirkung Ihrer Persönlichkeit kaum entziehen. Mit Ungestüm und Geltungsstreben machen Sie sich jedoch manches im Leben schwerer als nötig; Sie meinen, zu den größten zu zählen und allein zu wissen, was zu welchem Zeitpunkt zu tun ist. Von Tatendrang beseelt, stürzen Sie sich entscheidungsfreudig in Ihre Unternehmungen; Sie sind verantwortungsbewußt und haben die Qualitäten, die zum Führen erforderlich sind, aber mitunter werden Sie gehemmt durch Ängste, Unsicherheit und übertriebene Vorsicht. Sie lassen sich leicht durch Konflikte entmutigen, die entstehen, wenn Sie die Kompromißbereitschaft zu weit treiben.

FÄHIGKEITEN UND EIGNUNG

Da Sie sich viele Dinge gleichzeitig zutrauen, haben Sie es schwer, rasche Erfolge zu erringen und zu Rang und Ansehen zu kommen. So gelten Sie wahrscheinlich als Spätberufener. Durch Ihr Engagement und Ihr Fühlen eignen Sie sich für Laufbahnen im sozialen Bereich, in der Politik, in Gewerkschaften oder auf kirchlichem Gebiet. Ihr gutes Gedächtnis unterstützt Sie nachhaltig in der Verwaltung oder in Lehrberufen.

LIEBE UND PARTNERSCHAFT

Leidenschaftlich und liebebedürftig suchen Sie in Partnerschaften die Erfüllung. Ihre romantische, zuverlässige und ehrliche Art ist für das Zustandekommen einer harmonischen Verbindung von entscheidender Bedeutung. Achten Sie jedoch darauf, daß Ihnen Ihre aufbrausende und launenhafte Natur keinen Strich durch die Rechnung macht.

In diesen Zeichen sind geboren: der deutsche Politiker Norbert Blüm (*21.7.1936) und der Schweizer Politiker Kurt Furgler (*24.6.1924).

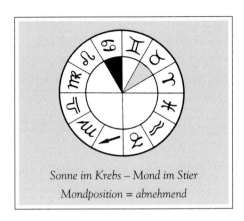

Sonne im Krebs – Mond im Stier
Mondposition = abnehmend

Der Feuerwehrmann

WESENSART

Bei Ihnen ist der Einfluß eines dem Element Wasser angehörenden Zeichens mit dem eines Erdzeichens verbunden. Obwohl beide Elemente auch unabhängig voneinander wirksam sein können, haben sie in dieser Kombination meist eine vorteilhafte Auswirkung zur Folge. Sie wird Ihre charakterliche Prägung allgemein günstig beeinflussen, denn immer, wenn es brenzlig wird, müssen Sie ran, um den Schwelbrand zu löschen.

Obwohl Sie dem ersten Eindruck nach ängstlich und schüchtern wirken, kommt doch sehr bald hinter der äußeren Fassade eine Person mit starker Willenskraft und schöpferischer Initiative zum Vorschein. Mit Wagemut und Energie setzen Sie sich durch, dabei fällt Ihre humane und hilfsbereite Wesensart besonders auf, mit der Sie für eine Besserung der sozialen Verhältnisse eintreten. Sie sind bereit, für neue Vorhaben Opfer zu bringen, erreichen durch Überzeugungskraft, Hartnäckigkeit und Verhandlungsgeschick mehr als andere und haben Erfolg, obwohl Sie aus einer gewissen Defensive heraus taktieren.

Da Sie von der Richtigkeit Ihrer Ansichten überzeugt sind und sich nur schwer belehren lassen, ärgert Sie jegliche Kritik; Sie reagieren leicht beleidigt und gekränkt und sollten deshalb versuchen, nicht überempfindlich zu sein. Halten Sie Ihre Gefühle unter Kontrolle, und beginnen Sie einzusehen, daß wir Menschen – auch Sie – unvollkommen sind. Versuchen Sie, diesen Sachverhalt und die eigenen Schwächen zu akzeptieren, und achten Sie die Ratschläge und Meinungen anderer.

FÄHIGKEITEN UND EIGNUNG	Zwar sind Sie in der Regel ein konstruktiv vorgehender Mensch, aber ab und an denken Sie zu pessimistisch und übervorsichtig. Machen Sie eine Bestandsaufnahme Ihrer Ängste und Befürchtungen, um sie besser eliminieren zu können. Stellen Sie sich positiv auf die Menschen Ihrer Umgebung ein, dann werden Sie auch erfolgreiche Beziehungen im Berufsleben und in privater Sphäre entwickeln können.
LIEBE UND PARTNERSCHAFT	Versuchen Sie nicht, Zuwendung und Liebe zu erzwingen, sondern erwerben Sie sich diese durch verständnisvolles Eingehen auf die Eigenheiten des Partners. Sie brauchen die Sicherheit und Geborgenheit eines Heims. Suchen Sie deshalb Lebenspartner, die wie Sie selbst ehrlich, offen und verläßlich sind und die Sie in Ihren Vorhaben jederzeit zu unterstützen bereit sind. Als Vertreter dieser Zeichen finden wir: den Politiker Peter Gauweiler (*22.6.1949) und den Unternehmer und Manager der deutschen Bahn, Heinz Dürr (*16.7.1933).

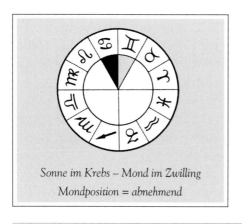

Sonne im Krebs – Mond im Zwilling
Mondposition = abnehmend

Das unbeständige Quecksilber

WESENSART	Das Zusammenwirken des Wasserzeichens Krebs der Geburtssonne mit dem Luftzeichen Zwillinge, in dem der Mond im letzten Viertel steht, äußert sich im Persönlichkeitsbild in Neigungen zu Unrast und Unbeständigkeit, die mitunter

bis zur Wankelmütigkeit gesteigert ist, verbunden mit großer psychischer Beweglichkeit und Einfühlsamkeit, umfassender Wißbegierde und Aufgeschlossenheit für alles, was in der Umwelt geschieht.

Falls Sie bei dieser Stellung der Gestirne geboren wurden, sind Sie vielseitig veranlagt und gehen mit Schwung und Phantasie zu Werke; manchmal ist dies problematisch, und zwar immer dann, wenn Sie sich unduldsam und unausgeglichen zu sehr Ihren Gefühlsregungen ausliefern. Sie laufen dann nämlich wie alle empfindsamen, astrologisch-weiblichen Wesen Gefahr, sich einem Streß auszusetzen, der verhängnisvoll sein kann – wenn die Atmosphäre, in der Sie leben müssen, angespannt und aggressiv ist. Beschränken Sie sich in solch einer Situation besser auf das wirklich Wichtige, lernen Sie, sich zu entspannen und Ruhepausen einzulegen; überdenken Sie des öfteren die Lage, prüfen Sie sie hinsichtlich des Risikofaktors Streß, um die Gesundheit nicht aufs Spiel zu setzen.

Auch wenn die Bindungen an Ihre Mitmenschen noch so ausgeprägt sind und Sie gefordert werden: Lassen Sie sich nicht dazu verleiten, mit vermeintlich leistungssteigernden Mitteln wie Alkohol, Koffein, Nikotin und Medikamenten Ihren Erfolg zu steigern.

FÄHIGKEITEN UND EIGNUNG

In diesen Sternzeichen Geborene arbeiten oft am besten in einer Gruppe, einer festgefügten Firmen- oder Behördenorganisation. Obwohl Sie im allgemeinen keine ausgesprochene Führungsrolle anstreben, öffnen sich Ihnen dank Ihres Ideenreichtums, Ihrer Originalität und Findigkeit sowie Ihrer geistigen Gewandtheit viele Möglichkeiten. Schöpferische Tätigkeiten werden bevorzugt, doch kommen auch Archäologie, Historiographie und Antiquitätenbetreuung in Betracht.

LIEBE UND PARTNERSCHAFT

Beim Zustandekommen von Freundschaften und in Liebe und Ehe können sich vor allem Ihre hochgeschraubten Erwartungen als hemmend erweisen. Ihre Partner müssen Verständnis für Ihr Ungebundensein-Wollen und Ihre eventuellen Launen aufbringen. Wenn Sie allerdings Ihre Illusionen zurückdrängen und Ihr Mitgefühl sprechen lassen, werden auch Sie in Partnerschaften erfolgreich sein. In diesen Zeichen sind geboren: der TV-Entertainer Alfred Biolek (*10.7.1934) und der Ski-Rennfahrer Marc Giradelli (*18.7.1963).

Sonnenzeichen Löwe ♌

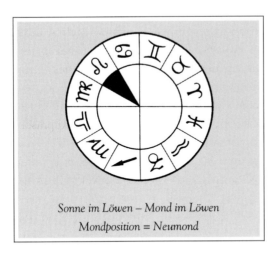

Sonne im Löwen – Mond im Löwen
Mondposition = Neumond

Die Dampflok

WESENSART   Wer an seinem Geburtstag das Tierkreiszeichen Löwe zweifach wirkend registriert, muß nicht unbedingt dem landläufigen Bild des Löwe-Geborenen entsprechen; nicht immer ist ein königliches Auftreten festzustellen. Zwar versuchen viele, sich mit den von Astrologen gezeichneten Wesenszügen wie Mut, Selbstachtung, Willensstärke, Durchsetzungskraft, Begeisterungsfähigkeit und Eigenständigkeit zu identifizieren, doch bleibt diesem Bemühen häufig der Erfolg versagt.

Wahrscheinlich sind aber auch Sie ein Mensch, dessen Tätigkeiten so angelegt sind, daß die Umwelt aufmerksam wird. Die Mittel, die Sie einsetzen, Ihr Auftreten, Ihre Kleidung, Wohnungseinrichtung und Automarke sind auf dieses Ziel ausgerichtet. Sie beherrschen die Symbolik der Körpersprache und nutzen möglichst jede Geste, um die Wirkung Ihrer persönlichen Ausstrahlung zu verstärken. Mit Ihrem »Charisma« versuchen Sie, die Kluft zwischen Ihren Wunschvorstellungen und der Realität zu überbrücken und sich vorteilhaft in den Vordergrund zu bringen. Zwar denken Sie nicht immer nur an den eigenen Nutzen, aber letztlich dienen Ihre Aktivitäten doch dazu. Auch wenn Sie Schwache und Hilfsbedürftige unterstützen, sind Sie insgeheim auf Ihren Vorteil bedacht.

Fähigkeiten und Eignung

Trotz Ihres lässigen Sichgebens und einer gewissen Dünkelhaftigkeit sind Ihre seriösen Seiten unverkennbar. Ihre Erscheinung ist würdevoll und stolz, und Sie verlangen Anerkennung, die Ihnen auch zukommt. Sie sind gewohnt, selbständig zu handeln und sich notfalls auch selbst zu managen; erkennbar wird dies, wenn Menschen wie Sie häufig freie Berufe wählen. Ihr realistisches Denken und systematisches Handeln befähigt Sie unter anderem für die Funktion eines leitenden Angestellten.

Für die Bewältigung besonderer Vorhaben wird man stets gern auf Sie zurückkommen, weil Sie ein enormes Pflichtbewußtsein und große Befähigung zur Repräsentation haben. Allerdings sind trotz allem weltbewegende Gedanken und durchschlagende Antriebe nicht zu erwarten; Sie bewegen sich lieber in alten Geleisen, auch wenn Sie nicht nur ausgefahren, sondern manchmal im Sinne des Wortes »abwegig« sind.

Liebe und Partnerschaft

Auch in Ihren Partnerschaften suchen Sie die Unabhängigkeit, die insgesamt Ihren Wesenszug kennzeichnet. Stets sind Sie sich des Eindrucks bewußt, den Sie auf das andere Geschlecht machen. Ihre erotischen Beziehungen führen jedoch meist durch unrealistische Erwartungen zu Schwierigkeiten; da Sie zur Polygamie neigen, werden ungewöhnliche Affären nicht auszuschließen sein.

In diesen Zeichen finden wir: den Kaiser Franz Joseph (*18.8.1830) und den Schauspieler Hans Moser (*6.8.1880).

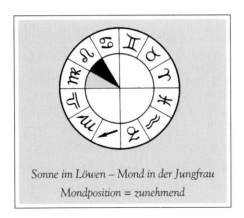

*Sonne im Löwen – Mond in der Jungfrau
Mondposition = zunehmend*

Der Senkrechtstarter

WESENSART   Wenn die Sonne im Tierkreiszeichen Löwe steht und zur gleichen Zeit der Mond sich im Zeichen Jungfrau aufhält, ist das nach Meinung der Chinesen, Hindus und Araber für viele Vorhaben recht günstig. Bei den Kabbalisten wird diese Konstellation IIAH genannt, das »absolute Prinzip«, und sie ist vorteilhaft für geistige Belange. Damit hängt auch zusammen, daß bei den Hebräern diese Mondstellung als der Mittelpunkt des Mondtierkreises angesehen wird.

Auch bei Ihnen verbinden sich Willensstärke und Strebsamkeit, die auf die Wirkung des Löwen zurückzuführen sind, mit dem Pflichtbewußtsein und der Pingeligkeit der Jungfrau-Geborenen. Es stehen sich ein heftig expandierender Drang nach Repräsentation und eine verantwortungsbewußte Zurückhaltung gegenüber. Einerseits suchen Sie Anerkennung und lieben die verschwenderische Fülle, andererseits können Sie hart arbeiten und bescheiden leben. Aber bei aller Gegensätzlichkeit fügen sich die beiden Seiten Ihres Charakters harmonisch zusammen.

Ihr starker Wille allerdings kann sich bis zum Starrsinn steigern; Sie sollten besser öfter zum Einlenken und Nachgeben neigen. Widerspruchsgeist und Beharren auf dem eigenen Standpunkt erschweren das Zusammenleben im beruflichen wie privaten Bereich. Zur Kunst der Kommunikation gehört, daß jeder ernstgenommen wird und andere Argumente und Probleme umfassend gewürdigt werden. Versuchen Sie, Ihre selbstkritische Haltung zu verringern, damit Unsicherheiten und Ängste vermieden werden. Urteilen Sie nicht vorschnell und bedenken Sie, daß Taktgefühl und Herz dazugehören, wenn man Wahrheiten aussprechen muß.

Beruflich stehen Ihnen viele Sparten offen, Ihre Menschenfreundlichkeit und Ihr Verantwortungsgefühl wird Ihnen überall nützlich sein. Obwohl Sie nicht unbedingt zur Leitung einer Gruppe geboren sind, verstehen Sie es, sich rasch in den Vordergrund zu spielen und Ihre Meinung vorzutragen. Der »Löwe«-Anteil will tatkräftig zupacken, doch es zeigt sich, daß Sie Schwierigkeiten heraufbeschwören, wenn Sie spontan handeln! Wo Exaktheit und Gründlichkeit gefordert werden, zum Beispiel in der Verwaltung oder in der Forschung, wirken sich Ihre Eigenschaften positiv aus.

FÄHIGKEITEN UND EIGNUNG

In Ihren Beziehungen zu anderen Menschen haben Sie es wegen Ihrer eigenwilligen Art vermutlich nicht leicht. Sie werden sich anstrengen müssen, um sympathisch zu wirken; es liegt an Ihnen, die gegebenen Möglichkeiten auszuschöpfen und dauerhafte Bindungen aufzubauen. Je enger diese ist, desto mehr Toleranz und Selbstdisziplin ist erforderlich, denn zum Gelingen des Unternehmens »Familienleben« muß jeder seinen Beitrag leisten.
In denselben Zeichen sind geboren: der Literat Jack Unterweger (*16.8.1950) und die Popmusikerin und Tänzerin »Madonna« (*16.8.1958).

LIEBE UND PARTNERSCHAFT

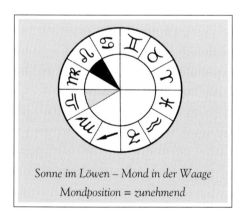

Sonne im Löwen – Mond in der Waage
Mondposition = zunehmend

Bruder Leichtfuß mit Tiefgang

Wie eng Ernst und Humor miteinander verwandt sein können, zeigen uns die Verse von Joachim Ringelnatz (*7.8.1883), der ebenfalls dem Mischtyp Löwe/Waage zuzuordnen ist. Dieser unvergleichliche Mann besaß gleichermaßen Geist,

WESENSART

Herz und Humor, und er verstand es meisterhaft, Lebensweisheiten heiter-melancholisch zu verpacken.

Wenn Sie sich angesprochen fühlen, dann gehören Sie zu jener Sorte Menschen, die zuweilen durch eine rosarote Brille, dann wieder durch eine graugetönte sehen. Von Natur aus freundlich und vertrauenerweckend, erwarten Sie auch von anderen Entgegenkommen; allgemein schätzt man Sie wegen Ihrer charmanten und umgänglichen Art, die überall Verständnis findet.

Wenn es Ihnen schwerfällt, Ihr Leben in andere Bahnen zu lenken oder das Schicksal zu ändern, besteht die Gefahr, daß Sie Zerstreuung, Ablenkung oder gar Betäubung suchen. Sie sollten sich für den ausbleibenden Erfolg nicht durch Alkohol, Drogen oder Medikamente entschädigen und keine unnützen Aktivitäten veranstalten. Hängen Sie Ihr Herz nicht an wertlose Dinge, stellen Sie sich Ihren Aufgaben, und versuchen Sie, sie zu bewältigen.

Auffallend ist Ihr Hang zu Komfort und Bequemlichkeit. Um sich extravagante Wünsche erfüllen zu können, sind Sie zu harter Arbeit bereit. Unter Umständen geben Sie sogar Ihre moralischen Grundsätze auf oder bluffen mit Forderungen, nur um eine höhere Ebene des Lebensstils zu erreichen.

FÄHIGKEITEN UND EIGNUNG

Ihr Verlangen nach »Glanz und Pracht« wird auch bei der Verwirklichung Ihrer beruflichen Wünsche sichtbar. Hier kommen die Gebiete Kunst, Film, Fernsehen oder auch Politik in Betracht. Aber Sie eignen sich auch für alle Bereiche, in denen menschliche Kontakte von großem Wert sind. Erkennbar ist Ihr Hang, sich als Anwalt für Recht und Gerechtigkeit zu verstehen. Erschweren Sie sich das Leben nicht dadurch, daß Sie sich zuviel Sorgen um die Zukunft machen.

Ihrem Charme verdanken Sie einen großen Freundes- und Bekanntenkreis, doch sollten Sie nicht zu sehr nach Beifall suchen. Wenn Sie sich nicht verstanden fühlen, kann Ihre Selbstachtung einen deutlichen Knacks bekommen. Seien Sie darauf bedacht, Ihre Selbstsucht zu überwinden, und legen Sie keinen übertriebenen Wert auf das Urteil anderer Menschen Ihnen gegenüber.

LIEBE UND PARTNERSCHAFT

In der Liebe sind Sie zwar treu und beständig, einem gelegentlichen Flirt jedoch nicht abgeneigt. Sie hassen Zudringlichkeiten; wenn Sie sich ihrer erwehren, kann dies leicht als Dünkel ausgelegt werden. Nur echte Zuwendung Ihrem Partner gegenüber wird Sie glücklich machen und eine erfüllte, dauerhafte Bindung garantieren.

In denselben Zeichen sind geboren: der Sänger Peter Hofmann (*22.8.1944) und der Schauspieler John Derek (*12.8.1926).

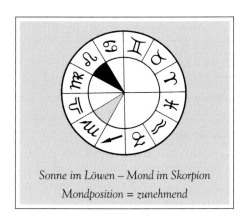

Sonne im Löwen – Mond im Skorpion
Mondposition = zunehmend

Der Schweigsame

WESENSART

Will man sich den Menschentyp dieser Löwe-Skorpion-Verbindung vorstellen, dann sollte man an den Meisterregisseur Alfred Hitchcock (*13.8.1899) denken, der seines temperamentvollen Charakters wegen als selbstsüchtig, machtgierig und geizig abgestempelt wurde. Natürlich ist dies nur die eine Seite einer vielschichtigen Persönlichkeit mit stark intellektueller Prägung. Zu Recht galt er auch als klug, witzig, selbstbewußt und geschäftstüchtig.

Wenn diese Tierkreiszeichen-Konstellation auch bei Ihrer Geburt herrschte, dann geht Ihnen Schweigsamkeit über alles. Sie haben erkannt, daß es dem Einfluß, den Sie ausüben, zum Schaden gereichen kann, wenn Sie für Ihre Umgebung ein aufgeschlagenes Buch sind. Sie wollen den Mitmenschen kein Material für Klatsch und Tratsch liefern, am liebsten schweigen Sie und lassen andere reden.

Sie sind empfindsam und scheuen bei Ihrer materialistischen Einstellung kein Hindernis, wenn es um Macht und Wohlstand geht. Dabei agieren Sie hartnäckig und furchtlos und sind stets bemüht, eine anregende, manchmal auch aufregende Atmosphäre um sich herum zu erzeugen.

FÄHIGKEITEN UND EIGNUNG

Mit Ihrer Vielseitigkeit haben Sie aller Voraussicht nach beruflich ein breites Spektrum guter Möglichkeiten, sei es im Management, im Geschäftsleben oder im Bank- und Versicherungswesen. Kommt dann noch eine schauspielerische, musikalische oder literarische Begabung zum Vorschein, könnten Sie auch in den Medien große Erfolge verbuchen.

Ihre Sternzeichen-Kombination setzt sich aus einem Feuerzeichen und einem Wasserzeichen zusammen; das bedeutet verstärkte Willenskraft, anhaltende Ausdauer und starke Begeisterungsfähigkeit. Da Ihre Unnachgiebigkeit sich bis zur Kompromißlosigkeit steigern kann, sind harmonische Partnerschaften mit Ihnen auf Dauer schwer zu realisieren. Sollten Sie darüber hinaus leicht zu kränken und nachtragend sein, so versuchen Sie, diese negativen Charakterzüge ganz schnell abzulegen! Stellen Sie lieber Ihre guten Seiten in den Vordergrund.

LIEBE UND PARTNERSCHAFT

Wenn Sie in Freundschaft und Liebe auch als treu und zuverlässig gelten, so suchen Sie doch von Zeit zu Zeit die Abwechslung und das Abenteuer. Andererseits können Sie jedoch ein sehr herzlicher und großzügiger Partner sein.

Ihr Streben nach Besitz richtet sich auch gegen Menschen, deshalb sollten Sie sich nicht von Ihrer Eifersucht beherrschen lassen, jener Sucht, die mit Eifer sucht, was Leiden schafft.

In denselben Zeichen sind geboren: der französische Schauspieler Louis de Funès (*31.7.1914) und der US-Box-Promoter Don King (*20.8.1931).

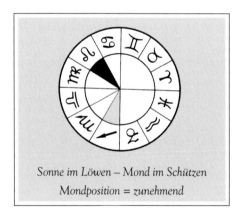

Sonne im Löwen – Mond im Schützen
Mondposition = zunehmend

Der Publikumsliebling

WESENSART

Am 20. Juli 1969 betrat Neil Armstrong als erster Mensch den Mond und erfüllte sich damit nicht nur seine eigenen Wünsche und Sehnsüchte, sondern auch einen uralten Menschheitstraum.

Falls Sie wie er unter diese Kategorie der Löwe-Schütze-Geborenen fallen, dann lassen auch Sie sich für hohe Ziele begeistern. Im wahrsten Sinne des Wortes sind Sie an der Erweiterung Ihres Horizonts lebhaft interessiert, und dank Ihrer natürlichen Selbstsicherheit gelingt es Ihnen auch, Ihre großen Ideen mit Mut und Tatkraft zu verwirklichen.

Beide Tierkreiszeichen sind positiv und dem Element Feuer zugeordnet; sie verstärken sich in ihrer Wirkung und bedingen Ihr optimistisches und aktives Handeln im Leben. Sie sind immer in Bewegung, und wenn Sie einmal ein paar Mußestunden einschieben, benützen Sie dies zum Planen und Vorbereiten neuer Unternehmen und Abenteuer. Ihre Aktivität kennt kaum Grenzen; seien Sie deshalb vorsichtig, daß man Sie nicht für größenwahnsinnig hält. Menschen Ihres Typs werden wegen ihrer außergewöhnlichen Handlungsweise gleichermaßen bewundert wie beneidet.

Bei der Jagd nach Erfolg, Anerkennung und Ruhm werden Sie aufgrund Ihrer herausfordernden Impulsivität nicht nur Freunde gewinnen. Sie sollten Ihre Betriebsamkeit etwas unter Kontrolle bringen und darauf achten, daß Ihre aus dem Schema fallenden Vorschläge zum *richtigen* Zeitpunkt an den *richtigen* Mann gelangen. Sie müssen Geduld aufbringen; man muß warten können, bis Neues sich durchsetzt, und nicht alle Ihre Pläne werden sich in bare Münze umsetzen lassen. Langeweile und Resignieren kennen Sie nicht. Daher ist es nicht verwunderlich, daß Sie keine Zeit finden, sich zu konzentrieren. Aber meist finden Sie den Weg, um Hindernisse wegzuräumen, wenn Ihre Schaffenskraft von der gestellten Aufgabe voll in Anspruch genommen wird.

FÄHIGKEITEN UND EIGNUNG

Sie wollen privat und beruflich möglichst unabhängig sein; bei kritischer Betrachtung kommen deshalb Berufe in Betracht, die zum Beispiel mit FFF (Film, Funk und Fernsehen) zu tun haben. Auch Tätigkeiten im Verkauf, in der Werbung und Prognostik sind für Sie geeignet, ebenfalls die Gebiete Wissenschaft, Technik, Konstruktion.

LIEBE UND PARTNERSCHAFT

Sie werden hin und wieder mit Ihrer idealistischen Einstellung Enttäuschungen erleben, wenn Sie bei Partnerschaften zu ritterlich und vornehm denken und handeln. Denn Sie dürfen nicht davon ausgehen, daß andere Menschen ebenso kameradschaftlich und verläßlich sind wie Sie. Ein wenig mehr Mißtrauen ist angebracht. Dieses darf aber nicht zu negativen Eigenschaften wie Überheblich-

keit und Launenhaftigkeit gesteigert werden, weil in diesem Fall eine Dauerverbindung gefährdet wäre. In den meisten Fällen werden Sie durch Ihr sympathisches Wesen beliebt und geachtet sein. Ihre Abenteuerlust wirkt sich allerdings auf Ihre intensiven und leidenschaftlichen (meist kurzlebigen) Affären aus.
Im selben Doppelzeichen finden wir: Fernsehmoderatorin Margarete Schreinemakers (*27.7.1958) und Königin Sirikit (*12.8.1932).

Sonne im Löwen – Mond im Steinbock
Mondposition = zunehmend

Der Leithammel

WESENSART   Im Leben bekommt jeder seine Chance. Manche erkennen sie, die wenigsten aber nutzen sie. Löwe-Steinbock-Geborene gehören zu den Menschen, die sie mit beiden Händen ergreifen. Damit ist schon angedeutet, daß sich das diplomatische Geschick des Löwen mit dem Ehrgeiz und der Entschlossenheit des Steinbocks verbindet und daß diese Zusammenfassung von zwei sich ergänzenden Zeichen gute Erfolgsaussichten eröffnen.
Das Ziel, das Sie sich gesetzt haben, sei es im privaten oder im beruflichen Bereich, verfolgen Sie stets mit einer unglaublichen Ausdauer. Hinzu kommt noch eine gewisse Rechthaberei, mit der Sie Ihre Meinung vertreten. Es plagt Sie kein Zweifel, ob der Weg, den Sie eingeschlagen haben, der richtige ist; Sie wissen es! Von Napoleon soll der Satz stammen: »Es gibt zwei Motive menschlichen Handelns, Eigennutz und Furcht.« Furcht ist es jedenfalls nicht, was Sie antreibt. Viele hängen die Fahne nach dem Wind, Sie dagegen versuchen eigenwillig, den Wind

nach der Fahne zu drehen. Im übertragenen Sinne heißt das, daß Sie sich nicht mit den gegebenen Verhältnissen zufriedengeben, sondern daß Sie allen Widerständen zum Trotz verändern und verbessern wollen.
So wie ein Vollblutpferd sind auch Sie launenhaft und leichtsinnig. Ihr Stimmungsbarometer zeigt sehr oft raschen Wechsel an, und es ist möglich, daß Sie in einem Augenblick liebenswürdig, im nächsten zornig sind und kurz darauf wieder der freundlichste Mensch.
Erwähnenswert ist außerdem Ihr ausgeprägtes Gerechtigkeitsdenken. Sie sind grundsätzlich nicht bereit, untätig zuzusehen, wenn in Ihrer Umgebung ein Unrecht geschieht, ganz gleich, ob Ihr Eingreifen Ihnen Schwierigkeiten bereiten wird. Wenn Sie erkennen müssen, daß sich Ihre Ideen und Ideale nicht verwirklichen lassen, besteht die Gefahr, daß Sie körperlich und seelisch Schaden erleiden.

Für die Entfaltung Ihrer Talente und Anlagen gibt es unterschiedliche Zeiten, und jede ist für sich allein unentbehrlich und fruchtbar. Auch wenn Sie meinen, daß nichts mehr vorwärts geht, müssen Sie wie jeder andere auch, über solche Krisenzeiten hinwegkommen und Ängste, Verzweiflung und Einsamkeit überwinden.
Sie haben Führungseigenschaften und Organisationstalent und sollten diese Anlagen in Ihrer beruflichen Laufbahn nutzen. Wenn Sie Stolz und Eigensinn in Grenzen halten, werden Sie außergewöhnliche Erfolge erringen. Übertreibungen im Denken und Handeln kann Ihre Beziehungen zu den Mitmenschen beeinträchtigen.

FÄHIGKEITEN UND EIGNUNG

Die Lebensgeschichte verschiedener Löwe-Steinbock-Geborener zeigt, daß Sie sich in Freundschaft und Liebe stark engagieren. Manchmal jedoch entstehen Spannungen zwischen Geist und triebbedingtem Verhalten; dann können Aggressionen entstehen, die die Lebensfreude mindern und bis zum Haß führen.
In denselben Zeichen finden wir: den Erzherzog Rudolf von Österreich (*21.8.1858), den französischen Modeschöpfer Yves Saint-Laurent (*1.8.1936) und Kaiser Napoleon Bonaparte (*15.8.1769).

LIEBE UND PARTNERSCHAFT

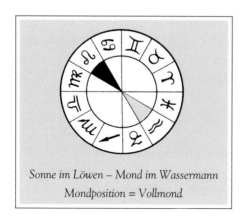

Sonne im Löwen – Mond im Wassermann
Mondposition = Vollmond

Der Zielstrebige

WESENSART Bei dieser Sonne-Mond-Kombination ergeben sich gewisse Gegensätzlichkeiten und innere Konflikte. Dem Naturell nach ruhig und eher zurückhaltend wirkend, werden Sie bei den meisten Menschen Ihrer Umgebung kaum den Eindruck von Ehrgeiz und Begeisterungsfähigkeit erwecken, und doch stecken diese Eigenschaften in Ihnen; da Sie sich wahrscheinlich des öfteren haben »durchbeißen« müssen, sind auch Selbstvertrauen und Sinn für Unabhängigkeit gut entwickelt. Anders als die meisten Wassermann-Typen sind Sie introvertiert, also nach innen gekehrt. Sie kennen Ihre Grenzen, doch trübt Ihr Geltungsbedürfnis zuweilen Ihr Urteilsvermögen. Ihre idealistische und menschliche Grundhaltung veranlaßt Sie, Aufgaben zu übernehmen, die Sie dann verantwortungsbewußt und entschlossen lösen, ohne dabei auffallen zu wollen.

Denn in Ihrer Lebensweise sind Sie recht bescheiden und persönlich anspruchslos, entwickeln in der Sache jedoch Durchsetzungskraft und dürfen stolz auf Ihre Leistungen sein. Sie sehen die Dinge unvoreingenommen und mit einer beträchtlichen Großzügigkeit und entwickeln bei Problemstellungen diplomatisches Geschick. Es ist für Sie von besonderem Vorteil, daß Sie stets das Gesamtziel im Auge behalten und sich nicht in Kleinigkeiten verzetteln.

Gegebene Sachverhalte sollten Sie stets respektieren und sich nicht zu sehr nur auf das Ihr Gefühl verlassen. Auch der Rat anderer hat seinen Wert.

Sie werden in Führungspositionen bestehen können; sollten Sie sich nicht kontinuierlich durchsetzen können, so vermeiden Sie sorgfältig Launenhaftigkeit und tyrannisches Auftreten, und versuchen Sie nicht, etwas erzwingen zu wollen. Sie werden mehr Erfolg haben, wenn Sie überlegt und schrittweise vorgehen und Ihre Kräfte zielgerecht einsetzen.

FÄHIGKEITEN UND EIGNUNG

In Beziehungen zu anderen und in der Liebe werden Sie als mitfühlend und durchaus sympathisch gelten, doch sind Sie grundsätzlich zu einer Trennung bereit, wenn Sie sich unverstanden fühlen.

LIEBE UND PARTNERSCHAFT

Im selben Doppelzeichen sind geboren: der israelische Politiker Menachem Begin (*16.8.1913) und die Schauspielerin Grit Boettcher (*10.8.1938).

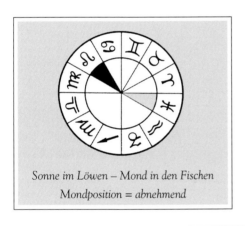

Sonne im Löwen – Mond in den Fischen
Mondposition = abnehmend

Der coole Manager

Wer in diesem Doppelzeichen geboren wurde, weist in seinem Persönlichkeitsbild Merkmale einer besonderen erotisch-hintergründigen Ausstrahlung auf und hat ein feines Gespür dafür, andere nach seinen Vorstellungen aus einem verborgenen Hintergrund heraus zu leiten und zu bewegen. Er neigt dazu, seinen eigenen Lebensstil zu entwickeln und herauszustellen, um das Ego leicht relativieren zu können. Es handelt sich also keineswegs um ein protziges oder arrogantes Darstellen der eigenen Person, wenn beispielsweise eine Frau mit dieser Sonne-Mond-Konstellation auffallend gekleidet oder die schmuckreichste unter den Gästen ist.

WESENSART

Hier kommt vielmehr der ausgeprägte Hang zur Individualität in Verbindung mit Zielbewußtsein zum Ausdruck, die Gefühle werden schauspielerisch und dramatisch umgesetzt.

Im Charakter zeigt sich ein Dualismus, der auch darin zu erkennen ist, daß einerseits die Vergangenheit heraufbeschworen wird, andererseits Gedanken an die Zukunft vorherrschen. Menschen dieser Konstellation leiden unter den eigenen Phantasien, die zwischen Traum und Wirklichkeit variieren. Oft ist eine Hingabe an geistige Ideale und ein einfühlsames Verstehen von Kunst und Literatur zu bemerken. Unerschöpflich scheinen die geistigen Kräfte, die jedoch auch Probleme in sich bergen. Als Frau reagieren Sie sehr sensibel und sind in der Lage, rasch von Mitgefühl zu Kälte, von Anteilnahme zu Gleichgültigkeit, von Härte zu Weichherzigkeit zu wechseln.

FÄHIGKEITEN UND EIGNUNG

Personen mit dieser Struktur gelingt nur manchmal, in eine höhere, einflußreichere Position aufzusteigen, weil sie sich plötzlich unsicher fühlen und Ängste bekommen. Letztere sind meist eingebildet, doch Unzufriedenheit mit sich selbst ist die Folge. Sie kann jedoch überwunden werden – es kommt darauf an, aktiv zu bleiben und nicht zu resignieren.

LIEBE UND PARTNERSCHAFT

Frauen mit diesen Wesenszügen sind weichherzig, sie wollen lieben und geliebt werden, und dennoch verliert jede dritte Frau dieses Typs den Partner durch Schicksal oder Trennung. Auch Männer derselben Zeichen-Kombination fühlen sich häufig nicht als Familienmensch.

Es besteht eine Veranlagung zu Pessimismus, der zu Depressionen führen kann. Man versucht, sich durch äußere Gleichgültigkeit der Verantwortung zu entziehen und kommt in Kontaktschwierigkeit mit der Umgebung.

Als Beispiel für eine Frau dieser Typologie sei die Tänzerin und Spionin Mata Hari (*7.8.1876) genannt, die nach dem Grundsatz gelebt hat: »Man muß die schönen und gloriosen Augenblicke ausleben. Besser ein kurzes und intensives Leben, als sich mit einem Alter ohne Schönheit plagen ...«

In denselben Zeichen sind außerdem geboren: der Schauspieler und Theaterleiter Peter Weck (*12.8.1930) und der Dichter Paul Claudel (*6.8.1868).

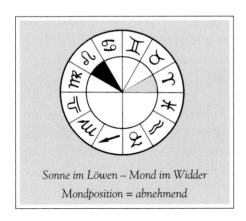

Sonne im Löwen – Mond im Widder
Mondposition = abnehmend

Die Kultfigur

Der Mond-Astrologe sieht hier vor allem das Zusammentreffen zweier Feuerzeichen, deren positiv männliche Einflüsse einen Tatmenschen bedingen, dessen rebellisches Temperament und sein Wagemut dazu führen, daß er oft im Vordergrund der Szenerie steht.
In Ihrer ehrgeizigen und dynamischen Haltung liegt Ihre Stärke; Sie können Ziele ansteuern, die für manch andere unerreichbar bleiben, Sie gewinnen kraft Ihrer Persönlichkeit Einfluß und sichern sich Unabhängigkeit, Sie bewegen und verändern die Dinge.
Die beiden vorhandenen Feuerelemente sind auch der Grund dafür, daß Sie manchmal recht abenteuerliche Wege gehen. Ihr Stolz und Ihr Gefühl, unabhängig zu sein, hindert Sie zuweilen, persönliche Fehler und Schwächen einzugestehen.

WESENSART

Mit Optimismus und Willensstärke überwinden Sie manch Hindernis spontan, vor allem, um Karriere zu machen und bekannt und berühmt zu werden. Wenn es sein muß, verteidigen Sie Ihre Ansicht oder Ihren Lebensstil mit einer gehörigen Portion Fanatismus.
Zu Ihren schwachen Seiten zählt, daß Sie manchmal partout mit dem Kopf durch die Wand wollen. Sie sollten lernen, unüberlegtes Handeln zu vermeiden und gegebenenfalls Ihre Antriebskräfte zu drosseln. Üben Sie auf Menschen, von deren Zusammenarbeit Ihr beruflicher Erfolg abhängt, keinen zu starken Druck aus, denn dieser reizt zu Widerstand. Auch kann Ihr auffallendes Imponiergehabe leicht

FÄHIGKEITEN
UND
EIGNUNG

mißverstanden werden, wenngleich Sie selbstsicher meinen, dies sei erforderlich, um Einfluß und Ansehen zu gewährleisten. Auf die kräftig entwickelte Intuition können Sie sich verlassen, sofern Sie stets daran denken, daß man bei zu aggressivem Vorgehen leicht übers Ziel hinausschießt.

LIEBE UND PARTNERSCHAFT Obwohl Sie in Partnerschaften auch eine »Führerrolle« spielen wollen, sind Sie doch zu Opfern und riskanten Verbindungen bereit. Allerdings duldet Ihr leidenschaftliches Wesen zu starke Beschränkungen nicht. Haupthindernis für eine dauerhafte und erfolgreiche Beziehung ist der Ihnen eigene Freiheitsdrang.
Vertreter dieser Zeichen sind: Jacqueline Kennedy-Onassis (*28.7.1929) und der Fußball-Star Jürgen Klinsmann (*30.7.1964).

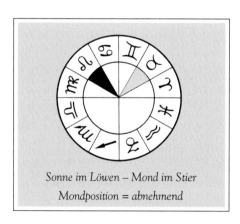

Sonne im Löwen – Mond im Stier
Mondposition = abnehmend

Der Vielbeschäftigte

WESENSART Mit der Sonne im Tierkreiszeichen des Löwen und dem Mond im Stier stellt sich eine Verbindung von Willensstärke, Ehrgeiz und Stolz auf das Erreichte ein. Sie macht es Ihnen schwer, Niederlagen zu akzeptieren, und wenn Ihre Wünsche nicht in Erfüllung gehen, kommt es mitunter zu temperamentvollen Ausbrüchen, wobei Sie Ihren Ärger auf andere abladen.
Sie entwickeln gesunden Egoismus, aber Sie sollten bedenken, daß niemand – ausgenommen, er gehört zu den wenigen Glückspilzen auf dieser Welt – immer nur erfolgreich sein kann. Wir alle müssen lernen, mit Enttäuschungen fertigzu-

werden. Am besten gelingt dies dem, der einen angemessenen Abstand von seinen Aktivitäten einhält und sich nicht restlos mit seinem Erfolgsstreben identifiziert. Üben Sie sich in der Kunst, Arbeiten zu delegieren und sich selbst nicht zu wichtig zu nehmen. Letztlich basieren Glück und innere Zufriedenheit nur auf ruhiger Gelassenheit, die den Dingen nicht mehr Wert beimißt, als sie verdienen. Ein Vertreter dieser Konstellation, Aldous Huxley, schrieb einmal dazu: »Die Glückseligkeit gleicht dem Koks: Sie ist ein Nebenprodukt.«

FÄHIGKEITEN UND EIGNUNG

Wenn Sie das nächste Mal meinen, Grund zu einer Enttäuschung zu haben oder in Ihrem Bemühen gescheitert zu sein, so versuchen Sie doch, es nicht so tragisch zu nehmen. Halten Sie Distanz zu derartigen Vorfällen, und bemühen Sie sich, aus Erfahrungen zu lernen, vor allem aus schlimmen Erfahrungen, die die besten Lehrmeister sind. Langes Nachgrübeln führt meist nicht weiter, lenken Sie statt dessen Ihre Kräfte in schöpferischen Neubeginn. Versuchen Sie auch, sich erfreulicheren Dingen zuzuwenden, anstatt Ihren Unmut auf Ihre Umgebung abzuladen. Sport oder die Bereiche der Kunst, Technik oder auch der Politik können ablenken, und Ablenkung brauchen Sie manchmal, damit Sie nicht wie besessen einer Idee nachrennen.

LIEBE UND PARTNERSCHAFT

Ein erfülltes Sexualleben ist bei Ihnen wichtige Voraussetzung für Glück und Wohlbefinden. Sie sind nicht gerade romantisch veranlagt und haben zur Liebe eher ein ungezwungenes Verhältnis. Affären sind bei dieser Verhaltensweise wahrscheinlich. Hüten Sie sich vor Eifersucht, übertriebenem Streben nach Besitz und Aneignung, und respektieren Sie die Freiheit und Wünsche Ihres Partners. Vertreter dieser Zeichen sind: die Schauspielerin Hannelore Elsner (*26.7.1943) und der Tiefenpsychologe Carl Gustav Jung (*26.7.1875).

♌ LÖWE

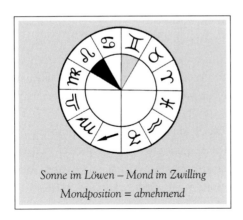

Sonne im Löwen – Mond im Zwilling
Mondposition = abnehmend

Der Freiheitsliebende

WESENSART Bei Menschen dieser Gattung wirkt das positiv-männliche Feuerzeichen Löwe im Verein mit dem ebenfalls positiv-männlichen Luftzeichen Zwillinge – durch Luft wird das Feuer geschürt, es brennt heller und kraftvoller. Doch starker Wind oder gar Sturm kann es zum Erlöschen bringen.
So können bei den unter diesen Zeichen Geborenen Leidenschaften und Begeisterungen hell auflodern, solange, bis sie problematisch werden. Aber im Normalfall haben wir es mit beherrschten, objektiv denkenden und selbständig handelnden, freiheitsliebenden Charakteren zu tun. Wenn sie dazugehören, denken Sie vielleicht wie Bernard Shaw, der gesagt hat, daß »Freiheit Verantwortlichkeit bedeutet und dies der Grund ist, weshalb die meisten Menschen sich davor fürchten.« Sie dagegen empfinden das Ungebundensein als eine Notwendigkeit, und es macht Ihnen Freude, umsichtig, verantwortungsbewußt und gewissenhaft zu sein. Zwar lieben Sie die Abwechslung und das Abenteuer, aber eine Spielernatur sind Sie nicht. Der Wunsch nach Wohlhabenheit ist deutlich erkennbar, doch Ihre Aktivitäten werden durch eine gewisse Veranlagung zur Trägheit (sprich Faulheit) verlangsamt. Um ein erfülltes Leben führen zu können, müssen Sie die für Sie passenden Wege suchen und Möglichkeiten für den Einsatz Ihrer schöpferischen Energien finden.

FÄHIGKEITEN UND EIGNUNG Beruflich ist es für Sie ratsam, sich auf die obwaltenden Umstände zu konzentrieren und nicht auf phantastische Versprechungen hereinzufallen. Korrigieren Sie vor allem Ihre geistige Einstellung, und vermeiden Sie Kritiksucht und Sarkasmus. Mit Disziplin und Geduld werden Sie auf längere Sicht viel mehr erreichen.

Ihr scharfer Verstand, der oftmals mit handwerklicher Geschicklichkeit verbunden ist, befähigt Sie zu Arbeiten auf technischem Gebiet, zum Beispiel als qualifizierter Facharbeiter (Ingenieur); aber auch als Geschäftsmann werden Sie mit Ihrem Wagemut rasch aufsteigen. Ihre Kreativität verspricht Erfolge in Berufen, die mit Literatur oder Journalismus verbunden sind.

Ihre Partnerschaften sind meist interessant, aber oft auch problembehaftet. Am besten verstehen Sie sich mit Personen, die Ihnen geistige Anregung oder körperliche Befriedigung bieten können. Sie streben nach der totalen Liebe, aber Ihre Leidenschaft ist selten von langer Dauer. Sie brauchen einen Partner, der Sie nicht nur bewundert, sondern auch verständnisvoll zu Ihnen hält.
In denselben Zeichen sind geboren: der Schriftsteller Ephraim Kishon (*23.8.1924) und der Lyriker Matthias Claudius (*15.8.1740).

LIEBE UND PARTNERSCHAFT

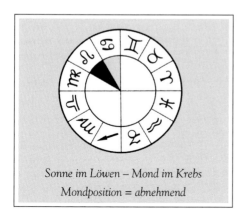

Sonne im Löwen – Mond im Krebs
Mondposition = abnehmend

Das Strohfeuer

Selbst, wenn es in Ihrem Leben mehrere Skandale oder Affären gegeben haben sollte, so fällt dabei sofort auf, daß derlei Dinge Ihnen selten geschadet haben. Das dürfte darauf beruhen, daß Sie schlau und mit viel Geschick sowohl Menschen als auch Situationen manipulieren; außerdem verfügen Sie über Eigenschaften, die sich zu Ihren Gunsten auswirken. So sammeln Sie Punkte in beträchtlichem Ausmaß.

WESENSART

♌ Löwe

Sonne und Mond standen bei Ihrer Geburt im spitzem Winkel zueinander. Dadurch sind Sie zwar nicht besser gestellt als andere, treten aber immer etwas cleverer und charmanter auf, und das allein genügt schon, um Neid und Mißgunst herauszufordern. Die Mischung der Elemente Feuer und Wasser bewirkt, daß Sie ständig mit widerstreitenden Regungen fertigwerden müssen. Es läßt sich nicht vorhersagen, ob bei Ihnen der Hang zur Verschwendung und Unabhängigkeit oder der nach Selbstbescheidung und Abhängigkeit die Oberhand gewinnt. Geschäftstüchtig jedoch sind Sie allemal, und ein kleines Skandälchen kann Ihnen deshalb (so glauben Sie) nur förderlich sein. Dabei riskieren Sie, Federn lassen zu müssen und zur Einsicht gezwungen zu werden. Zu leicht können Sie das Opfer von Intrigen werden, und Ihre Richtigstellungen gelangen selten oder gar nicht an die Öffentlichkeit.

FÄHIGKEITEN UND EIGNUNG

Es stellt sich die Frage, wie und warum Sie trotz Ihrer vielen Talente immer wieder persönlichen und beruflichen Kummer auf sich laden. Eine Antwort ist schwer zu finden. Überprüfen Sie ständig die Ziele, die Sie sich setzen, und fragen Sie sich häufiger, ob der Wirbel um Ihre Person wirklich sein muß.

Schränken Sie im Zweifelsfall Ihre Aktivitäten etwas ein. Wenn Sie Ihren Reichtum an Einfällen und den persönlichen Charme richtig einsetzen, werden Sie in der Wirtschaft eine ausgezeichnete Position erreichen. Auch auf religiösem oder sozialem Gebiet, als Seelsorger, Psychologe oder Rechtsbeistand können Sie geschätzt und geachtet sein.

LIEBE UND PARTNERSCHAFT

Sie verstehen es, die Annehmlichkeiten des Lebens zu genießen und gehen deshalb auch bei der Wahl Ihrer Partner mit Bedacht vor. Sie suchen die materielle Sicherheit als Gegengewicht zu den mitunter seltsamen und tumultartigen Vorgängen in Ihrem Leben. Sie brauchen die Wärme im Kreis der Familie, und im allgemeinen sorgen Sie auch für Ihre Angehörigen. Sie sind stolz auf Ehepartner und Kinder und wollen gar nicht jene Rolle spielen, in der Sie in der Öffentlichkeit dargestellt werden. Die Liebe gibt Ihnen Schutz, um ungewöhnliche Dinge zu überwinden. Ihre romantische und großmütige Art beweist, daß Sie im Grunde Ihres Herzens weich sind. Ehe Sie Ihr Nest gebaut haben, werden Sie einige Affären hinter sich bringen, ohne Schaden zu nehmen. Haben Sie dann die Wahl getroffen, halten Sie auch treu zu Ihrer Entscheidung.

In denselben Zeichen sind geboren: Prinzessin Margaret Rose von England (*21.8.1930) und der Politiker/Diktator Benito Mussolini (*29.7.1883).

Sonnenzeichen Jungfrau ♍

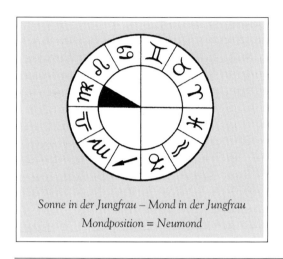

Sonne in der Jungfrau – Mond in der Jungfrau
Mondposition = Neumond

Der Schein-Heilige

Wohlgemerkt: Den Titel »Schein-Heiliger« haben Sie sich nicht selbst zugelegt und nicht »verdient«; er wurde Ihnen nur angedichtet!
Man kommt unwillkürlich zu dieser Benennung, wenn man sich mit dem Lebenslauf des Grafen Leo Tolstoi (*9.9.1828) beschäftigt. Trotz Reichtum und adeliger Herkunft vertrat Tolstoi religiös motivierte moralische Forderungen nach Besitzlosigkeit und sozialer Gerechtigkeit, er forderte sexuelle Enthaltsamkeit und hatte selbst eine Schar von 13 Kindern in die Welt gesetzt, er war für christliche Nächstenliebe und ließ bedenkenlos seine Angehörigen im Stich.
Tolstoi wollte nicht absichtlich täuschen und als Heiliger leben und verehrt werden; er wußte – wie so viele Jungfrau-Geborenen (Sonne und Mond im selben Sternzeichen) – wie schwer es ist, im Widerspruch zur eigenen Vernunft zu leben und empfand dies als den »unerträglichsten aller Zustände«. Ein Schein-Heiliger ist so wenig ein Heiliger wie ein Scheintoter ein Toter ist.
Als Angehöriger dieser Gruppe wissen Sie, daß es schwer ist, mehr zu sein als zu scheinen und einer Idealfigur nachzustreben. Jungfrau-Typen gelten allgemein als strebsam, willensstark, pflichtbewußt und ordnungsliebend mit Sinn für Reichtum und Besitz, aber gelegentlich kommen bei Ihnen negative Züge wie haltlos,

WESENSART

♍ JUNGFRAU

pedantisch, geizig und eingebildet zum Vorschein. Zwar finden auch andere Menschen sich im Irrgarten der menschlichen Psyche genausowenig zurecht wie Sie; doch Ihnen kreidet man – vielleicht aus Neid – Ihre Schwächen viel eher an.

FÄHIGKEITEN UND EIGNUNG
Sie haben ein extrem gutes Wahrnehmungsvermögen, sind kritisch eingestellt und entfalten Ihre Aktivitäten instinktiv zum richtigen Zeitpunkt. Sie kennen Ihre Grenzen und werden sich ihrer recht schmerzhaft bewußt, wenn Sie sie zu überschreiten versuchen. Ihr Talent im Bereich des Geistigen und Ihre Neigung zum Perfektionismus macht Sie für Tätigkeiten in der Politik, Theologie, Pädagogik geeignet.

LIEBE UND PARTNERSCHAFT
Ihre partnerschaftlichen Beziehungen leiden unter Ihrer Ruhelosigkeit und kritischen Grundhaltung, doch sind Sie wegen Ihres Charmes, Ihres Hilfsbereitschaft und Ihres Ansehens umschwärmt und geliebt. Wenn Sie begreifen lernen, daß alle Menschen mit ihren Schwächen, Leidenschaften und Lastern Sünder sind, werden Sie es im Leben jedenfalls leichter haben.
In denselben Zeichen sind geboren: Prinz Claus von Amsberg (*6.9.1926) und der Extrem-Bergsteiger Reinhold Messner (17.9.1944).

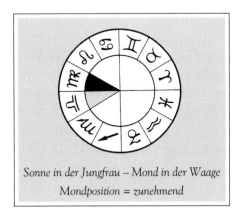

Sonne in der Jungfrau – Mond in der Waage
Mondposition = zunehmend

Das Cleverle

WESENSART
Bei dieser Konstellation liegen die beiden Sternzeichen im spitzen Winkel zueinander; teilweise wesensfremde Charaktereigenschaften verstärken einander und

formen einen ordnungsliebenden – vielleicht sogar pedantischen – andererseits aber auch recht sensiblen und friedfertigen Menschentyp.
Sie verstehen es, den Menschen liebenswürdig und taktvoll zu begegnen, dabei können Sie überzeugen und mit einleuchtenden Argumenten letztlich fast jeden dahin bringen, wo Sie ihn haben wollen. Manchmal stehen eine gewisse Befangenheit und Reserviertheit Ihrem Vorhaben im Wege, und da Sie selbst kein zudringlicher Typ sind, haben Sie auch wenig Verständnis für aggressives Benehmen anderer. Wenn Ihre Umgebung nicht Ihren Stimmungen und Wünschen entspricht, ziehen Sie sich am liebsten in Ihr Schneckenhaus zurück oder flüchten in die Welt der Phantasie.
Ihre Mitmenschen werden Sie vermutlich als zurückhaltend und etwas scheu bezeichnen, aber dieser Wesenszug tritt nur dann hervor, wenn Sie sich den harten Forderungen des Tages nicht stellen wollen. Sie sollten jedoch Ihre Zurückhaltung getrost aufgeben und sich dann davon überraschen lassen, wie viele verborgene Talente zutage treten werden.

FÄHIGKEITEN UND EIGNUNG

Da Sie kritikfähig sind und sich präzise auszudrücken vermögen, ist der juristische Bereich ein ideales Arbeitsfeld für Sie. Auch künstlerische Tätigkeiten können in Frage kommen. Ihre gute Auffassungsgabe und Cleverness werden überall förderlich sein.

LIEBE UND PARTNERSCHAFT

Bei der Partnerwahl und in Ihren Liebesbeziehungen sollten Sie darauf achten, daß ein hohes Maß an Verträglichkeit gewährleistet ist. Denn Ihre Verbindungen gestalten sich oft unausgeglichen, weil Sie mehr Gebender als Nehmender sind. Versichern Sie sich, daß auch Ihr Partner Ihre Interessen wie beispielsweise Naturverbundenheit oder künstlerische Neigungen teilt und Ihnen behilflich sein kann, aus Ihrer Zurückhaltung und dem Gefühl des Beengtseins herauszukommen. Mit seiner Hilfe sollten Sie Komplexe abbauen können und jene Selbstverwirklichung erreichen, die Sie suchen.
In diesen Zeichen sind geboren: der Unternehmer (»Ramschkönig«) Werner Metzen (*9.9.1945) und die englische Kriminalschriftstellerin Agatha Christie (*15.9.1890).

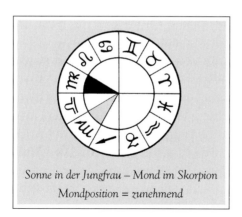

Sonne in der Jungfrau – Mond im Skorpion
Mondposition = zunehmend

Der Schaunmermal

WESENSART Diese Kombination von Tierkreiszeichen stellt eine Verbindung her zwischen der überwiegend realistischen Lagebeurteilung des Jungfrau-Typs und den starken Gefühlsregungen und Gemütsempfindungen des Skorpion-Geborenen.

Sie haben ein friedliebendes und freundliches Wesen und können sich trotzdem auf Ihre Zielstrebigkeit und Ihre Aktivität verlassen, wenn Sie Erfolge im Leben ansteuern. Ihre praxisnahe Einstellung zu Alltagsproblemen, Ihr Sachverstand und Ihr Ehrgeiz wird von Ihren Mitmenschen anerkannt, ja oft bewundert. Aber Sie werden sich damit nicht nur Freunde machen: Unter Umständen werden Sie als arrogant gelten.

Ihr kraftvolles, eigenen Antrieben folgendes Handeln und die Art, wie Sie scharfsinnig Verborgenem nachspüren, macht Sie bestens als Tester geeignet. Obwohl Sie sich nicht in den Vordergrund drängen, stehen Sie doch oft dort, wenn Sie unnachgiebig Ihre strengen Ansichten vertreten. Dies entspricht Ihrem Hang zur Perfektion. Aber hier ist auch Vorsicht geboten: Sie sollten im Streben nach Vollkommenheit nicht übertreiben und nicht allzu kritisch werden, da Sie sonst leicht in den Ruf eines Besserwissers gelangen. In Ihrer Kritik machen Sie vor Ihrer eigenen Person nicht halt; seien Sie öfter einmal nachsichtiger – und dies auch mit sich selbst.

FÄHIGKEITEN UND EIGNUNG Bleiben Sie milde gestimmt, wenn Ihre Meinungen mitunter nicht mit den Realitäten übereinstimmen, und verrennen Sie sich nicht im Verfolgen idealistischer Wunschbilder. Setzen Sie Ihre bemerkenswerten Talente auf jenen Gebieten ein, die Ihrer Veranlagung zu praktischem Tun entsprechen, und folgen Sie Ihrem gut entwickelten Pflichtbewußtsein. Unabhängig von der eingeschlagenen Ausbildung sind Dienst und Dienen wichtig für eine erfolgversprechende Berufsausübung. Auf längere Sicht bringt in der Geschäftswelt ein verstärkter Einsatz ein Mehr an Einkommen.

In Partnerschaft und Liebe sind Sie hingebungsvoll und treu. Da Sie seit Ihrer Jugend zur Zurückhaltung neigen, sollten Sie darauf achten, daß Sie im Ausdruck Ihrer wahren Gefühle nicht gehemmt wirken.

LIEBE UND PARTNERSCHAFT

In diesen Zeichen sind geboren: der Fußball-»Kaiser« und -Präsident Franz Beckenbauer (*11.9.1945) und die Schauspielerin Heidi Kabel (*27.8.1914).

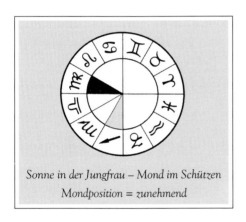

Sonne in der Jungfrau – Mond im Schützen
Mondposition = zunehmend

Der Tüftler

Zu übereiltem Handeln neigen Sie gerade nicht, denn Sie sind meist reserviert, zuweilen verschlossen und »erdverbundener« als andere Jungfrau-Typen. Ihr vom Sternbild Jungfrau bestimmtes Naturell gibt Ihnen einen angeborenen Sinn für Verpflichtungen. Wahrscheinlich mußten Sie schon früh in Ihrem Leben Verantwortung übernehmen, so daß Sie zu realistischer, klug einkalkulierter Betrachtung der Dinge gezwungen waren. Dazu kommt, daß Sie sehr feinsinnig veranlagt sind und im Bereich des Seelischen oft Zurückhaltung üben. Scharfsinnig erkennen Sie sofort jeden Versuch, Sie zu täuschen; Ihre Fähigkeit, die Schwächen anderer

WESENSART

Menschen herauszufinden, ist fast unheimlich. Intuitiv erfassen Sie die Situation und wissen zu unterscheiden, wann es besser ist, ein Risiko einzugehen oder die Finger von einer Sache zu lassen. Gutes Urteilsvermögen, Vorsicht und Weisheit gewährleisten Ihnen den Erfolg.

Eine weitere Stärke ist Ihre Beredsamkeit, mit der Sie Ihre Theorien überzeugend weitergeben. Charmant und gewinnend sprechen Sie im richtigen Moment die Gefühle an und verstehen es, zu überzeugen. Das macht Sie zu einem ausgezeichneten Kaufmann, aber auch zum mitreißenden Anführer.

Trotz Ihres heimlich rebellischen Wesens ziehen Sie es vor, in konventionellem Rahmen zu leben. Obwohl leidenschaftlich und abenteuerlustig veranlagt, sind Sie manchmal unsicher und zurückhaltend. Sie sollten sich nicht unterschätzen. Mit Mut und Tatkraft kann man nicht alles erreichen, was man sich wünscht, aber Sie haben noch andere Qualitäten, mit denen Sie Ihre Schwächen kompensieren können.

Sie neigen zu Reizbarkeit und Nervosität, wenn Sie Ihre hochgesteckten Ziele nicht erreichen und versuchen dann, Enttäuschungen auf Ihre nächste Umgebung abzuwälzen. Ihr Sarkasmus kann dann verletzend wirken.

FÄHIGKEITEN UND EIGNUNG

Mit Ihrer Fähigkeit zu konzentrierter Arbeit und Ihrem Pflichtbewußtsein erwecken Sie Bewunderung, aber lassen Sie Ihre Hingabe an die Aufgabe, die Sie lösen wollen, nicht in Besessenheit ausarten. Sie vermögen recht genau zu analysieren und verfügen über die Fähigkeit, abstrakt und philosophisch zu denken. Dabei bleiben Sie meist realistisch.

Mit Ihrer vielseitigen und geistig hochstehenden Veranlagung eignen Sie sich besonders für Berufe in der Politik, Justiz und dem Computerwesen.

LIEBE UND PARTNERSCHAFT

In der Liebe sind Sie ein beständiger, gebender und verläßlicher Kamerad. Nur müssen Sie darauf achten, daß Sie nicht ständig an Ihrem Partner herumnörgeln und ihn kritisieren, wenn sich etwas nicht wie gewünscht zu entwickeln scheint. Behandeln Sie ihn oder sie mit mehr Gleichberechtigung und Achtung. Sie besitzen Feingefühl und Sinn für romantische Empfindungen wie viele Jungfrau-Typen, die ergänzt werden durch eine etwas prüde Einstellung in Angelegenheiten des Sexes.

Im selben Doppelzeichen finden wir: den Fußball-Bundestrainer Helmut Schön (*15.9.1915) und den Kabarettisten Maurice Chevalier (*12.9.1888).

Sonne in der Jungfrau – Mond im Steinbock
Mondposition = zunehmend

Der selbstlose Aufsteiger

WESENSART

Das Persönlichkeitsbild dieses Jungfrau-Steinbocktyps wird bestimmt durch den Willen, durch harte, disziplinierte Arbeit, vorwärtszukommen und aufzusteigen. Mit Ausdauer und einem guten Schuß Ehrgeiz werden die gesteckten Ziele verfolgt, die oft recht idealistisch sind. An den materiellen Hintergrund denkt dieser Mensch erst in zweiter Linie. Mit Pflichtgefühl streben Sie verantwortungsbewußt Erfolg und Einfluß an, sind hart zu sich selbst und fordernd zu ihren Mitmenschen. Auch wenn Sie spüren, daß Nachteile in Kauf genommen werden müssen, bleibt Ihr Wunsch nach Selbstbestimmung die treibende Kraft und hilft, Tiefpunkte zu überwinden.

Sie sind davon überzeugt, daß Sie Ihr Schicksal persönlich in die Hand nehmen müssen; auch um den Preis einer eventuellen schweren Niederlage geben Sie Ihre Ideale nicht auf und leben in der Gewißheit, letztlich doch den Sieg davonzutragen. Sie vertrauen auf die eigene Kraft, doch sollten Sie dann und wann Ihren Weg nicht zu eigensinnig verfolgen, und im übrigen ist es klug, wenn Sie einsehen, daß Teamwork oft die Grundlage des Erfolgs ist.

Vielleicht wirken Sie auf Ihre Umgebung zurückhaltend und kontaktarm, aber der Kreis Ihrer Freunde wird Sie als freundlich und aufgeschlossen kennen. Wenn es um die Sache der Gerechtigkeit geht, können Sie unerbittlich und in Ihrer Konsequenz hart sein. Messen Sie Ihre Mitmenschen nicht mit überkritischen Maßstäben, wenn Ihre hohen Erwartungen nicht erfüllt werden. Dulden Sie eigene Fehler und Schwächen und auch die der anderen. Halten Sie Ihre Gefühle unter Kontrolle und bleiben Sie tolerant, wenn es nicht überall so geht, wie Sie wollen.

FÄHIGKEITEN UND EIGNUNG	Sie verstehen es, mit Geschick und fundierter Sachkenntnis zu argumentieren und eignen sich für Arbeiten im Bereich der exakten Wissenschaften sowie der Heilkunde. Möglicherweise eröffnet Ihnen Ihre literarische Begabung auch ein Betätigungsfeld als Fachbuchautor oder Bibliothekar.
LIEBE UND PARTNERSCHAFT	In Ihrem Liebesleben bestimmt Ihre sinnliche Veranlagung das sexuelle Verhalten. Sie sind von einer gewissen Originalität, halten jedoch Ihr Triebleben in normalen Grenzen. Als Vertreter dieser Konstellation können wir anführen: den polnischen Geistlichen Jerzy Popieluszko (*23.9.1947) und die Sängerin Vicky Leandros (*23.8.1950).

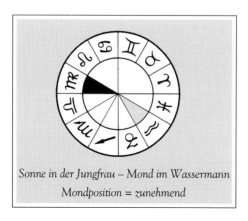

Sonne in der Jungfrau – Mond im Wassermann
Mondposition = zunehmend

Der Naseweis

WESENSART	Es ist nicht einfach, die Tendenzen im Charakterbild dieser Sternzeichen-Kombination auf Anhieb zu erkennen, denn der hierher gehörende Personenkreis gibt Gefühle und Gedanken nur ungern preis. Wir sind deshalb darauf angewiesen, uns aus gelegentlichen Andeutungen und Meinungsäußerungen ein Bild von diesem arbeitsfreudigen, ehrgeizigen und unabhängigen Menschentyp zu machen. Wenn Sie aufgrund Ihres Geburtstags zu dieser Kategorie zählen, dann sind es vor allem Wissensdurst, Forschungstrieb und Neugier, die Sie vor den anderen »Jungfrauen« auszeichnen. Vermutlich kann man Sie zu den introvertierten Charakte-

ren zählen, die Zeit brauchen, um das Geschehen in ihrem Leben innerlich zu verarbeiten.

Das Alleinsein ist der Bewahrer Ihrer Ausgeglichenheit und Zufriedenheit, wobei man dieses Alleinsein nicht mit Verlassensein verwechseln darf. Erst in der Abgeschlossenheit, ohne Störung von außen, kann man seine Gedanken und Gefühle überprüfen und der Selbsterkenntnis einen Schritt näherkommen. Obwohl Sie zum Schutz Ihres inneren Wesenskerns eine dicke Mauer um sich herum bauen, springen Sie gelegentlich doch über diese Hürde, um mit Freude und Interesse am allgemeinen Leben teilzunehmen.

FÄHIGKEITEN UND EIGNUNG

Sie gehen mit auffallender Neugier, mitunter auch Vorwitzigkeit, und besonderer Hingabe Ihren beruflichen Aufgaben nach; wenn Sie sich für eine ungewöhnliche Sache entschieden haben, gibt es kein Zurück mehr, bis sich der Erfolg einstellt. Es liegt Ihnen nicht, als Einzelgänger zu gelten, deshalb bevorzugen Sie die Zusammenarbeit in der Gruppe. Dabei beugen Sie sich den Zwängen, die eine Gemeinschaft stets mit sich bringt, obwohl Sie einen angemessenen Freiraum zur Entfaltung Ihrer Persönlichkeit benötigen. Wenn Sie einmal die Neugierde und das Interesse an einer neuartigen Sache gepackt haben, stürzen Sie sich mit Feuereifer auf solche Vorhaben, während Sie auf Stumpfsinn und Plackerei unberechenbar und aufgeregt reagieren. Lenken Sie den Strom Ihrer Gedanken und Gefühle in die richtigen Bahnen, und spezialisieren Sie sich auf eine Sache. Wenn es gelingt, die analytische Denkweise und das Pflichtbewußtsein der Jungfrau mit dem Ideenreichtum und dem Temperament des Wassermanns zu verbinden, werden Sie beispielsweise in den Natur- und Geisteswissenschaften ein anregendes Betätigungsfeld vorfinden. Aber auch in rein technischen Berufen können Sie Erfüllung finden.

LIEBE UND PARTNERSCHAFT

Die starke Ausstrahlungskraft Ihrer Persönlichkeit läßt gute und harmonische Beziehungen zu Ihren Mitmenschen erwarten. Sie gelten vielleicht als ungesellig, weil Sie Partys und große gesellschaftliche Veranstaltungen selten besuchen. Verständnis für die oftmals aufregende Welt Ihrer Mitmenschen haben Sie schon, doch schätzen Sie mehr Ihre Familie und Ihr eigenes Zuhause, das Ihnen Schutz und Geborgenheit vermittelt.

In diesen Zeichen sind geboren: der Magier David Copperfield (*16.9.1956) und die Filmschauspielerin Sophia Loren (*20.9.1934).

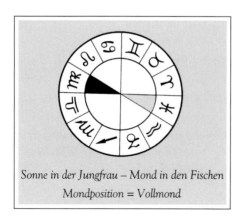

Sonne in der Jungfrau – Mond in den Fischen
Mondposition = Vollmond

Der Mondanbeter

WESENSART Was gilt die Wette, daß der Mond in Ihrem Leben eine besondere Rolle spielt? Überdenken Sie einmal Ihr Verhältnis zu ihm, wenn er sich als vollmondig am Himmel zeigt. Spüren Sie vielleicht, daß Sie in diesen Tagen und Nächten besonders »aufgezogen« und unruhig, überempfindlich und einfühlsam, hingabefähig und stimmungsgeladen, kreativ und inspiriert, aggressiv und unbeständig, zerstreut und verzaubert sind?

Zwar ist der Mond für uns alle so etwas wie ein Spiegel der Sonne, aber vor allem wirkt er auf unsere Gefühle ein. Bei Jungfrau-Fische-Geborenen macht sich der Mondeinfluß besonders stark bemerkbar, weil bei ihnen offenbar in der Geburtsstunde eine entsprechende Entwicklung des Gespürs für kosmische Schwingungen im Persönlichkeitsprofil kodiert wurde.

Schon die Alten hatten erkannt, daß es nicht gleichgültig ist, unter welchen Mondphasen man geboren wird, aber erst in jüngster Zeit wurde dem Phänomen des »Mond-Effekts« gebührende Beachtung geschenkt. Herausragender Vertreter dieses Doppelzeichens ist Johann Wolfgang von Goethe (*28.8.1749), der bewußter als viele andere die vom Erdtrabanten ausgehenden Gemütswallungen wahrgenommen hat. In seinem Lied an den Mond schreibt er in seinen mit Seligkeit erfüllten Empfindungen: »Füllest wieder Busch und Tal still mit Nebelglanz, lösest endlich auch einmal meine Seele ganz.«

FÄHIGKEITEN UND EIGNUNG

Von der Frohnatur Goethes läßt sich vieles auf andere Menschen mit dieser Sternbildkombination übertragen. Auch Sie gehören vermutlich zu den nicht minder rätselhaften Wesen, die experimentierfreudig immer auf der Suche nach neuen Erkenntnissen sind. So finden Sie ohne Schwierigkeiten interessante berufliche Betätigungsgebiete, vor allem auch wegen Ihrer Kreativität auf geistigem Gebiet. Allerdings kann Ihre Wandlungsfähigkeit die Ansicht hervorrufen, es gebe bei Ihnen kein festes Lebensziel. Deshalb sollten Sie sich eindeutig und unbeirrbar für eine bestimmte Richtung entscheiden und nicht davon ablassen, solange Sie nicht finanziell unabhängig sind. Danach könnten Sie neue Wirkungskreise auswählen.
Ihre große Naturliebe qualifiziert Sie vor allem für Berufe, die mit der Umwelt, mit Freizeit, Urlaub und Sport befaßt sind.

LIEBE UND PARTNERSCHAFT

Ihr heißes und begehrendes Herz verführt Sie bei Partnerschaften oft zu vorschnellen Urteilen; fast immer sind Täuschungen und Enttäuschungen die Folge. Versuchen Sie doch einmal, bei Ihren Entschlüssen nicht nur das Gefühl, sondern auch Verstand und Vernunft sprechen zu lassen. Sie sind in der Liebe kein »Universalgenie« und suchen ständig nach der idealen Verbindung. Falls diese nicht erreichbar ist, teilen Sie gewissermaßen Ihre Bedürfnisse in körperliche, seelische und geistige auf und versuchen so, Ihre universalen Ansprüche zu befriedigen. Ihr liebenswürdiges, leidenschaftliches und aufgeschlossenes Wesen erleichtert zwischenmenschliche Kontakte. Durch Ihre Sinnlichkeit und Feinfühligkeit haben Sie ein besonderes Gespür für Menschen, die Ihre erotischen Schwingungen reflektieren. Ohne Skrupel sind Sie jedoch bereit, ein Verhältnis zu lösen und zu fliehen, um einer neuen Versuchung zu unterliegen. Sie sind strikt gegen eine eheliche Bindung, wenn Sie zum Beispiel an einen Beruf gebunden sind, den Sie als ehefeindlich ansehen.
In denselben Zeichen finden wir: die Dichterin Alma Mahler-Werfel (*31.8.1879) und den Modezar Karl Lagerfeld (*10.9.1938).

♍ JUNGFRAU

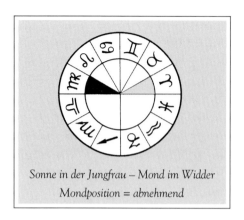

Sonne in der Jungfrau – Mond im Widder
Mondposition = abnehmend

Der Ausredenerfinder

WESENSART   Hier treffen wir auf eine Doppelnatur, bei der sich der Pflichteifer des Jungfrau-Typs mit dem Mut des Widders vermischt. Dabei ist es individuell verschieden, welche Eigenschaften sich verstärken, neutralisieren oder abschwächen. Im Regelfall wird es bei solcher Kombination innere Konflikte geben.
Durch Ihre Zugehörigkeit zu dieser Personengruppe sind Sie ein Mensch, der aus dem Gewohnten herausstrebt, weil er es mit seiner Energie und seinen Geistesgaben nicht lange hinter dem Ofen aushält. Sie sind vielleicht eine jener Jungfrau-Persönlichkeiten, die alles erreichen wollen, was ihnen so vorschwebt, die hartnäckig ihre Ziele verfolgen. Dabei spielen Sie meisterlich Ihre Humorbegabung, Ihren Charme, Ihre Schönfärberei und Ihre Täuschungslist aus, so daß man kaum merkt, welche Zwecke Sie eigentlich im Auge haben. Sie geben sich vergleichsweise zurückhaltend, aber nicht aus Angst, sondern aus diplomatischem Geschick.
Physisch sind Sie stark belastbar und lassen sich Anstrengungen kaum anmerken, doch Sie sollten Ihre Gewohnheiten überprüfen, die Ihrer Gesundheit abträglich sein könnten. Sich wohl fühlen bedeutet nicht nur, die Kraft eines Sportlers und das Aussehen eines Filmstars zu haben, sondern auch, über die Ausgeglichenheit und Harmonie im seelischen Bereich zu verfügen.
Die Persönlichkeitsentwicklung ist im Zusammenhang mit Ihren verschiedenartigen Beziehungen zu sehen und ein äußerst komplexer Vorgang. Neben den Erbanlagen spielen naturgemäß Kindheitserlebnisse und bisherige Enttäuschungen eine große Rolle. Die ererbten Anlagen können Sie nicht ändern, aber Sie

können von Zeit zu Zeit aus der Routine auszubrechen versuchen, um Neuartiges und Umwälzendes kennenzulernen und die Auswirkungen auf die Persönlichkeitsstruktur zu erleben.

FÄHIGKEITEN UND EIGNUNG

Um alle Möglichkeiten zur Entfaltung auszuschöpfen, brauchen Sie im Beruf die Herausforderung. Sie lieben die Welt des Glanzes und den Glitzer; von der Modebranche, vom Film, Theater oder Fernsehen fühlen Sie sich besonders angezogen. Ihre Wortgewandtheit und Ihre Überzeugungskraft zielen darauf hin, besondere Effekte zu erreichen. Sie stehen meist auf dem Boden der Tatsachen; Ihre kritische Selbsteinschätzung läßt Ihre Gefühle nach außen hin leicht unterkühlt wirken.
Es heißt zwar, Arbeit sei die angenehmste Form des Vergnügens, doch hängt sehr viel von der Einstellung zu sich selbst, zu anderen und zur Welt ab, ob Arbeit für Sie eine befriedigende Tätigkeit oder eine unerträgliche Last ist.
Von der Natur ist Ihnen ein gesunder Menschenverstand mitgegeben worden, der im rechten Augenblick zur Vorsicht mahnt, es kann jedoch vorkommen, daß Sie sich übernehmen, wenn ein Unternehmen große Vorteile verspricht.

LIEBE UND PARTNERSCHAFT

In Liebesangelegenheiten sind Jungfrau-Widder-Geborene als verläßlich und zuwendungsbedürftig einzuordnen. Vermeiden Sie es, Ihren Intimpartner durch ständiges Kritisieren und Bevormunden zu ärgern, denn auch er braucht wie Sie Verständnis für seine Schwächen.
In demselben Doppelzeichen finden wir: die schwedische Filmschauspielerin Ingrid Bergman (*29.8.1915) und den Politiker Oskar Lafontaine (*16.9.1943).

♍ JUNGFRAU

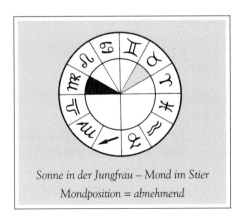

Sonne in der Jungfrau – Mond im Stier
Mondposition = abnehmend

Die Kämpfernatur

WESENSART Von dem vielgeehrten Regisseur und Theaterleiter Max Reinhardt (*9.9.1873) ist bekannt, daß er zahlreiche Orden und Auszeichnungen bekam, aber getragen hat er sie nie. Er stammte aus kleinbürgerlichen Verhältnissen und ist immer ein bescheidener, anspruchsloser Mensch geblieben. Zwar verschmähte er nicht den Luxus, wichtiger jedoch erschien ihm das hart erworbene Bildungsgut. An ihm wird deutlich, daß die Verbindung von zwei dem Element Erde zugeordneten Zeichen einen zielbewußten, sachlich nüchtern denkenden Typus ergeben, der – salopp gesagt – immer auf dem Teppich bleibt.

Auch Sie dürften zur Gruppe jener ernsten und praktisch veranlagten Menschen gehören, die arbeitsam und tüchtig ihre Ziele verfolgen. Was Sie sich vorgenommen haben, wollen Sie im Leben auch unbedingt erreichen, und das Glück steht Ihnen dabei oft zur Seite.

FÄHIGKEITEN UND EIGNUNG Man weiß von Ihnen, daß Sie jedes Problem sorgfältig durchdenken; außerdem verstehen Sie es, Ihre Ideen dem richtigen Adressatenkreis zu vermitteln. Da Sie sehr traditionsverbunden sind, kommt es immer wieder vor, daß Sie beharrlich, fast eigensinnig an Althergebrachtem hängen. Ihr Pflichtbewußtsein und Ihre Beharrlichkeit kann falsch ausgelegt werden; um nicht als altmodisch zu gelten, sollten Sie sich auch neuen Strömungen zuwenden. Fassen Sie Neuerungen nicht als Hindernisse auf, gegen die man anrennen muß, sondern als Herausforderungen, mit denen Sie sich auseinanderzusetzen haben.

Mit positiver Einstellung auch gegenüber schwierigen Zeitgenossen lassen sich Ihre beruflichen Erfolge noch ausbauen. Sie haben viele Talente und sind kreativ und könnten in Bereichen der Kunst, der Wirtschaft und in Organisationen berufliche Erfüllung finden.

Ihre zwischenmenschlichen Beziehungen leiden ein wenig unter Ihrem Streben nach Sicherheit, wodurch die Bereitschaft zum Eingehen neuer Verbindungen blockiert wird. Versuchen Sie, Verständnis für andere aufzubringen und Ihren Freundes- und Bekanntenkreis zu erweitern.

LIEBE UND PARTNERSCHAFT

Gehen Sie Ihrem Partner nicht allzulange mit Vorwürfen auf die Nerven; das ist meist nutzlos, weil es Ihnen nicht gelingen wird, andere Menschen umzumodeln. Vor allem dann nicht, wenn alltägliche Bagatellen der Anlaß sind! Halsstarrige und unnachgiebige Haltung sollten bei Auseinandersetzungen vermieden werden; zeigen Sie Beherrschung und Geduld, und denken Sie an künftige Freuden, wenn Sie auf gegenwärtige Bedürfnisse verzichten. Eine Flucht in Trennung oder Scheidung ändert nichts an der Grundveranlagung der Partner; nur Kompromißbereitschaft kann eine lebenslange, glückliche Verbindung gewährleisten. Es muß ja nicht Ihre Devise sein, wie sie der Schriftsteller Peter Hille (*11.9.1854) einmal geäußert hat: »Besser ein freier Teufel als ein gebundener Engel.« Denken Sie eher daran: Wenn Sie den passenden Ehepartner gefunden haben, werden Sie wahrscheinlich bei ihm bleiben und bereit sein, Freud und Leid mit ihm zu teilen.

In denselben Zeichen sind geboren: der palästinensische Politiker Jasir Arafat (*27.8.1929) und der Politiker Erwin Teufel (*4.9.1939).

JUNGFRAU

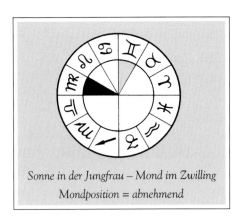

Sonne in der Jungfrau – Mond im Zwilling
Mondposition = abnehmend

Der Idealist

WESENSART Auch wenn man Selbstzeugnisse des romantischen »Märchenkönigs« und Augenzeugenberichte von Zeitgenossen eingehend studiert, wird man sich kein zutreffendes Bild der einmaligen, geheimnisvollen Persönlichkeit Ludwigs II. machen können. Schon im Alter von 19 Jahren mußte er die Regentschaft übernehmen, eine Aufgabe, die er nur kurze Zeit bewältigte. Er glaubte bald, erkannt zu haben, wie nichtig diese Welt ist und wie verwerflich und gemein so viele Menschen handeln können. In seinem Lebensüberdruß blieb ihm nur Begeisterung für alles, was er für schön und ideal hielt; er floh in die Einsamkeit und selbstgewählte Isolierung, verweilte in einer wirklichkeitsfremden Traumwelt und kam nur noch selten seinen Repräsentationspflichten nach.

Von solch großer innerer Zwiespältigkeit sind Sie hoffentlich nicht geplagt, doch auch bei Ihnen kann es durch gravierende Ereignisse im Leben zu Blockaden der Gefühle kommen. Das sollte jedoch nicht zu einer Abkehr von der Welt und ihren Freuden führen. Bleiben Sie in der Wirklichkeit, erledigen Sie Ihre Aufgaben und Verpflichtungen nach bestem Vermögen, auch wenn Ihr gegenwärtiger Status unbefriedigend für Sie ist. Haben Sie den Mut, durch radikale Meinungsänderung Ihr Leben anders zu gestalten, gehen Sie mit Selbstvertrauen an die Bewältigung der Zukunft und stellen Sie sich den harten Gegebenheiten!

FÄHIGKEITEN UND EIGNUNG Im beruflichen und privaten Bereich benötigen Sie die Unterstützung Ihrer Mitmenschen, die Ihnen helfen, Ihre Ideen zu verwirklichen. Sie selbst müssen toleranter, verständnisvoller und optimistischer werden, dann ist eine konstruktive

Zusammenarbeit immer möglich. Ihre Talente und Fähigkeiten lassen sich mannigfach einsetzen; als geistiger Urheber von neuen Ideen und Einfällen können Sie interessante Aufgaben übernehmen. Allerdings besteht die Gefahr, daß Sie zu abstrakt werden und den Bezug zur Realität verlieren. Sie könnten als Buchautor, Kunstsachverständiger oder Forscher beachtliche Leistungen zeigen, aber hüten Sie sich vor zu großer Vergeistigung, um Probleme für Körper und Seele zu vermeiden.
Ihr Handicap im Leben ist eine auffallende Kontaktarmut. Wegen der großen Sensibilität können Probleme mit den eigenen Gefühlen entstehen. Suchen Sie echte Freunde, und mißtrauen Sie den Schmeichlern.

LIEBE UND PARTNERSCHAFT

In der Liebe triumphiert bei Ihnen zuweilen der Verstand über das Gefühl; wenn Sie zur Entscheidung gedrängt werden, zeigen Sie sich unentschlossen und suchen Ihr Heil in der Flucht, um platonisch weiterzuleben. Verteilen Sie mehr »Streicheleinheiten«, und erleben Sie, wie Sie dann jene Zuwendung erhalten, die Sie mit Ihrem ehrlichen und warmherzigen Wesen verdienen.
In denselben Zeichen finden wir: die katholische Ordensschwester Mutter Teresa (*27.8.1910) und das Model Claudia Schiffer (*25.8.1970).

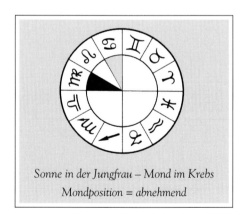

Sonne in der Jungfrau – Mond im Krebs
Mondposition = abnehmend

Der Unaufdringliche

WESENSART

Geht man die Liste dieser Jungfrau-Krebs-Geborenen durch, dann tauchen Namen auf wie die des Komponisten Claude Debussy, der Schriftsteller Gerhard

Hermann Mostar und Manfred Hausmann, des Schauspielers Willy Birgel und des Sängers Rudolf Schock, des Bergsteigers Hermann Buhl und der Königin Wilhelmine der Niederlande.

Allen, so will es auf den ersten Blick scheinen, ist eines gemeinsam: Sie sind bekannt, aber von Skandalen hat man bei ihnen nichts gehört. Wie Mauerblümchen leben oder lebten sie ein wenig im Verborgenen, aber sie sind Freudenbringer dem, der sie entdeckt.

Wenn auch Sie zu dieser Kombination zählen, dann sind Sie eine Persönlichkeit, die sozusagen wenig aus sich macht, jedoch große Talente und Fähigkeiten besitzt. Sie sind empfindsam und zurückhaltend, ja schüchtern, und vielleicht ist Ihre Befangenheit der Grund, warum Sie Ihre Erfolge nicht an die große Glocke hängen. Zwar stellen Sie sich den Forderungen des Lebens, aber Sie sind weder aggressiv noch ein Angebertyp. Auffallend ist die Verletzbarkeit; wenn Sie sich falsch verstanden oder angegriffen fühlen, ziehen Sie sich am liebsten in Ihr Schneckenhaus zurück und warten ab.

Sobald Sie jedoch Ihr bisheriges Vorstellungsbild ändern, wird eine Wandlung bei Ihnen eintreten, und Sie werden dann auch nicht länger von Ihren Ängsten und Befürchtungen geplagt. Diese positive geistige Einstellung wird meist durch einen religiösen Unterbau gestützt.

Wie sehr der Glaube Hauptthema Ihres Lebens werden kann, zeigt der Ausspruch des Dichters Manfred Hausmann: »Eines Tages muß der Mensch Abschied nehmen, von seiner Jugend, von seiner Selbstherrlichkeit, von seinem Ich. Dann kommt erst das Eigentliche.«

FÄHIGKEITEN UND EIGNUNG

Mit gestärktem Selbstvertrauen werden Sie Ihre beruflichen und privaten Beziehungen aufbauen können und vor allem auf dem Gebiet von Dienstleistungen Hervorragendes leisten. Mit Ihrem Scharfsinn und Organisationstalent gelingt es Ihnen, in der Wirtschaft oder bei Behörden in Staat oder Kommunen gute Stellungen zu besetzen. Wenn Sie nicht im Vordergrund stehen müssen, sind Sie ein zuverlässiger Kollege und Mitarbeiter.

LIEBE UND PARTNERSCHAFT

Auch Ihre privaten Beziehungen sind kein Thema für die Öffentlichkeit. Sie sind bereit, mehr an Zuneigung zu geben, als Sie von anderen verlangen. Glücklicherweise haben Sie einen festen Standpunkt und sind nicht von Partnern abhängig, die eine neurotische Tendenz aufweisen. Sie erscheinen introvertiert und gelten deshalb allgemein als liebenswürdig und sympathisch. Wenn Ihnen der eine oder andere Versuch, eine Dauerverbindung aufzubauen, mißglückt ist, wenn Sie durch einen Partner arg enttäuscht wurden, geben Sie leicht auf und resignieren. Versuchen Sie dennoch, ein neues Selbstwertgefühl zu entwickeln; denn Sie verfügen über Ausstrahlungskraft und können beim anderen Geschlecht Erfolge erringen.

Als Vertreter dieser Zeichen finden wir: die Schauspielerin Gaby Dohm (*23.9.1943) und den Sänger Rudolf Schock (*4.9.1915).

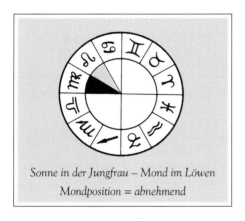

Sonne in der Jungfrau – Mond im Löwen
Mondposition = abnehmend

Der Einflußreiche

Der Einfluß des Sternzeichens Jungfrau deutet bei Persönlichkeiten dieser Konstellation auf gesunden Menschenverstand, Zielstrebigkeit und viel Mut beim Durchsetzen der eigenen Meinung hin, während vom Löwen die aggressive Machthaltung und der dynamische Tatendrang beigesteuert werden.

In der Jugend gelten Menschen des Jungfrau-Löwe-Typs oft als Musterkinder und verdanken es ihrem Charme wie ihrem Streben nach Vollkommenheit und Vielseitigkeit, daß sie schon in der Schule die erste Geige spielen dürfen.

An Ihre Mitmenschen stellen Sie hohe Ansprüche und sind enttäuscht, wenn andere nicht Ihren moralischen Grundsätzen und Maßstäben entsprechen, die Sie freilich auch für sich selber als verbindlich erklären. Sie scheuen keine Arbeit noch Mühe, um im Leben eine entsprechende Position zu erlangen; es besteht

WESENSART

dabei die Gefahr, daß Sie mit Ihrer Ansicht über das Ziel hinausschießen. Ihr etwas ungestümes Wesen neigt zu unbedachten Äußerungen, die bei Ihrer Klugheit leicht vermieden werden können, wenn Sie sich an die Kandare nehmen. Trotz allem haben Sie bei anderen Menschen ein »Guthaben«, das Sie bei Ihrer persönlichen Bescheidenheit und Gutmütigkeit nicht immer in Anspruch nehmen.

FÄHIGKEITEN UND EIGNUNG Obwohl Sie die Unabhängigkeit lieben, werden Sie angesichts Ihrer vielseitigen Fähigkeiten wahrscheinlich in konventionelle Lebens- und Arbeitsbedingungen eingezwängt sein und müssen die Rolle des Vorbilds erfüllen, beispielsweise in der Politik, Wirtschaft oder Verwaltung. Lassen Sie darüber Ihre anderen Begabungen nicht verkümmern, und bewahren Sie sich Ihre Rechtschaffenheit und Menschenfreundlichkeit, die eine Basis des Erfolgs sind. Es besteht eine gewisse Gefahr, daß Sie durch unfaire Behandlung und ungerechte Beurteilungen anderer Menschen verbittert reagieren und dann sogar unangenehm werden können. Achten Sie darauf, nicht unbedacht verstärkt zu moralisieren, und vermeiden Sie Angriffsflächen, die nur Ihren Gegnern Nutzen bringen.

LIEBE UND PARTNERSCHAFT Auch in Freundschaften und in der Liebe sind Sie verletzbar, wenn Sie Enttäuschungen erleben und vom Partner nicht die erwartete Treue erfahren. Im allgemeinen geben Sie mehr als Sie nehmen und sollten sich immer fragen, ob alle Ihre Mitmenschen Ihre Wertschätzung verdienen.
Zu den Menschen dieser Gattung zählen: der Politiker Franz Josef Strauß (*6.9.1915) und der Filmproduzent Helmut Ringelmann (*4.9.1926).

Sonnenzeichen Waage ♎

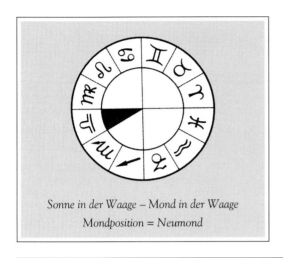

*Sonne in der Waage – Mond in der Waage
Mondposition = Neumond*

Der Beeinflußbare

Der Mond, der sich im gleichen Tierkreiszeichen wie die Sonne aufhält, läßt die positiven und die negativen Eigenschaften des Waage-Menschen in verstärktem Ausmaß in Erscheinung treten. Solchen Persönlichkeiten sind beachtliche Gefühlskräfte, eine auffallende Schärfe des Geistes und diplomatisches Geschick eigentümlich. Bei Frauen wird Sinnlichkeit nicht zu übersehen sein; sie ist in Verbindung mit Schönheit und Sex-Appeal die bewegende Kraft, die Ansehen und Ruhm verschaffen kann.

Wenn Sie diesem Kardinalzeichen zuzurechnen sind, bei dem das Element Luft wirksam ist, trifft für Sie die Devise »himmelhoch jauchzend, zu Tode betrübt« ganz besonders zu. Werden Sie sich deshalb bewußt, daß Sie sich bemühen müssen, ein Mehr an Ausgeglichenheit und Harmonie zu entwickeln, um mit den Stürmen in Ihrem Inneren fertigzuwerden. Vorteilhaft für Sie ist, daß Ihr Ringen um Toleranz und Friedfertigkeit von Ihrer Mitmenschlichkeit unterstützt wird.

Zuweilen ist bei Menschen dieser Gattung eine fast krankhafte Neugier zu beobachten, und es besteht ein Interesse an Klatsch und Intrigen, so daß ernsthafte Verwicklungen entstehen können. Derartige Neigungen müßten sich jedoch mit dem angeborenen Charme kompensieren lassen, um Anfeindungen aus dem Weg zu gehen.

Wesensart

♎ WAAGE

FÄHIGKEITEN UND EIGNUNG
Aufgrund Ihrer Veranlagung bieten sich Betätigungen an, bei denen Ihr feines Empfinden für Kunst und Mode, Ihr soziales Engagement und Ihr Interesse für menschliche Verhaltensweisen verwertet werden können. So werden Persönlichkeiten dieser Kategorie nicht nur Diplomaten, Juristen und Künstler, sondern auch Modeschöpfer, Juweliere, Friseure und Kosmetiker.

LIEBE UND PARTNERSCHAFT
Sie haben Sinn für romantische Gefühle und lassen sich gern von Schmeicheleien betören. Zwischen echter und gespielter Zuneigung können Sie nicht immer klar unterscheiden, zumal Sie Ihren Trugbildern nachhängen. Bei Ihrem Verlangen nach stabilen Verbindungen müssen Sie recht vorsichtig sein, damit Sie nicht ausgenützt werden. Enttäuschungen belasten Ihre empfindliche Seelenverfassung, und es stellt sich ein gefährlicher Zustand ein, wenn Sie bei Fehlschlägen und Trennungen sich durch das Einnehmen von Betäubungsmitteln (z.B. Alkohol) der Wirklichkeit entziehen wollen.
In diesen Zeichen sind geboren: die Filmschauspielerin Romy Schneider (*23.9.1938) und der französische Dichter Arthur Rimbaud (*20.10.1854).

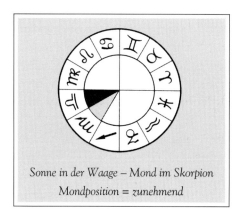

Sonne in der Waage – Mond im Skorpion
Mondposition = zunehmend

Der schlafende Löwe

WESENSART
Mit der bildhaften Überschrift als Kennzeichnung für diese Kombination soll angedeutet werden, daß auch ein scheinbar gutartig aussehendes Schmusetier äußerst gefährlich sein kann. Auffallenderweise lassen sich die Eigenschaften

dieser Raubkatze auch auf Ihre Persönlichkeitsmerkmale übertragen, denn wenn Sie gereizt werden, verteidigen Sie sich ebenfalls mit Krallen und Zähnen – selbst gegen eine größere Überzahl von Gegnern.
Ihnen stellt sich immer neu die Aufgabe, den Ausgleich zu finden zwischen den friedliebenden und gutmütigen Eigenschaften eines Waage-Menschen und denen des ein wenig überspannten und angriffsfreudigen Skorpions.

Wenn es darum geht, einen persönlichen Vorteil zu nutzen, wechseln Sie blitzschnell vom schlafenden zum reißenden Löwen. Sorgen Sie deshalb dafür, daß Sie nicht von Ihrer Heftigkeit selbst überrascht werden. Stoßen Sie Freunde, Kollegen oder Mitarbeiter nicht vor den Kopf, sondern zeigen Sie sich eher kompromißbereit, bleiben Sie ruhig und höflich, und lassen Sie sich durch nichts und niemanden aus Ihrer kultivierten Grundhaltung bringen. Vielleicht haben Ihre Mitmenschen Grund zu der Annahme, Sie seien intolerant und aggressiv; zeigen Sie sich anpassungsbereit, und bauen Sie solche Vorurteile geflissentlich ab. Sie sind nicht der Typ des Rebellen, der gegen die Grundregeln der Gesellschaft zu Felde zieht, denn wenn es um Ihre berufliche Karriere geht, fügen Sie sich durchaus in die Konventionen, so daß einer großen Erfolgslaufbahn nichts im Wege steht. Sie sind als Mitarbeiter gerne gesehen, man schätzt die Zusammenarbeit mit Ihnen, billigt Ihnen aber auch viel Selbständigkeit zu.

<small>FÄHIGKEITEN UND EIGNUNG</small>

Im privaten Bereich gehen Ihre Wünsche nach stabilen und harmonischen Beziehungen meist in Erfüllung, vor allem, wenn Sie einen Partner finden, der weitgehend auf Ihre leicht erregbare Natur und Ihre wechselnden Stimmungen eingeht. Ihrer Grundveranlagung nach wollen Sie bewahren und erhalten, sind aber nicht bereit, die führende Rolle dem Partner zu überlassen.
Auch in der Liebe möchten Sie der Gewinner sein, doch sollten Sie bedenken, daß das ständige Herausstellen des Führungsanspruchs anderen auf die Nerven gehen kann.
In denselben Zeichen finden wir: den US-Politiker Jimmy Carter (*1.10.1924), die Sängerin und Politikerin Melina Mercouri (*18.10.1925).

<small>LIEBE UND PARTNERSCHAFT</small>

♎ WAAGE

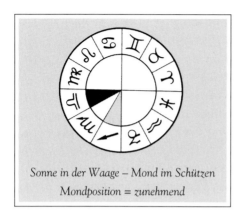

*Sonne in der Waage – Mond im Schützen
Mondposition = zunehmend*

Der Provokateur

WESENSART Nicht jeder, der aufgrund seines Geburtsdatums dieser Kombination eines Luftzeichens mit einem Feuerzeichen zuzurechnen ist, muß ein Aussteigertyp sein, der seine Unabhängigkeit am liebsten durch eine Flucht auf eine Insel in der Südsee beweisen will. Es gibt in dieser Gruppe sehr wohl Personen, die höchstens im Urlaub einmal alles hinter sich lassen wollen, von dort aber wieder gewissenhaft zu ihrer Familie und an ihre Arbeitsstelle zurückkehren, wo sie für Ausgeglichenheit, Ruhe und Gelassenheit bekannt sind.
Aber von einem starken Drang zum ungebundenen Leben sind Sie vermutlich dennoch besessen; Sie können recht ungemütlich werden, wenn jemand versucht, in Ihre Lebensart einzugreifen oder Sie zu manipulieren.
Ein ganz besonderes Merkmal ist auch Ihre Ehrlichkeit, mit der Sie Ihre meist hochfliegenden Pläne im Leben verfolgen. Sie gehen voll Optimismus an die Arbeit, und manchmal ist es nur Ihre fanatische Einstellung, die Sie daran hindert, die ganze Wahrheit zu erfassen. Sie denken mit Friedrich Nietzsche: »Um die unangenehmsten Folgen der eigenen Torheit wirklich seiner Torheit und nicht seinem Charakter zur Last zu legen, dazu gehört mehr Charakter, als die meisten haben.« Und das heißt wohl, daß Sie stets voll und ganz hinter Ihren Entschlüssen stehen würden und dafür auch verantwortlich zeichnen.

FÄHIGKEITEN
UND
EIGNUNG Sie lassen sich den Schneid von niemandem abkaufen, denn schon Ihr entschlossenes und selbstbewußtes Auftreten läßt keinen Zweifel an Ihren Absichten zu. Das Gefühl schadenfroher Überlegenheit ist Ihnen fremd und würde Ihrem Cha-

rakter vollends widersprechen. Sie gelten als guter Theoretiker, der zuerst die Dinge auf ihre Brauchbarkeit hin prüft.
Vielleicht ist es eine gewisse Antriebsarmut oder auch Lenkbarkeit, die Sie daran hindert, beruflich zu Spitzenpositionen aufzusteigen. Innovationen sind gut und nützlich, aber sie können keine Erfahrungen ersetzen – notwendig sind beide.
Fernweh und Abenteuerlust können in einem Beruf zufriedengestellt werden, in dem Sie viel reisen müssen, zum Beispiel als Politiker, Künstler, aber auch Techniker.

Ihre Beziehungen zu anderen Menschen werden vor allem durch eine idealistische Einstellung geprägt. Sie fordern vom Partner stets den Ihnen gebührenden Respekt, doch sind Sie nicht frei von erotischen Eskapaden und haben vielleicht selbst im hohen Alter noch Freude an sexuellen Eroberungen. Es gibt Vertreter dieser Zeichen, die sich zahlreicher Liebschaften rühmten und, wie Franz Liszt, dazu noch bemerkten: »Ich hätte gerne noch ein größeres Stück Kuchen abbekommen.«
In denselben Zeichen sind geboren: der Philosoph Friedrich Nietzsche (*15.10.1844) und die Theologin Ute Ranke-Heinemann (*2.10.1927).

LIEBE UND PARTNERSCHAFT

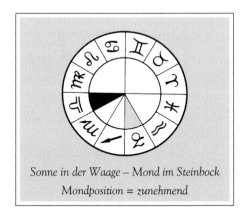

Sonne in der Waage – Mond im Steinbock
Mondposition = zunehmend

Das kämpferische Bleichgesicht

Sie gehören nicht zu den Stars, die als Sonnyboys oder Sonnygirls faul an südlichen Gestaden in der Sonne liegen oder im Scheinwerferlicht der Fernsehstudios die Publikumsgunst genießen, wenngleich Ihnen dies ohne weiteres möglich wäre.

WESENSART

♎ Waage

Bei Ihnen standen zur Zeit der Geburt Sonne und Mond in einem günstigen Verbund; Ihr freundlicher und seriöser Gesichtsausdruck spiegelt diese Gunst der Gestirne wider und deutet die guten Seiten Ihres Charakters an. Sie setzen auf Fairneß und Freundschaft, auch wenn Sie sich gegen eine starke Konkurrenz durchsetzen müssen. Sie besitzen ein beachtliches Selbstwertgefühl, aber Gewissensbisse brauchen Sie deswegen nicht zu bekommen. Immer auf der Suche, Ihr privates Seelenleben zu enträtseln, finden Sie dabei auch Zugang zu den Gefühlen Ihrer Mitmenschen.

Ihre wahre Natur setzt sich aus zwei Seiten zusammen, die immer neu aufeinander abgestimmt werden müssen. Einerseits sind Sie etwas oberflächlich, steif, langweilig und vielleicht auch schwerfällig, andererseits wird auch Ihre ernste, zielstrebige und leidenschaftliche Wesensart sichtbar. Es könnte sein, daß Sie in Ihrer Jugend Sorgen und Nöte überstehen mußten, so daß nun Ihr ganzes Bemühen danach ausgerichtet ist, stabile Verhältnisse zu erlangen.

Sie verstehen es meisterhaft, die Gunst der Stunde zu nutzen und, wenn es sein muß, auch mit Tricks Ihren Vorteil zu wahren. Obwohl Sie äußerlich ruhig und friedfertig wirken, vergrößert sich so Schritt für Schritt Ihre Machtposition. Da sich bei Ihnen ein Luftzeichen zu einem Erdzeichen gesellt, können Sie hart und entschlossen auftreten, um Ihren Kopf durchzusetzen.

Fähigkeiten und Eignung	Zwar gehören Sie mehr dem introvertierten, in sich gekehrten Typus an, aber trotz dieser Ich-Bezogenheit können auch Sie ohne Verbündete nicht leben. Wenn Sie eine bedeutende Persönlichkeit werden wollen, müssen Sie Menschen suchen, mit denen Sie Gemeinsamkeiten verbinden, und darauf Ihr Leben aufbauen. Diese Einsicht einer Bündnisbereitschaft ist vor allem für die berufliche Karriere Grundvoraussetzung, so zum Beispiel in gesellschaftsorientierter Tätigkeit. In der Politik, in der Rechtsprechung oder im Sport müssen Sie aus Ihrer Reserviertheit heraus und die Erfolge mit anderen teilen. Ihr ständiger Wunsch nach Anerkennung und Bewunderung kann nur erfüllt werden, wenn Sie Ihr Heil nicht als Einzelgänger suchen, sondern im Dienste eines Teams zum Einsatz kommen.
Liebe und Partnerschaft	Ihr aufrichtiges Bedürfnis nach einem harmonischen Zusammenleben findet schon bei der Partnerwahl seinen Ausdruck. Ihre etwas undefinierbare Kühle kann verletzend wirken und wird vermutlich manchmal als Desinteresse gedeutet

werden; Ihre Zurückhaltung stürzt vielleicht andere in Verwirrung. Aber auf die Dauer wird Ihr freundliches und leidenschaftliches Wesen zu einer Gemeinsamkeit führen, die nicht durch ständige Reibereien und Auseinandersetzungen getrübt wird. Mit Ihrer Selbstdisziplin und Ihrem Verantwortungsbewußtsein können Sie eine lebenslange, glückliche Partnerschaft erreichen. In denselben Zeichen sind geboren: der Politiker Edmund Stoiber (*28.9.1941) und die Schauspielerin Lilo Pulver (*11.10.1929).

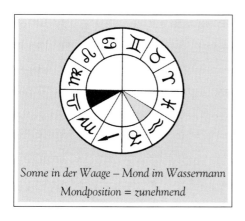

Sonne in der Waage – Mond im Wassermann
Mondposition = zunehmend

Der verliebte Igel

Mit diesem Vergleich aus der Tierwelt stellen wir uns einen beliebten Menschentyp vor, der nach außen einen Panzer von gefährlichen Stacheln zeigt, innen aber einen weichen und empfindsamen Kern verbirgt.

Diese Waage-Wassermann-Konstellation aus zwei Luftzeichen hat sehr unterschiedliche Bestandteile; wir bekommen am besten einen Eindruck von ihr beim Lesen der Colemann-Biographie über den Beatle John W. Lennon (*9.10.1940).

Lennon hat dem Quartett der Beatles zehn Jahre lang einen unverkennbaren Stempel aufgedrückt und war eine schillernde, außerordentlich originelle, unberechenbare, humorvolle und verletzbare Persönlichkeit. Der Journalist Colemann, der als enger Vertrauter des Tausendsassas Lennon diesen wahrscheinlich besser gekannt hat als jeder andere, beschreibt das Temperament als weich und

WESENSART

kantig, schutzsuchend und arrogant, als liebevoll und liebebedürftig; ein unheilbarer Illusionär und besessener Musiker.

Wahrscheinlich trifft die eine oder andere Charakterisierung auch für Ihre Licht- und Schattenseiten zu, die kennzeichnend sind für die faszinierende Polarität Ihrer Persönlichkeitsstruktur.

Oberflächliche Betrachter schätzen Sie als optimistisches, heiteres und selbstsicheres Wesen ein, während sich in Ihrem Innern starke, gefühlsbedingte Schwankungen vollziehen. Besonders die Angst vor Einsamkeit und Mißachtung ist es, die Sie immer wieder in die Öffentlichkeit treibt. Wegen Ihres gewandten Auftretens sind Sie allseits beliebt, vor allem aber, weil Sie die Fähigkeit besitzen, die Gefühle Ihrer Mitmenschen richtig zu beurteilen. Häufen sich die Probleme in Ihrem Leben allzu sehr, dann möchten Sie sich am liebsten einigeln und in der selbstgezimmerten Phantasiewelt leben.

FÄHIGKEITEN UND EIGNUNG

Von großer Bedeutung für Sie ist es, daß Sie nicht nur dem Ruhm und der Anerkennung nachjagen, sondern daß Sie sich auf Arbeiten spezialisieren, die Ihnen Freude machen und Erfolge bringen. Eintönige oder langweilige Betätigungen scheiden für Sie aus.

Wenn es sich irgendwie einrichten läßt, wechseln Sie impulsiv Ihre Umgebung, Kollegen oder Mitarbeiter. Ihre Fähigkeiten auf künstlerischem oder kreativem Sektor sind so herausragend, daß sie unbedingt genutzt werden sollten. Ihr Talent kann aber auch Anwendung finden im Bereich der menschlichen Beziehungen, in der Psychologie, Diplomatie oder im sozialen Dienst.

LIEBE UND PARTNERSCHAFT

Eine ganze Generation kannte das Lied: »All you need is love«, das nicht nur die Hymne der Hippies und Blumenkinder wurde, sondern die Sehnsucht von Millionen widerspiegelte. Das große Interesse an diesem Thema ist bezeichnend für Waage-Wassermann-Menschen, die in irgendeinem Sinn immer verliebt sind oder sein wollen. Für Sie bedeutet Liebe die volle Zuwendung, sie ist lebensnotwendig wie die Atemluft, ohne harmonische Zweisamkeit finden Sie kein Glück. An die Stelle von Krieg und Haß setzen Sie Gewaltlosigkeit und Liebe, und diesen Standpunkt verfechten Sie mit allen Mitteln.

In denselben Zeichen finden wir: den Schriftsteller Adolf Freiherr von Knigge (*16.10.1752), den Dramatiker Arthur Miller (*17.10.1915) und den Komponisten George Gershwin (*26.9.1898).

Sonne in der Waage – Mond in den Fischen
Mondposition = zunehmend

Der dressierte Tiger

Sie sind nicht einer der berühmten Helden, die sich wegen ihres Wagemutes und ihrer Risikobereitschaft in das Buch der Geschichte eingetragen haben. Sie gehören auch nicht zu jenen Rebellen und Umstürzlern, die mit Gewalt bestehende Zustände verändern wollen. Sie sind ganz einfach da und versuchen, Extreme zu vermeiden und den goldenen Mittelweg zu gehen. Selten findet man Sie unter den ersten bei Auseinandersetzungen, aber wenn Wogen zu glätten sind und Frieden gestiftet werden muß, kann man auf Sie zählen. In solchen Situationen überraschen Sie Ihre Mitwelt durch ausgeglichenes Wesen und diplomatisches Geschick.

Ruhig und unauffällig, sozusagen mit eingezogenen Krallen, erreichen Sie im Leben Ihre Vorteile. Ihre Handlungsweisen lassen erkennen, daß Sie sich bemühen, andere nicht zu verletzen oder zu behindern; deshalb sind Sie in Ihrem Wirkungskreis sehr beliebt und wegen Ihrer Zuverlässigkeit geschätzt. Vermutlich hatten Sie es in Ihrer Jugend schwer, sich durchzusetzen und müssen auch jetzt noch mit den harten Realitäten des Tagesgeschehens ringen. Aber glücklicherweise ist Ihre Fähigkeit, sich anzupassen, gut ausgebildet und hilft Ihnen, Kompromisse einzugehen, wenn es erforderlich ist.

Ihr Hauptproblem ist das ängstliche Bestreben, jedes mögliche Versagen von vornherein zu vermeiden. Damit gehen Sie jedoch Niederlagen nicht aus dem Weg, und sogar um den Erfolg machen Sie meist einen großen Bogen. Lernen Sie deshalb, Schwierigkeiten zu überwinden und Mißerfolge zu verkraften, denn solche Lektionen müssen wir alle hinter uns bringen. Prägen Sie sich einen

WESENSART

Leitspruch ein, der Ihnen Mut macht, falls Sie wieder einmal ängstlich zögern, zum Beispiel ein Wort des französischen Philosophen Descartes: »Es genügt nicht, gute geistige Anlagen zu besitzen. Die Hauptsache ist, sie gut anzuwenden!«

FÄHIGKEITEN UND EIGNUNG

Ihre große Abhängigkeit von Stimmungen wird sich auch bei der Berufswahl auswirken; zusammen mit dem guten Feingefühl könnte sie sich im Bereich der Kunst vorteilhaft für Sie auswirken. Zumindest als Hobbykünstler sollten Sie sich hier betätigen. Normalerweise werden Sie sich in Berufen wohl fühlen, die nicht allzugroße Forderungen an Sie stellen, doch könnten Sie bei Ihren Partnern als verläßlicher Mitarbeiter zu Ansehen gelangen, wenn Sie mit mehr Willenskraft und Durchsetzungsvermögen zu Werke gehen.

LIEBE UND PARTNERSCHAFT

Da Sie sehr empfindsam und leicht zu beeindrucken sind, hat Ihre Umgebung einen unverhältnismäßig großen Einfluß auf Sie. Wie ein Seismograph registrieren Sie Stimmungen und Regungen anderer, deshalb sollten Sie besonders vorsichtig bei der Wahl Ihrer Freunde und Bekannten sein. Prüfen Sie von Zeit zu Zeit Ihre Beziehungen, und vermeiden Sie es, sich schädlichen oder destruktiven Belastungen auszusetzen, die von Ihrer Umwelt ausgehen könnten.

Sie gehen gern den Weg des geringsten Widerstandes, wobei Ihnen aber Ihre erstaunlich gut entwickelte Intuition oft zur richtigen Entscheidung verhilft. Wenn es Ihnen gelingt, Zaudern und Unentschlossenheit zu vermeiden, werden Sie auch bei der Suche nach einem verständnisvollen Partner eine glückliche Hand haben.

In diesen Zeichen sind geboren: der Filmregisseur, Schriftsteller und Bergsteiger Luis Trenker (*4.10.1892) und der Schauspieler Klaus Kinski (*18.10.1926).

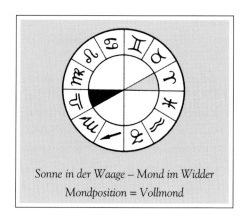

Sonne in der Waage – Mond im Widder
Mondposition = Vollmond

Der Unbequeme

WESENSART

Wie kann man den Kreis dieser bipolaren Menschen, deren Persönlichkeitsstruktur bei der Geburt von Sonne und Mond gleichermaßen beeinflußt wurde, einigermaßen zutreffend beschreiben? Soll man mehr die Tendenzen der Waage-Sonne erwähnen, denen Persönlichkeiten entsprechen, die zuverlässig, hilfsbereit, ruhig und unternehmungslustig, aber auch leidenschaftlich und unberechenbar sind, oder wird der Schwerpunkt im Charakter mehr Widder-Eigenschaften aufweisen, werden selbstbewußte, willensstarke, kameradschaftlich eingestellte Menschen in Erscheinung treten, die eigensinnig, zuweilen auch launisch und nachtragend sind?
In jedem Fall bringt die Verbindung eines Luftzeichens mit einem Feuerzeichen zwei unterschiedliche Naturen unter einen Hut und hat andauernde Wandelbarkeit zur Folge. Diese kann innerhalb von Stunden zutage treten, aber auch die Gesamtpersönlichkeit kann innerhalb eines Lebens diesem Wandel unterliegen. Es ist anzunehmen, daß sich durch Änderungen im sozialen Umfeld, im Freundes- und Familienkreis und im Bereich des Arbeitsplatzes bei Ihnen tiefgreifende Veränderungen einstellen. Vielleicht waren Sie in der Jugendzeit schüchtern, gehemmt und zurückhaltend, hatten beim anderen Geschlecht wenig Erfolg und mußten um Ihren beruflichen Aufstieg kämpfen. Das alles kann bewirken, daß Sie heute mehr als andere um Positionen ringen, die Sie nicht aufgeben wollen.
Auffallend ist der Widerspruchsgeist, mit dem Sie sich in Diskussionen einschalten! Ohne Rücksicht auf mögliche Nachteile vertreten Sie Ihre Meinung, und mit einer bemerkenswerten Bedenkenlosigkeit »füttern« Sie Ihren Hunger nach

Macht und Einfluß. Im Bild Ihrer Persönlichkeit wechseln Stabilität und Veränderung, Zurückhaltung und Aufdringlichkeit, Optimismus und Verzweiflung. Diese inneren Spannungen sollten Sie versuchen, bewußt abzubauen; vielleicht könnte ein Wechsel Ihrer Umgebung für mehr Harmonie und Frieden sorgen.

FÄHIGKEITEN UND EIGNUNG — Ihre Vorliebe für eine umfassende politische Tätigkeit kann sich günstig auswirken; in der Wirtschaft, speziell im Finanz- und Bankwesen könnte Ihre nüchterne, abwägende Art von großem Vorteil für Sie sein. Der Rang, den Ihre Persönlichkeit einnimmt, beruht nicht nur auf der unterschiedlichen Wirkung, die Sie auf andere ausüben (die einen mögen Sie, andere lehnen Sie ab), sondern auch auf Ihren inneren Werten. Da diese kein einheitliches Bild ergeben, ist es für Sie besonders wichtig, Ihre Begeisterung auf ein Ziel zu konzentrieren, das sich moralisch rechtfertigen läßt.

LIEBE UND PARTNERSCHAFT — Als ein zur Vollmondzeit Geborener sind Sie besonders empfindsam und von Gefühlen beeinflußt. Hinter einer anscheinend harten Schale verbirgt sich ein weicher Kern, und wenn Sie diese Seite Ihres Wesens hervorkehren, werden Sie als angenehmer Partner erfolgreich sein. Ihre loyale Haltung und Ihr Sinn für Gerechtigkeit erlauben es nicht, daß Sie durch private Skandale auffallen, zumal Sie zwischenmenschliche Beziehungen mit Ernst und der sie kennzeichnenden Sorgfalt aufbauen. Ihr berufliches Engagement läßt Ihnen nur wenig freie Zeit; diese jedoch widmen Sie lieber Ihrem Partner und Ihrer Familie als einem fragwürdigen Highlife.

In diesen Zeichen sind geboren: der Konzert- und Opernsänger Luciano Pavarotti (*12.10.1935) und die Herzogin von York, Sarah Ferguson (*15.10.1959).

WAAGE ♎

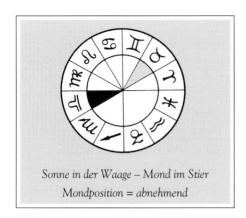

Sonne in der Waage – Mond im Stier
Mondposition = abnehmend

Der Handyman

Es gibt einfache und schwierige Wege zum Erfolg: Sie gehören vermutlich zu jenen Menschen, die zwangsweise zur Verwirklichung ihrer Ziele den steileren Weg nehmen. Vielleicht wählen Sie zunächst die bequemere Route, aber wenn Sie gefordert werden, gelten Sie schlechthin als dynamisch und erfolgreich.

Herausragendes Beispiel für solch eine Persönlichkeit ist der US-Supermanager Lee Iacocca, der von Henry Ford II. gefeuert wurde, dann aber den konkursreifen Chrysler-Konzern rettete und Rekordgewinne einbrachte.

Bei dieser Kombination zwischen einem Luft- und einem Erdzeichen kann man davon ausgehen, daß bei den unter diesem Doppelzeichen Geborenen die energiegeladene und zuweilen aufdringliche Stier-Natur voll zur Geltung kommt. Sie sind vielseitig begabt und bereit, sich den rauhen Winden des Wettbewerbs auszusetzen.

Nur ungern lassen Sie sich einen fremden Willen aufzwingen, sind aber, wenngleich nicht ganz freiwillig, ein fügsamer und friedliebender Mensch. Zu besonderen Taten schwingen Sie sich dann auf, wenn sich plötzlich neue Möglichkeiten ergeben. Auf beinahe magische Weise wird Ihnen alles, was Sie in die Hände nehmen, zum rauschenden Erfolg. In den Untergründen Ihres Bewußtseins streben Sie zwar nach dem Komfort und Luxus des von egoistischen Wünschen getriebenen Tatmenschen, aber Kampf, Widerstand und Verteidigung sind nicht immer Ihre stärksten Seiten.

WESENSART

FÄHIGKEITEN UND EIGNUNG	Sie verstehen es, Menschen rasch einzuschätzen, denn es gelingt Ihnen schon nach der ersten Begegnung, einen ziemlich genauen Eindruck zu gewinnen. Diese wichtige Fähigkeit ist das beste, was eine Managerpersönlichkeit auszeichnet. Sie gelten als angenehmer Verhandlungspartner. Obwohl Ihre Talente eine gewisse Gewähr für eine große Karriere sind, können Sie schwer der Versuchung widerstehen, in Ihrer bisherigen Position mit weniger Streß, weniger Verantwortung und weniger Arbeit zu verbleiben. Wenn Sie sich jedoch überwinden könnten und mit Ehrgeiz und Selbstvertrauen führende Stellungen anstreben würden, sind Ihnen interessante Berufe bei Behörde und in der freien Wirtschaft durchaus zugänglich. Wenn der Druck von außen zu groß wird und Sie schmerzvolle Erfahrungen sammeln müssen oder gefährliche Entwicklungen drohen, dann besteht die Wahrscheinlichkeit, daß Sie sich zurückziehen, weil Sie seelischen Erschütterungen nur mit Mühe standhalten können. In solchen Situationen benötigen Sie Hilfe und Anregungen beispielsweise von Ihrer Familie, um wieder Anschluß an das Geschehen in der Welt zu gewinnen und sind dann auch wieder bereit, mit großer Hingabe und Enthusiasmus an die Arbeit zu gehen.
LIEBE UND PARTNERSCHAFT	Wegen Ihrer besonderen Feinfühligkeit können Sie Enttäuschungen auf dem Gebiet der Liebe nur schwer verkraften. Sie empfinden mehr als andere Mißerfolge in diesem Bereich als persönliche Niederlagen. Falls Sie in Ihrer Phantasie aus einem geliebten oder bewunderten Menschen ein Idealbild zeichnen, so werden Sie früher oder später erkennen müssen, daß die Wirklichkeit ganz anders ist. Versuchen Sie deshalb, objektiv zu bleiben und sich nicht durch romantische Vorstellungen irritieren zu lassen. In diesen Zeichen sind geboren: der Manager Lee Iacocca (*15.10.1924) und der Fußballprofi Mehmet Scholl (*16.10.1970).

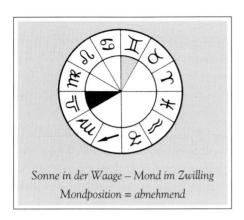

*Sonne in der Waage – Mond im Zwilling
Mondposition = abnehmend*

Die beleidigte Leberwurst

WESENSART

Von dieser Kombination zweier Luftzeichen wird sich ein Mensch angesprochen fühlen, wenn er rein gefühlsmäßig zu sehr auf die Aussagen und Meinungen seiner Umgebung reagiert und bewußt seine Denkart und Handlungsweise darauf abstellt. Derartige Menschentypen denken zuweilen subjektiv und handeln kurzfristig nach eigenem Gutdünken, auch wenn es nicht immer zu ihrem Vorteil ist. Gegen zwei Dinge kämpfen Sie unentwegt: Da ist zunächst das Unverständnis gegenüber persönlichen Angriffen oder gar Demütigungen, und zum andern die Interesselosigkeit Ihrer Mitmenschen wichtigen Ereignissen und Entwicklungen gegenüber. Dabei kann es geschehen, daß Sie in Schwierigkeiten hineinschlittern, die Sie sich selbst zuschreiben müssen. Auf diese Weise sammeln Sie Erfahrungen besonderer Art und kommen wegen zahlreicher Widerstände zu einer negativen Sicht des Lebens und seiner vielen Möglichkeiten.

FÄHIGKEITEN UND EIGNUNG

Vermeiden Sie es, sich selbst anzuklagen; mit der richtigen Einstellung und einer Portion Ironie können Sie depressiven Anwandlungen mit Erfolg entgegentreten. Sie sind intelligent, vielseitig interessiert und vor allem talentiert für bestimmte Berufe, die im Blickpunkt der Öffentlichkeit stehen – beispielsweise im Bereich der Politik oder der Rechtsprechung, wo Ihr ausgleichender Einfluß zur Geltung kommen kann.
Da Sie jedoch öfter Ihre Ansichten und Ihren Lebensstil ändern – ohne eigentliche Änderung Ihrer Überzeugungen – sind Sie für Ihre Mitmenschen nur schwer auszumachen.

♎ Waage

Liebe und Partnerschaft

Um Ihr Privatleben zu schützen, ziehen Sie gerne die Vorhänge zu und lassen das Visier herunter, so daß über Sie und Ihre zwischenmenschlichen Beziehungen wenig an die Öffentlichkeit dringt. Das Gebiet der Freundschaft und Liebe ist bei Ihnen geprägt durch Ihre permanente Suche nach dem Guten und Wahren. Wegen Ihrer idealistischen Einstellung kommt es mitunter zu Entscheidungsschwierigkeiten, die zum Beispiel im Sexuellen falsch verstanden werden können. Stoßen Sie Ihren Intimpartner nicht durch Forderungen vor den Kopf, die er nicht erfüllen kann oder will.

Obwohl Ihre Mitmenschen Ihre Ehrlichkeit und Ihren Charme sehr schätzen, besteht die Gefahr, daß Sie mit amoralischen und nonkonformistischen Ansichten wenig Gegenliebe finden. Sie sind nicht die Unschuld vom Lande, auch wenn Sie versuchen, nach außen hin diese Rolle zu spielen. Vor allem in der Liebe lassen sich Probleme nicht durch theoretische Betrachtungen und logische Folgerungen lösen. Es ist kein Verrat an Ihren Gefühlen, wenn Sie offen und aufrichtig Ihre Empfindungen darlegen. Nur wenn Sie sich lieben Menschen anvertrauen können, werden Sie sich über mangelnde Zuneigung nicht zu beklagen haben.

In diesen Zeichen sind geboren: die französische Schauspielerin Brigitte Bardot (*28.9.1934) und der Schriftsteller und Politiker Vaclav Havel (*5.10.1936).

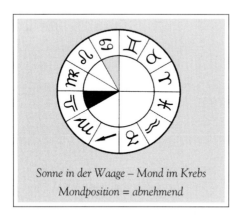

Sonne in der Waage – Mond im Krebs
Mondposition = abnehmend

Der Zeitkritiker

Wesensart

Der zu diesem Doppelzeichen gehörende Schauspieler und Regisseur Wolfgang Lukschy bekannte einmal, er habe die »Natur eines Elefanten und die Erregbarkeit

einer hysterischen Diva«, und tatsächlich ist bei dieser Mischung eine gewisse Dickfälligkeit neben einer auffallenden Empfindsamkeit zu beobachten.
Falls auch Sie zu diesen Menschentypen zählen, dürfte Ihr verfeinertes Lebensgefühl ein herausragender Pfeiler Ihres Charakters sein. Mehr als andere Menschen haben Sie eine Antenne für die Zeitumstände, die Sie mit Ernst und Hingabe kritisieren.
Obwohl Sie eigentlich eine streitbare Natur sind, verstehen Sie es meisterhaft, mit diplomatischem Geschick Ihre Aggressivität zurückzuhalten. Ihr feines Gespür für Menschen und Situationen macht es möglich, daß Sie Ihre Ansichten vertreten, ohne dabei auf heftigen Widerstand zu stoßen. Sie wissen, daß es darauf ankommt, einerseits Gefühle unter Kontrolle zu halten, andererseits darüber zu sprechen, zu schreiben oder sie zu besingen. Sie denken nicht lange darüber nach, wer Recht oder Unrecht haben könnte; Ihr ehrliches Bemühen geht dahin, Mißstände offen darzulegen und so vielleicht eine Besserung zu erreichen.
Es besteht dabei allerdings die Gefahr, daß Sie sich zu sehr engagieren und Ihre Gedankenwelt durch die Beschreibung der Mißstände vergiftet wird. Distanzieren Sie sich deshalb, und versuchen Sie, Ihr eigenes Leben zu leben.

FÄHIGKEITEN UND EIGNUNG

Wenn es Ihnen gelingt, Fähigkeiten und ästhetischen Sinn mit den beruflichen Interessen zu vereinen, stehen Ihnen viele Wege offen, die Sie mit Erfolg beschreiten können. Da Sie glauben, die Gefühle anderer Menschen zu kennen, fällt es Ihnen leicht, Kontakte zur Umwelt zu halten. Deshalb öffnen Sozialberufe, vor allem solche, die mit dem Heilen und Pflegen zu tun haben, gute Aufstiegsmöglichkeiten. Auch Tätigkeiten im Bereich von Hochschulen, als Kulturkritiker oder als freischaffender Gelehrter bieten gute und interessante Aufgaben für eine Waage-Krebs-Persönlichkeit.

LIEBE UND PARTNERSCHAFT

Selbst in der glücklichsten Verbindung gibt es gelegentlich Meinungsverschiedenheiten, und das ist auch bei Ihnen so. Allerdings sind Sie nicht immer bereit, die Meinung des Partners zu akzeptieren, vor allem dann nicht, wenn er nicht die von Ihnen gewünschte Reflektionsgabe besitzt. Sie brauchen unbedingt jemanden, der die seelischen Vorgänge so empfindet wie Sie, dessen Vorstellungen sich mit den Ihrigen treffen. Es muß jemand sein, der Ihnen ruhig zuhört und Verständnis für Ihr Selbstmitleid hat.

Nicht vergessen werden darf Ihr Wunsch nach Freiheit, der sich nachteilig für den Bestand von Dauerverbindungen auswirken kann.

In denselben Zeichen sind geboren: der österreichisch-deutsche Sänger und Komponist Udo Jürgens (*30.9.1934) und der Literat Günter Grass (*16.10.1927).

Sonne in der Waage – Mond im Löwen
Mondposition = abnehmend

Der Populäre

WESENSART Die Mentalität dieser interessanten Verbindung spiegelt sich trefflich wider in einem Ausspruch der unvergessenen Schauspielerin Eleonore Duse. Sie, die ohne Bewunderung und ohne den Applaus des Publikums nicht leben konnte, schirmte Ihr Privatleben außerhalb der Bühne von allen unwillkommenen Einflüssen der Öffentlichkeit ab. Sie sagte: »Glück, das ist: die Tür hinter sich zu schließen, sich allein an einen Tisch in einem kleinen Zimmer zu setzen und in der Abgeschiedenheit vom Leben das Leben zu gestalten.«

Hier werden recht deutlich Gegensätze sichtbar, die in diesem Charakter – vielleicht auch bei Ihnen – einander gegenüberstehen. Einerseits will der Mensch im Mittelpunkt stehen, aber andererseits ist er der Popularität überdrüssig und sucht nach dem einfachen und unkomplizierten Leben innerhalb der eigenen vier Wände.

Vermutlich werden Sie mitten im Kraftfeld zweier Pole stehen. Manchmal meinen Sie, einer Aufgabe oder einer Mission nachjagen zu müssen, dann aber erkennen

Sie, daß das Eintreten für öffentliche Belange nicht immer eine reine Freude ist. Das fordert Ihr diplomatisches Geschick heraus, zumal Sie ideale Ziele mit bedingungsloser Hingabe verfolgen.

Sie glauben an die Würde jedes Menschen und begegnen allen, ob arm oder reich, mit gleichem Respekt und gleicher Höflichkeit. Auf diese Weise wächst Ihnen eine führende Rolle zu, obwohl Sie zunächst die Ihnen zuströmende Sympathie so gar nicht ausnützen wollen.

Mit Ihrer Begabung, Ihrer Intelligenz und Ihrer Charakterstärke gelangen Sie zu Ruhm und Ehre, ohne bewußt auf dieses Ergebnis hingearbeitet zu haben. Sie sind sozusagen ein General ohne Uniform und Orden.

FÄHIGKEITEN UND EIGNUNG

Als fleißiger und gewissenhafter Arbeiter haben Sie kaum Schwierigkeiten, Ihre beruflichen Aufgaben zu erledigen, wenngleich Ihre Meinungen nicht immer Beifall finden. Doch kommt bei Ihnen Enttäuschung auf, wenn Ihre charakterliche Reinheit und moralische Integrität nicht anerkannt werden. Lernen Sie, Kompromisse zu schließen, um Ihre Gegner zum Frieden zu zwingen! Das Glück ist Ihr zuverlässiger Begleiter, Sie sollten im Berufsleben darauf bauen. Da Sie immer den Ausgleich und den Frieden suchen, bieten sich Betätigungen an, in denen Sie als Berater für menschliche Probleme willkommen sind, in der Politik, im sozialen Bereich, bei den Gewerkschaftsbewegungen.

LIEBE UND PARTNERSCHAFT

Ihr soziales oder auch künstlerisches Engagement wirkt sich auf Ihre privaten Beziehungen nicht immer vorteilhaft für Sie aus. Obwohl Sie durchaus romantisch und leidenschaftlich veranlagt sind, kann Ihre Lebensführung eine Verdrängung der echten Gefühle bewirken. Ihr etwas kompliziertes Innenleben wird zuweilen von Illusionen beherrscht, deshalb suchen Sie im zwischenmenschlichen Bereich möglichst ideale Lösungen voller Harmonie und Ästhetik. Es ist jedoch anzuraten, daß Sie sich auf den Boden der Tatsachen begeben und akzeptieren lernen, daß es den idealen Partner nie geben wird.

Als prominente Vertreter dieser stark mit politischen Führungspersönlichkeiten besetzten Zeichen seien genannt: die britische Politikerin Margret Thatcher (*13.10.1925) und der Musikproduzent Ralph Siegel (*30.9.1945).

♎ Waage

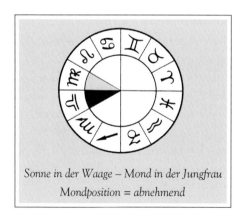

Sonne in der Waage – Mond in der Jungfrau
Mondposition = abnehmend

Der gefallsüchtige Bär

Wesensart Schon die äußere Erscheinung und das Auftreten der Menschen dieses Personenkreises bestätigen das Bild, das in der Überschrift gezeichnet wird: Groß, wuchtig, kraftstrotzend, aber nicht furchterregend, sondern freundlich und zurückhaltend sind die Eindrücke, die auf den ersten Blick entstehen. Und in der Tat bestätigen das Studium der Lebensläufe und der persönliche Kontakt, daß wir es bei dieser Kombination mit einem schnell das Wesentliche erfassenden, ruhigen und zurückhaltenden Typ zu tun haben, der jedoch, wenn es darauf ankommt, voll seine Kraft einsetzt.

Einer der populärsten und zugleich bescheidensten Sportler Deutschlands, der Boxweltmeister Max Schmeling, sei in diesem Zusammenhang dafür stellvertretend erwähnt. Das »Erlebnis des Ursprungs«, so schrieb er einmal, welches er früher beim Boxen gesucht habe, finde er jetzt bei seinem Hobby, der Jagd. Er sagt damit, daß er weder die Sensation noch den Ruhm braucht, um im Einklang mit sich selbst und mit dem Leben zu sein.

Wenn Sie zu dieser harmonischen Verbindung zwischen einem Luftzeichen und einem Erdzeichen gehören, wissen auch Sie, daß es im Leben zwar oft erbitterte Kämpfe gibt, aber schließlich doch der frohgemute Geist und das heiße Herz siegen. Ihre Neigung, Status und Macht herzuzeigen, ohne dabei den Kraftprotz zu spielen, wird immer wieder erkennbar; aber sie ist gepaart mit der Bereitschaft zu hartem Einsatz und dem Ehrgeiz, an der Spitze zu stehen.

FÄHIGKEITEN UND EIGNUNG

Meistens gelingt es Ihnen, die Schärfe Ihres Geistes, Ihre Kreativität und Ihre handwerkliche Begabung so einzusetzen, daß Ihre berufliche Entwicklung nicht eingeengt wird. Sie können interessante Betätigungen in der Politik, in der Wirtschaft oder auch im künstlerischen Schaffen finden: Überall wird man Ihre Gewissenhaftigkeit, Ihren umfassenden Verstand und Ihren Sinn für Ordnung und Sauberkeit schätzen. Sie erwecken Vertrauen, sind freundlich und ausgeglichen und dank Ihrer Bescheidenheit und Zurückhaltung bei Freund und Feind gleichermaßen gern gesehen. Sie wissen, daß das Leben nicht eine Reihe von Triumphen sein kann und werden auch mit Niederlagen und Demütigungen fertig.
Ein bißchen mehr als Eitelkeit ist bei Ihnen schon dabei, denn Sie verstehen es geschickt, medienwirksam aufzutreten.

LIEBE UND PARTNERSCHAFT

In Freundschaften und in der Liebe achten Sie vor allem auf einen hohen Grad von Seelen- und Geistesverwandtschaft. Mögen Sie in der Liebe als spröde und zurückhaltend beurteilt werden, so bedeutet das eigentlich nur, daß Sie sich nicht in jedes erstbeste Abenteuer stürzen. Sie wissen, wie vergänglich rauschhafte Empfindungen sein können. In der Liebe gehen Sie meist den goldenen Mittelweg – nicht zu leidenschaftlich, aber auch nicht zu distanziert – und Ihre Erfahrungen bestätigen die Richtigkeit Ihres Verhaltens.
In denselben Zeichen finden wir: den Tennisprofi Thomas Muster (*2.10.1967), den Tennis-Wimbledon-Sieger und ATP-Weltmeister Michael Stich (*18.10.1968) sowie den Industriellen Philip Rosenthal (*23.10.1916).

Sonnenzeichen Skorpion ♏

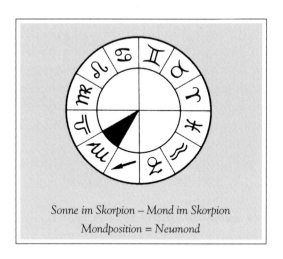

*Sonne im Skorpion – Mond im Skorpion
Mondposition = Neumond*

Der Impulsive

WESENSART Wenn die Sonne im Zeichen des Skorpions steht und der Mond bei seinem Weg durch den Tierkreis sich als Neumond im gleichen Sternbild zwischen Sonne und Erde schiebt, bilden die beiden Gestirne von der Erde aus betrachtet einen ganz spitzen Winkel, der kennzeichnend für den Einfluß auf die Persönlichkeitsbildung ist. Die zu dieser Zeit Geborenen reagieren in ganz besonderem Maße subjektiv, impulsiv und gefühlsbetont auf ihre Umgebung. Der häufig vergebliche Versuch, Ihre Vorstellungen mit denen Ihrer Mitmenschen in Einklang zu bringen, schafft zuweilen Unverständnis und Verlegenheit; es ist manchmal recht schwer, angesichts der stark betonten Stärken und Schwächen mit ihnen auszukommen.
Nur eine kleine Minderheit dieses Skorpions-Gespanns ist so veranlagt, daß die vorwiegend düsteren Züge im Charakterbild hervortreten; man kann mit ruhigem Gewissen darauf hinweisen, daß auch andere Sternzeichen extreme Einzelgänger in ihren Reihen haben. In der Mehrzahl der Fälle werden arbeitsame, vernünftige und hilfsbereite Wesen zu finden sein, doch kann es wegen ihres Eigensinns, ihres Machtwillens und der Überheblichkeit, mit der sie ihre Ziele verfolgen, leicht zu Vorurteilen bei den Mitmenschen kommen.

Unbewußt werden Sie, der Sie zu dieser Gruppe der Skorpion-Typen zu zählen sind, von Ihren Gefühlen und Ängsten beherrscht; sobald diese in Ihr Bewußtsein dringen, versuchen Sie, sich abzukapseln und Ihre Empfindungen in aller Stille aufzuarbeiten.

Da Ihr Nervenkostüm sehr dünnwandig ist, kann es geschehen, daß Sie bei der geringsten Streßsituation »aus der Haut fahren« und Ihrem Unmut freien Lauf lassen. Wenn Sie Ihre Absichten durchdrücken wollen, kennen Sie weder Zurückhaltung noch Bedenken und werden durch diese Eigenart für Ihre Umgebung nicht gerade sympathisch. Es wirkt unverständlich, wenn Sie mit Leidenschaft für Ihre Sache eintreten und zu Kompromissen nicht bereit sind.

Normalerweise erweisen Sie sich im Umgang mit anderen Menschen als kontaktfreudig, freundlich und aufgeschlossen, aber wenn man Sie reizt, können Sie giftig und unduldsam werden. Sie sollten sich Ihrer Neigung, rasch beleidigt und nachtragend zu sein, sehr bewußt werden, damit Sie jene Kräfte entwickeln, die notwendig sind, Ihrem Temperament etwas die Zügel anzulegen.

FÄHIGKEITEN UND EIGNUNG

Mit Ihrer Veranlagung, den Dingen auf den Grund zu gehen, eignen Sie sich vor allem für Berufe in der Physik, Chemie, Technik und Elektronik. Nicht minder interessant sind alle militärischen Berufe sowie solche bei der Polizei, speziell im Fahndungswesen.

LIEBE UND PARTNERSCHAFT

Es ist nicht auszuschließen, daß Sie eine narzißtische Neigung entwickeln und deshalb weniger Wert auf eine Dauerbeziehung legen, die Ihrer Eigenliebe Einschränkungen auferlegen würde. Wenn Sie jedoch erst einmal in einer Liebesverbindung festgelegt sind, wollen Sie den anderen auch nach Ihren Vorstellungen ummodeln.

Bedenken Sie jedoch, daß jeder das Recht auf Freiraum besitzt und daß Sie mit Nachgiebigkeit am ehesten zum Glück anderer und damit letztlich auch zu Ihrem eigenen Glück beitragen.

In diesen Zeichen finden wir: den Industriellen Harald Quandt (*1.11.1921) und die Kauffrau Beate Uhse (*25.10.1919).

♏ SKORPION

Sonne im Skorpion – Mond im Schützen
Mondposition = zunehmend

Der Dukatenstapler

WESENSART Viele positive Eigenschaften, die das Tierkreiszeichen Skorpion vermittelt, darunter Dynamik, Fleiß, Willensstärke und Ausdauer, kommen auch in der Kombination mit einem Schütze-Mond zur Geltung. Auffallend ist die Leidenschaft und die Besessenheit, mit der die unter diesen Gestirnen Geborenen das ganze Leben lang ihre Ziele verfolgen.

Francoise Gilot, die Lebensgefährtin von Pablo Picasso, des größten Malers dieses Jahrhunderts, versucht in ihrem Buch den Schlüssel zum Geheimnis seiner Persönlichkeit zu finden und Stärken wie Schwächen, Freuden wie Ängste dieses Mannes zu schildern.

Trotz der Bewunderung, die der große Künstler allgemein genossen hat, war dieser sehr intelligente und geistreiche Mann in gewisser Weise unfaßbar. Leidenschaftlich und rastlos versuchte er zu allen Zeiten seines langen Lebens, der Kunst neue Wege zu erschließen und kämpfte sich durch alle Stilrichtungen seiner Zeit. Obwohl er vor dem Alter Angst hatte, wurde er 91 Jahre alt; er hinterließ ein gewaltiges Werk von schätzungsweise 14.000 Ölgemälden, 100.000 Stichen und Radierungen und 34.000 Buchillustrationen. Stets war er auf ein gutes Einkommen bedacht und hinterließ ein Vermögen von über einer Milliarde Dollar. Und trotzdem finden wir Züge von Weltschmerz, Lebensüberdruß, Depression und Anwandlungen von Willensschwäche, die ihm das Leben immer wieder vergällten. Vermutlich steckt auch in Ihnen ein praktischer Geist, und auch Sie wollen Ihren Empfindungen und Ihrem Unabhängigkeitsgefühl Ausdruck geben. Bei all Ihrer Verbindlichkeit, mit der Sie liebenswürdig und sanft im Umgang sein können, behandeln Sie jedoch zuweilen Ihre Mitmenschen wie beim Kegelspiel, indem Sie den einen mit der Kugel treffen und mit ihm zugleich auch andere zu Fall bringen. Sie passen sich dem Leben und den Menschen nur schwer an, verlangen aber, daß die Umstände und die Menschen sich nach Ihnen richten.

Fähigkeiten und Eignung

Sie verfolgen Ihre Ziele mit dramatischer Leidenschaftlichkeit und erreichen durch Ihren Einsatz ein Vermögen, von denen viele Ihrer Mitmenschen nur träumen können. Die Gefahr und das Abenteuer suchen Sie zwar nicht, aber Sie sind nicht bereit, der Gewalt zu weichen. Hartnäckig und verbissen verteidigen Sie Ihre Positionen ohne Rücksicht auf materielle oder personelle »Verluste«.
Ihre autoritäre Haltung kann dazu führen, daß Sie auch zu denen, die Ihnen viel bedeuten, rücksichtslos und unerbittlich sind. Es ist dringend erforderlich, daß Sie im Berufs- und Privatleben mehr Verständnis für die Gedanken, Wünsche und Bedürfnisse anderer zeigen, damit sich diese nicht von Ihnen abwenden, weil ein Zusammenleben nicht länger ertragen wird.

Liebe und Partnerschaft

Vor allem in Angelegenheiten der Liebe sollten Sie sich nicht gleich getroffen fühlen, weil der Partner Ihnen nicht bedingungslos folgt. Es ist nicht wahr, daß jede Liebe nur eine bestimmte Zeit dauert und daß alles, was angenehm ist im Leben, mit Unangenehmen bezahlt werden muß. Eine harmonische und dauerhafte Beziehung verlangt Opfer von allen Seiten, aber auch im Nachgeben kann Befriedigung erlebt werden.
In diesen Zeichen sind geboren: der Schah Reza Pahlewi (*26.10.1919) und der junge Großunternehmer Lars Windhorst (*22.11.1976).

♏ SKORPION

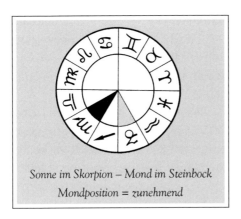

Sonne im Skorpion – Mond im Steinbock
Mondposition = zunehmend

Der Unruhestifter

WESENSART   Wenn in der Mitte des Herbstes die Sonne in das Tierkreiszeichen Skorpion tritt und der Mond zur gleichen Zeit im Steinbock steht, werden Menschen geboren, deren spätere Persönlichkeit als eigensinnig, unbeugsam, zielbewußt, scharfsinnig, mutig und skeptisch umschrieben werden kann.
Wenn Sie unter diesen Aspekten geboren sind, sind Sie bestimmt kein Leisetreter oder Schmeichler, sondern eher ein Mensch mit zuweilen rebellisch anmutenden Meinungen, die mit Nachdruck vertreten werden.
Auch wenn Sie nach außen hin liebenswürdig und freundlich wirken, so verbirgt sich tief drinnen ein Zug zur Härte. Ihr Bestreben geht dahin, ohne Furcht vor Institutionen Achtung und Prestige zu gewinnen. Sie sind ein ständig Suchender und Fragender, dessen Ehrgeiz es zu sein scheint, die Führung in einer »Ein-Mann-Bewegung« zu übernehmen. Gerade weil Ihr Handeln oftmals sehr umstritten ist und Sie sich am liebsten von der breiten Masse distanzieren, sind Sie zwar bekannt, jedoch nicht allseits beliebt. Aber Ihr Machtstreben gilt nicht in erster Linie Ihrer Person, denn Sie wollen hilfsbedürftigen Mitmenschen brüderlich verbunden sein.
Der Schlüssel für Ihre Aktivitäten im Leben liegt wahrscheinlich in Ihren Kindheitserlebnissen. Wenn Ihnen in der Jugend Liebe, Anerkennung und Bewunderung gefehlt haben, so suchen Sie all dies eben im fortgeschrittenen Alter. Dabei kann es geschehen, daß Sie auf dem Weg nach oben harte Kämpfe bestehen müssen und viele Niederlagen und Enttäuschungen erleben. Obwohl Sie sich äußerlich immer gelassen und siegesbewußt geben, fühlen Sie im Inneren doch manche Zweifel und Ängste.

Das ist auch der Hauptgrund, warum Sie krampfhaft nach neuen offenkundigen Erfolgen streben, die Sie unbedingt zu Ihrer Selbstbestätigung benötigen. Ihr »Feldzug des Ungehorsams« kann früher oder später in einem Abgrund enden, weil Sie Beschränkungen nicht akzeptieren wollen, und deshalb sollten Sie mit mehr Klugheit und diplomatischem Geschick Ihr Vorgehen planen.

Ihr Widerspruchsgeist wird Ihnen bei der Berufsausübung zuweilen Schwierigkeiten bereiten, die Sie am liebsten umgehen, indem Sie sich als Chef im Hause betrachten. Sie können mit Ihrem opferbereiten Geist viel Gutes auf dem Gebiet der Medizin, der Altenhilfe, der Wohlfahrtsorganisationen und so fort bewirken und sich im Dienst für den Nächsten geradezu aufreiben. Diese Nächstenliebe ist das Motto Ihres Lebens, das Sie immer wieder zum Durchhalten zwingt.

FÄHIGKEITEN UND EIGNUNG

Als Ausgleich für Ihre oft die Kräfte übersteigende berufliche Tätigkeit brauchen Sie die totale Harmonie mit einem Menschen, der viel Verständnis für Ihre Einsatzbereitschaft und Ihr eigenwilliges Verhalten hat; er kann Ihnen die Kraft zum Weitermachen geben, wenn Sie einmal müde werden. Geben Sie Freundschaft und Liebe auch im kleinsten Kreis, und Sie werden lebenswichtige Impulse zurückempfangen können.
In denselben Zeichen sind geboren: die indische Politikerin Indira Gandhi (*19.11.1917) und der Mediziner Dr. Julius Hackethal (*6.11.1921).

LIEBE UND PARTNERSCHAFT

SKORPION

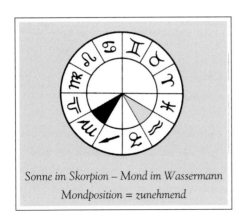

*Sonne im Skorpion – Mond im Wassermann
Mondposition = zunehmend*

Der kämpferische Geist

WESENSART

Der Einfluß der Sonne wird hier durch ein Wasserzeichen und der des Mondes durch ein Luftzeichen vertreten. Es liegt an den betreffenden Personen, wie stark sich diese Einwirkungen im Persönlichkeitsbild widerspiegeln. Luft kann Wasser durchdringen, es anregen und zu Wellenbergen auftürmen, die zerstörend wirken, wenn das Wasser keine Kontrolle mehr über seine Bewegungen hat. Andererseits kann Wasser sich mit Luft verbinden, kann Wolken bilden und den für die Natur so wichtigen Regen dem Erdreich zukommen lassen. Dieser geheimnisvolle Kreislauf, den Wasser und Luft ständig vollführen, erhält das Leben und schafft ungeheuren Nutzen – es sei denn ein Element gerät außer Kontrolle, wird zur Sturzflut oder zum Orkan.

Ihre Sonne-Mond-Kombination bringt auch für Sie eine gewisse Ruhelosigkeit, die oft gepaart ist mit durchdringendem Scharfsinn und einer besonderen geistigen Begabung. Solange Ihre Triebe in normalen Grenzen bleiben, kommt es nicht zu Aggressionen. Sie werden ganz im Gegenteil wegen Ihres zuvorkommenden und höflichen Wesens geschätzt. Deshalb sollten Sie sich bemühen, Spannungen und Konflikte nicht eskalieren zu lassen, sondern versuchen, sie bereits in ihren Anfängen zu ersticken.

Wegen Ihres starken Drangs zur Unabhängigkeit gelten Sie – unabhängig von der Zahl Ihrer Freunde und Bekannten – als ein etwas schwieriger und eigensinniger Einzelgänger. Es fällt Ihnen vermutlich schwer, sich den unvermeidlichen Zwängen und dauerhaften Bindungen im beruflichen und privaten Bereich zu unterwerfen. Da man aber hohe Ziele im allgemeinen nur in erfolgreicher

Zusammenarbeit mit anderen erreichen kann, sollten Sie sich immer wieder um persönliche Kontakte bemühen und auch nach den Vorstellungen anderer handeln.
Toleranz und Anpassungsbereitschaft sind in diesem Fall von großer Bedeutung, doch sollten Sie sich nicht allzusehr nach bloßen Ja-Sagern und Bewunderern richten.

FÄHIGKEITEN UND EIGNUNG

Für Ihre geistige und seelische Entwicklung brauchen Sie die Auseinandersetzung. Ihre geistigen Kräfte sind sehr aktiv, so daß Sie viele Gedanken in die Wirklichkeit umsetzen können, zum Beispiel als Forscher, Detektiv oder Arzt.
Begegnen Sie der Gefahr, daß Sie sich selbstzerstörerischen Plänen hingeben, und meiden Sie vor allem übermäßigen Genuß von Alkohol, Nikotin und Drogen. Diese Mittel zur Manipulation der Seele führen am Ende nicht nur zu einer Schädigung Ihres Rufes, sondern zerstören auch Ihre Gesundheit.

LIEBE UND PARTNERSCHAFT

Achten Sie auf Anzeichen einer gestörten Beziehung und stärken Sie die Bande der Freundschaft, gleichgültig, ob sie Geschäfts-, Familien- oder Liebesbeziehungen betreffen. Nur gegenseitiges Vertrauen, verbunden mit Pflichtgefühl und Verantwortungsbewußtsein, bildet die Gewähr für eine harmonische Dauerverbindung.
Allerdings sollten Sie zuerst prüfen, ob die Gefühle für einen Partner echt sind oder ob der Schein trügt. Neben einer hohen körperlichen Übereinstimmungsquote ist auch die emotionelle und geistige Verwandtschaft von wesentlicher Bedeutung.
In diesen Zeichen sind geboren: die Schriftstellerin Marie Louise Fischer (*28.10.1922) und der Dirigent Daniel Barenboim (*15.11.1942).

♏ SKORPION

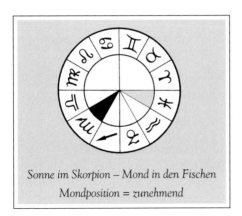

Sonne im Skorpion – Mond in den Fischen
Mondposition = zunehmend

Der beharrliche Gipfelstürmer

WESENSART Durch diese Kombination, die einer Synthese von zwei Wasserelementen entspricht, wird in vielen Fällen eine Persönlichkeit geformt, die tolerant und zurückhaltend, bedachtsam und geduldig, würdevoll und gefühlsbetont erscheint. Aber in Wirklichkeit verbirgt sich hinter dieser Fassade wie bei einem friedlich daliegenden Stausee ein gewaltiges Potential an Kräften, die gebändigt und kanalisiert werden müssen, damit sie keine katastrophale Entwicklung nehmen. Auch in Ihrem Geburtshoroskop zeigen sich gegensätzliche Antriebskräfte, und es ist Ihre ständige Lebensaufgabe, sie zu bändigen. Nur so sind schwere innere Konflikte und eventuelle plötzliche Affekthandlungen zu vermeiden. Sie bewegen sich auf hohem geistigen Niveau, sind aber vor lähmenden Enttäuschungen und depressiven Perioden nicht sicher und verdanken es vor allem Ihrem Durchhaltevermögen, wenn Ihnen früher oder später der Erfolg doch noch zufällt. Sollte Ihr Stehvermögen einmal nachlassen, dann denken Sie an den Ausspruch der Nobelpreisträgerin Madame Curie (*7.11.1867), die folgende Lebensweisheit verkündete: »Man muß daran glauben, für eine Sache begabt zu sein und sie auch erreichen, koste es, was es wolle.« Viele der unter diesen Sternbildern Geborenen haben eine sehr idealistische Auffassung, die oft im Religiösen wurzelt. Durch verständnisvolles und gütiges Auftreten wirken Sie in Ihrer Umgebung meist vorbildlich, deshalb fühlen auch Sie sich veranlaßt, zeitweise aufkommende Launen und schlechte Stimmungen zu verbergen. Daraus jedoch können starke Spannungen und Depressionen entstehen, die oft nur mit Hilfe tief empfundener Frömmigkeit überwunden werden können.

FÄHIGKEITEN UND EIGNUNG

Möglicherweise kommt bei Ihnen eine ausgeprägte soziale Einstellung zur Geltung und drückt sich im beruflichen und privaten Wirken aus. Ihre künstlerischen kreativen Anlagen schaffen ausgezeichnete Voraussetzungen für gute berufliche Entwicklungen. Allerdings muß berücksichtigt werden, daß Aufstieg und Ansehen sich nicht auf Anhieb einstellen; gewissenhafte Vorarbeiten und glückliche Umstände gehören auch dazu.

LIEBE UND PARTNERSCHAFT

Ihr Weg zur Gemeinschaft mit anderen Menschen ist meist geradlinig und eben. Durch Entgegenkommen und persönliche Ausstrahlung erreichen Sie Anerkennung und Zuwendung von Ihrem Partner. Achten Sie darauf, daß Sie Ihre Sparsamkeit nicht übertreiben und als geizig erscheinen. Dies kann nämlich geschehen, obwohl Sie am Geld nicht sehr hängen, wie die schwedische Schriftstellerin Astrid Lindgren, die als Millionenverdienerin zu genügsam ist, um sich ein Auto oder ein eigenes Heim zu leisten.
In denselben Zeichen sind geboren: die Präsidentengattin Hillary Clinton (*26.10.1947) und die Fürstin Gracia Patricia von Monaco (*12.11.1929).

Sonne im Skorpion – Mond im Widder
Mondposition = zunehmend

Der Dynamische

WESENSART

Um es gleich an den Anfang zu stellen: Ihr Lebenserfolg hängt weitgehend davon ab, wie es Ihnen gelingt, mit den gegensätzlichen Eigenschaften dieser Sonne-Mond-Kombination fertigzuwerden. Nach Ansicht des bekannten Astrologen

♏ SKORPION

Thomas Ring ist »die tatbereite Unruhe, das Drängen über den Eigenbereich hinaus ins Ungewisse, ein innerer Impuls 'mehr' zu haben, 'Besseres' zu machen, ein friedloses Suchen, am Erreichten nur vorübergehend stillbar.« Nicht jedem, für den dieses Doppelzeichen eigentümlich ist, gelingt es, die notwendige Selbstdisziplin aufzubringen, um gegen Eigenarten wie Aggressivität, Triebhaftigkeit und Leidenschaft anzukämpfen. Als Symbolfigur für Ihren Typ mag Charles de Gaulle (*22.11.1890) gelten, ein bedeutender Politiker und philosophisch geschulter Soldat, den die einen für genial und die anderen für größenwahnsinnig gehalten haben. Mit hinreißenden Worten und großen Gesten gelang es ihm immer wieder, den politischen Kampf für sich zu entscheiden und mit kluger Taktik Frieden und Freundschaft zu schließen. Sicherlich war in seinem Charakter auch ein beträchtliches Maß an Arroganz erkennbar, aber seine enormen Führungsqualitäten mußten auch seine Gegner bescheinigen.

FÄHIGKEITEN UND EIGNUNG

Nur wenn es gelingt, Ihre bedeutenden Kräfte in Bereichen einzusetzen, die dem Allgemeinwohl dienen, werden Sie respektiert und für Ihren Einsatz belohnt werden. Meriten können Sie überall dort verdienen, wo der Wille zum Kampf und zum Sieg gefordert wird, so in den Bereichen der Politik, der Wirtschaft, des Militärischen und des Sports.

Für Sie ist der Erfolg notwendiges Lebenselexier, das Sie immer wieder zu neuen Aktivitäten antreibt. Vielleicht gehören Sie tatsächlich zu den Arbeitswütigen und halten es mit Voltaire (*21.11. 1694) und seinem Ausspruch: »Die Arbeit hält drei große Übel fern, die Langeweile, das Laster und die Not«, aber dann sollten Sie sich auch intensiv mit dem Risikofaktor Streß beschäftigen. Überdenken Sie Ihre Gewohnheiten, und versuchen Sie, durch überlegte Arbeitseinteilung Phasen der Erholung zu schaffen. Beugen Sie Erschöpfungszuständen vor, denn auf die Dauer dürfen auch Sie mit Ihrer Gesundheit nicht Schindluder treiben.

LIEBE UND PARTNERSCHAFT

Ihren Mitmenschen gegenüber sind Sie vermutlich ein wenig mißtrauisch; das kann in der Liebe und in der Ehe zur Eifersucht führen und Konflikte auslösen. Seien Sie verständnisbereit, und zeigen Sie Selbstbeherrschung und Geduld. Eine lebenslange Partnerschaft kann nur dann glücklich sein, wenn beide Seiten Wünsche und Bedürfnisse des Partners akzeptieren. Eine einseitige Beziehung, in der ein Teil als dominierend auftritt und Besitzansprüche zur Geltung bringen will, führt meist zu Spannungen und Entfremdungen. Tyrannei ist kein Ersatz für Liebe.

Möglicherweise kommen auch Sie zur gleichen Selbsterkenntnis wie der realistische Zeichner Horst Janssen (*14.11.1929), der einmal in einem Interview bekannte: »Ich kann nicht allein sein, aber zu zweit bin ich eine Katastrophe.«
In diesen Zeichen sind geboren: der Schauspieler Alain Delon (*8.11.1935) und der Microsoft-Gründer und Software-Tycoon Bill Gates (*28.10.1955).

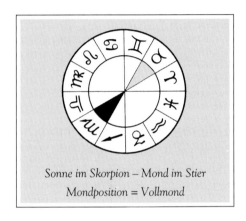

Sonne im Skorpion – Mond im Stier
Mondposition = Vollmond

Der Zickige

Bei den im Zeichen des Skorpions Geborenen trifft man oft einen Typus, bei dem der Einfluß des im Stier stehenden Mondes eine gute Grundvoraussetzung für eine natürlich veranlagte, seriöse Persönlichkeit schafft. Hier ist eine Verbindung zwischen einem Wasserzeichen und einem Erdzeichen eingetreten, und das weist auf Standfestigkeit, Selbstdisziplin und praktische Veranlagung hin. Da Sie bei dieser Stellung der Gestirne geboren sind, werden auch Sie zur Gruppe der Personen zu zählen sein, die sich mit Energie, Fleiß und Ausdauer auf ihr Lebensziel konzentrieren können. Sie besitzen ein ungewöhnliches Ausmaß an Willenskraft und haben die Fähigkeit, Probleme und Schwierigkeiten zu überwinden.

Man kennt Sie als liebenswerten, humorvollen Unterhalter, der allerdings etwas starrsinnig und zynisch werden kann. Zwar nehmen Sie nicht alles für bare Münze, zeigen sich aber manchmal etwas abergläubisch, verweigern den Fortgang der Dinge, wenn Sie in Ihrem Urteil unsicher geworden sind.

WESENSART

♏ SKORPION

Nach außen hin wirken Sie ruhig und recht gelassen, aber im Inneren werden antreibende Leidenschaften wirksam. Von Moralvorstellungen und Folgen der Erziehung gezwungen, kämpfen Sie beharrlich gegen aggressive und gefährliche Triebe; Sie versuchen, Ihre Gedanken und Gefühle im Inneren zu verschließen, statt sie offen und ehrlich darzulegen und zu diskutieren. Das kann zu psychosomatischen Störungen führen. Lebenskunst und Lebensfreude werden vor allem demjenigen zuteil, der ein heiteres und beglückendes Wesen offenbart und somit bei aller Stille positiv auf andere wirkt.

Obwohl Sie sicher auftreten und entschlußfreudig sind, wirken Sie manchmal steif, hölzern und selbstgefällig; so können Vorurteile entstehen, und Sie geben sich keine große Mühe, sie auszuräumen. Auch Ihre etwas rechthaberische Art kann Sympathien kosten, und es wäre gut, wenn Sie nicht immer Ihre Ansichten und Meinungen in den Vordergrund stellen würden.

FÄHIGKEITEN UND EIGNUNG

Sie haben das Bedürfnis, etwas zu leisten und anerkannt zu werden, sei es im Beruf oder auch bei Freizeitbetätigungen, zum Beispiel auf sportlichem Gebiet. Wenn Sie Ihre Führungsqualitäten einsetzen, können Sie beruflich viel erreichen und zahlreiche Chancen nutzen. Dabei kann Ihre freundliche Art, sich zu geben und auch die Interessen anderer zu wahren, eine große Rolle spielen.

LIEBE UND PARTNERSCHAFT

Die Wechselwirkung der kosmischen Energiefelder bestimmt auch Ihre zwischenmenschlichen Beziehungen. So werden Sie wahrscheinlich viele romantische Liebesabenteuer erleben, bis Sie endlich zu einer festen Bindung finden. Sie haben ein starkes sexuelles Verlangen, das für Sie nicht nur eine körperliche Angelegenheit ist, sondern von Ihnen in hohem Maße gefühlsmäßig erlebt wird. Ihre starke persönliche Ausstrahlung kann anziehen und zugleich abstoßend wirken; es ist Ihr Problem, den Partner zu finden, der Ihre Gefühle erwidert und Sie wissen läßt, daß er Sie braucht. Selbst dann, wenn Sie die Meinung der Schauspielerin Katja Riemann (*1.11.1963) teilen: »Lieber schwierig als nett und langweilig.«

In diesen Zeichen sind geboren: Prinz Charles von Wales (*14.11.1948) und die WM-Sprinterin Katrin Krabbe (*22.11.1969).

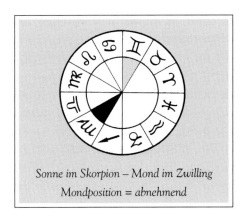

Sonne im Skorpion – Mond im Zwilling
Mondposition = abnehmend

Der Geschäftige

Man wird bei der Beschreibung dieses Persönlichkeitsbildes unwillkürlich an die Rossini-Oper »Der Barbier von Sevilla« erinnert, in der der Figaro singt: »Ich bin das Faktotum der schönen Welt. Hab mir die schönste Bestimmung gewählt.« Und weiter geht es dann »... jedem zu Diensten, zu allen Stunden, umringt von Kunden, bald hier und bald dort, so wie ich lebe, so wie ich webe, gibt es nichts Schön'res, geb' Euch mein Wort.«

Solch ein wie der Blitz umhersausender, mal hier, mal dort auftauchender, für alles brauchbarer Mensch könnten auch Sie sein, wenn diese Sternbild-Verbindung Ihr eigen ist.

Ein Prototyp dieser vielbeschäftigten Menschengruppe ist Deutschlands mächtigster Kulturmanager August Everding (*31.10.1928), der als Münchner Generalintendant einmal gesagt hat: »Wenn ich einen halben Nachmittag lang nichts tue, bekomme ich Schuldgefühle.«

Man sieht, daß die Kombination eines empfindsamen Wasserzeichens mit einem geistigen Luftzeichen eine Mobilität mit sich bringt, die einer äußerst lebhaften Natur entspricht.

Die enormen Wirkungen dieses harmonischen Aspekts können Sie jederzeit bei sich und anderen ähnlich bevorzugten Persönlichkeiten nachprüfen. Sie haben viel Unternehmungsgeist und entwickeln Initiative, die Sie listenreich und gewandt zum Einsatz bringen.

WESENSART

FÄHIGKEITEN UND EIGNUNG

Obwohl Sie oft eine führende Rolle spielen und dabei auch hart durchgreifen müssen, hilft Ihnen Ihre Bonhomie, mehr Freunde als Feinde zu erwerben. Schon Ihr guter Geschmack hebt Sie über das allgemeine Niveau hinaus; man nennt Sie vielleicht ein bißchen arrogant, wird Sie aber letztlich eher bewundern.

Im Beruf kommen Ihnen Ihre geistige Beweglichkeit und Ihr angeborenes Verhandlungsgeschick sehr zustatten. Sie erobern sich durch Ihr »Alles oder Nichts« interessante Positionen, zum Beispiel in der Wirtschaft oder auch in der Verwaltung. Man rühmt die Erfolge, die Sie in Hülle und Fülle einheimsen, und die großen finanziellen Gewinn mit sich bringen.

Da Sie sich oft zuviel Arbeit aufbürden, besteht die Gefahr, daß Ihr Pensum Sie in gesundheitliche Schwierigkeiten bringt. Versuchen Sie, den weitgespannten Bogen Ihrer Aktivitäten zu straffen und konzentrieren Sie sich auf wenige wichtige Dinge. Steuern Sie den Zwängen, denen Sie sich aussetzen, entgegen und bewahren Sie das seelische Gleichgewicht. Halten Sie regenerierende Erholungs- und Freizeitpausen ein, und lernen Sie die Anwendung von Entspannungsmethoden, zum Beispiel das Autogene Training, Meditation und Yoga, auch wenn Sie zunächst nichts davon wissen wollen.

LIEBE UND PARTNERSCHAFT

Ausgleich für den ständigen beruflichen Einsatz verschafft Ihnen der Kontakt zu liebenswerten Partnern. Wenn Sie sich zur Familiengründung entschlossen haben, halten Sie auch treu und liebevoll zu Ihren Angehörigen. Es ist deshalb von großer Bedeutung, daß Sie bei der Partnerwahl eine hohe Rhythmenverwandtschaft anstreben, damit eine dauerhafte Verbindung garantiert ist.

In denselben Zeichen finden wir: den Journalisten und Politiker Conrad Ahlers (*8.11.1922) sowie den Opernsänger Renè Kollo (*20.11.1937).

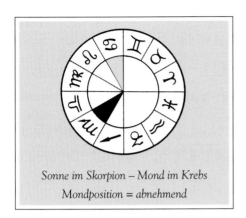

Sonne im Skorpion – Mond im Krebs
Mondposition = abnehmend

Der Gereifte

Es gibt ihn überall, in jedem Büro und Unternehmen, in der Dienststelle, bei jedem Verein: den Mann oder die Frau im Hintergrund, der/die es schon richten wird, weil dieser Mensch es für seine Pflicht hält. Mit seiner Taktik, geschickt überall einzugreifen, wo es erforderlich ist, bewegt er Personen und Dinge so, daß ein besseres Ergebnis erzielt wird. Meist will oder kann er es nicht selbst durchführen und so lenkt er, ohne aufzufallen, den Verlauf der Geschäfte – natürlich auch zu seinem persönlichen Vorteil.

Mancher wäre nicht Kaiser oder König geworden, hätte es in seinem Reich nicht den dienenden, arbeitsamen, überzeugenden, scharfsinnigen und kontaktfreudigen Agenten, Makler oder Manager gegeben. Wenn die Stellung der Gestirne bei Ihrer Geburt im Skorpion und im Krebs dieser Verbindung zweier Wasserzeichen entspricht, dann wissen auch Sie immer recht gut, »wo es langgeht«. Mit unwahrscheinlicher Ruhe und großem Selbstvertrauen setzen Sie sich für andere ein und öffnen ihnen die notwendigen Wege. Da Sie sich nicht gern im Scheinwerferlicht zeigen, sondern mehr im Hintergrund agieren, gelten Sie als die geheimnisvolle Persönlichkeit, die beispielsweise in der Politik so gern als »Graue Eminenz« bezeichnet wird.

Sie neigen bei zeitweise erhöhtem Energieumsatz zu Gefühlsausbrüchen und Anwandlungen leidenschaftlichen Reagierens, und es ist anzuraten, daß Sie Ihre Gefühle ein wenig zügeln, sich nicht zuviel an Verantwortung aufhalten lassen sollten und außerdem mit Rücksicht auf die Gesundheit Ihren Ehrgeiz zügeln.

WESENSART

FÄHIGKEITEN UND EIGNUNG	Hervorzuheben sind Ihre Vielseitigkeit und die Fähigkeit, mit Menschen aller Art auszukommen. Mit Ratschlägen sind Sie schnell bei der Hand, lieben es aber gar nicht, die Ratschläge anderer anzunehmen. Sie laden sich oft zu viele Pflichten auf und brauchen deshalb von Zeit zu Zeit Erholungspausen für die überlasteten Nerven. Ihr Sinn für die Umsetzung von Ideen in die Praxis macht Sie besonders gefragt; auch ist die Hartnäckigkeit, mit der Sie begonnene Arbeiten zu Ende führen, sehr eindrucksvoll. Sie geben sich nicht mit Oberflächlichkeiten ab, sondern bemühen sich, den Dingen auf den Grund zu gehen, um nach reiflichem Überlegen eine Lösung zu finden.
LIEBE UND PARTNERSCHAFT	Wahrscheinlich können Sie leidenschaftlich lieben und körperlich empfinden. Auf das andere Geschlecht wirken Sie wie ein Magnet, zumal Sie es verstehen, Partnerschaften glücklich zu gestalten. Ihre Neigung, andere zu unterdrücken und zu beherrschen, müssen Sie jedoch in den Griff bekommen. Das Sexuelle darf nicht als Machtkampf zwischen zwei Menschen angesehen werden, sondern als ein gegenseitiges Geben und Nehmen. Lassen Sie auch dem Partner die Freiheit, die Sie für sich selbst in Anspruch nehmen, und versuchen Sie, den Schmerz einer eventuellen Trennung mit Haltung zu überwinden.

In denselben Zeichen sind geboren: der Herzchirurg Christiaan Barnard (*8.11.1922) und der Tennisprofi Boris Becker (*22.11.1967).

Sonne im Skorpion – Mond im Löwen
Mondposition = abnehmend

Der Intuitive

WESENSART

Ganz im Gegensatz zu den reinen Empfindungsmenschen, die die Welt bewußt mit ihren Sinnen wahrnehmen und dann auf das Geschehen entsprechend reagieren, erfaßt der Intuitions-Typ nach Ansicht führender Psychologen das, »was durch Wahrnehmungen auf *unbewußtem* Wege« vermittelt wird. Unter Intuition versteht man die plötzliche Eingebung und das ahnende Erkennen neuer Gedankeninhalte. Der intuitiv reagierende Mensch verläßt sich auf spontane Einfälle, die ihm die Möglichkeit eröffnen, neue Wege einzuschlagen. Er ist meistens ein krasser Außenseiter, der gern alles in Frage stellt. Wir finden Vertreter dieses Typs unter den Erfindern, Forschern und Gründern, aber auch als Abenteurer und Spekulanten.

Da Sie sich zu dieser Tierkreiszeichen-Kombination zählen, haben auch Sie Ahnungen und Erwartungen, von den Sie beherrscht werden. Sie verlassen sich nicht auf die Anstrengungen anderer, sondern sind aufgrund eines unerschütterlichen Selbstvertrauens, einer fast seherischen Begabung und eines unbeugsamen Willens in der Lage, auch schwer erreichbare Ziele allein anzusteuern. Voller Zuversicht halten Sie es wie der indische Staatsmann Jawaharial Nehru, der gesagt hat: »Unseren Weg zu vollenden, liegt immer in unserer Macht.«

Aufgrund Ihres Temperaments neigen Sie nicht dazu, Entscheidungen auf die lange Bank zu schieben; Sie packen jede Sache sofort und ohne Zögern an; da kommt dann oft der solide Unterbau, das Überlegen und Abwägen, zu kurz.

Prüfen Sie Ihre Ideen, und lassen Sie reifen, was zum Reifen Zeit braucht, bevor Sie versuchen, den Gedanken Taten folgen zu lassen. Sammeln Sie alle erforderlichen Informationen, und bereiten Sie Ihre Aktionen gründlich vor. Sie sind zwar weltoffen und aufgeschlossen, doch schenken Sie den Ratschlägen Ihrer Umgebung zu wenig Beachtung. Ihre Welt ist fast immer die Zukunft mit all ihren Forderungen und Abenteuern, während das Gegenwärtige und erst recht die dunkle Vergangenheit nicht ausreichend beachtet werden.

FÄHIGKEITEN UND EIGNUNG

Von neuen Aufgaben sind Sie häufig so fasziniert, daß Sie unfähig sind, begonnene Aktionen zu Ende zu führen. Dieses Unstete kann bei der Berufsausbildung und -ausübung ein Handicap sein.

Überlegen Sie deshalb sorgfältig, was Sie wirklich wollen, und lassen Sie sich dann keinesfalls von einem gefaßten Entschluß abbringen. Sie haben Führungsqualitäten und sind dank der Geistesschärfe in der Lage, auch ungewöhnliche Geschäfte abzuwickeln oder idealistisch eingestellten Organisationen vorzustehen.

Ihr Lebensweg kann Sie in eine gewisse Opposition zu vorherrschenden Strömungen und Ansichten bringen, doch sind solche Herausforderungen der Entwicklung Ihrer Persönlichkeit sehr dienlich.

LIEBE UND PARTNERSCHAFT

Vielleicht ist es zutreffend, Sie wegen der Art Ihrer zwischenmenschlichen Beziehungen als schwierig zu bezeichnen, denn auch hier wird Ihr Verhalten von gegensätzlichen Strömungen in Ihrer für Eingebungen so empfänglichen Seele beeinflußt; einerseits können Sie warmherzig, mitfühlend und selbstlos sein, andererseits kommt das ungestüme Triebempfinden zur Geltung, das Sie rechthaberisch, nörgelnd und rücksichtslos macht.

In denselben Zeichen sind geboren: die Sozialwissenschaftlerin Shere Hite (*2.11.1942) und der Orchesterleiter Ernst Mosch (*7.11.1925).

SKORPION ♏

Sonne im Skorpion – Mond in der Jungfrau
Mondposition = abnehmend

Der Besserwisser

Bei dieser Kombination eines Wasserzeichens mit einem Erdzeichen verbinden sich die starken Gefühle und Empfindungen des Skorpions mit den analysierenden und erkenntnissuchenden Qualitäten der Jungfrau. Die in diesen Zeichen Geborenen begegnen uns friedlich und freundlich, sie arbeiten zielstrebig und ehrgeizig, ihre Urteilskraft ist beeindruckend.
Obwohl Sie von Natur aus zurückhaltend und objektiv denkend veranlagt sind, neigen Sie dazu, Ihre Ansichten und Meinungen mit Strenge zu verfechten. Vielleicht streben Sie dabei zu sehr nach Perfektion, und wenn die Dinge nicht nach Ihren Vorstellungen verlaufen, können Sie intolerant werden. Begnügen Sie sich damit, in gutem Sinne ein Besserwisser zu sein, ohne mit umfangreicher Sachkenntnis zu prahlen. Es besteht sonst die Gefahr, daß sich Ihre Kritiksucht gegen Sie selbst kehrt und so Ihr Selbstvertrauen unterminiert. Wie bei allen anderen Menschen steht auch bei Ihnen eine Tugend gegen die andere, aber dies sollte keine Konflikte hervorrufen, die auf die Dauer zu Neurosen und Depressionen führen.

WESENSART

Mit Ihrer bewundernswerten Auffassungsgabe und dem Spürsinn eines Detektivs können Sie Dinge erkennen, die andere nicht sofort sehen können oder wollen. Ihre Begabungen machen Sie geeignet für wissenschaftliche Untersuchungen oder für das Erarbeiten von Testberichten. Sie besitzen großes Verantwortungsgefühl und gehen mit Eifer an die Arbeit, auch wenn diese noch so langwierig und umfangreich ist. Ihre streitlustige Dynamik wird von Ihren Mitmenschen gern in Anspruch genommen zur Lösung von besonders kniffligen Aufgaben.

FÄHIGKEITEN
UND
EIGNUNG

Die Welt wird sich allerdings nicht immer so zeigen, wie Sie es sich vorstellen. Deshalb sollten Sie Andersdenkenden gegenüber tolerant sein und das Leben nehmen, wie es ist, und nicht, wie Sie es gern hätten. Beobachten Sie sich selbst bei Ihren Äußerungen, und bedenken Sie, daß man mit Nachsicht am besten bei sich selbst beginnt. Der Mond im Zeichen der Jungfrau verleiht Ihnen ein offenes und herzliches Verstehen Ihrer Freunde und Bekannten.

LIEBE UND PARTNERSCHAFT

In der Liebe sind Sie ein treuer und hingebungsvoller Partner, der immer bestrebt ist, nach ethischen und moralischen Grundsätzen zu leben. Wie auch andere Skorpion-Geborene können Sie durch Ihr Auftreten beeindrucken und faszinieren, doch besteht die Gefahr, daß man Sie als arrogant einschätzt. Lassen Sie in Partnerschaften vor allem Ihr Gefühl und erst dann Ihren kritischen Verstand sprechen – so wird Ihre Beziehung zum Partner harmonisch und ohne die oft üblichen Spannungen bleiben. Vermeiden Sie den Kleinkrieg um alltägliche Bagatellen! Mit mehr Rücksicht und Nachsicht schonen Sie auch die eigene Gesundheit.
In diesen Zeichen finden wir: den Moderator Harry Valérien (*4.11.1923) und den Schriftsteller Peter Härtling (*13.11.1933)

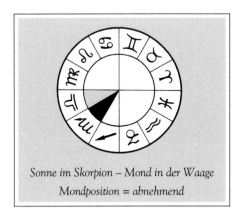

Sonne im Skorpion – Mond in der Waage
Mondposition = abnehmend

Der Gediegene

WESENSART

Der Stand der Geburtssonne im Tierkreiszeichen Skorpion bei gleichzeitigem Stand des Mondes in der Waage deutet das Werden einer aktiven Persönlichkeit an, die mit ausgeprägtem Willen ihre Energien einsetzt. Bei dieser aus einem Wasserzeichen und einem Luftzeichen kombinierten kosmischen Einflußnahme ist es für den betreffenden Menschen wesentlich, einen Ausgleich zu finden zwischen so unterschiedlichen Charaktermerkmalen wie einfühlsam, unnahbar, ruhig, tolerant, verschlossen, unberechenbar, spießig, liberal, langweilig und mürrisch.

Wem diese Stellung der Gestirne bei seiner Geburt mitgegeben ist, der gehört meistens zu den friedfertigen Bürgern im Lande, die nach dem Motto »Immer mit der Ruhe« leben. Sie wissen instinktiv, wann es Zeit ist zu handeln, und manchmal wird Ihnen Ihr Abwarten als phlegmatische und lässige Art ausgelegt. Ihrer Natur gemäß hängt Ihre Haltung mit Ihrer Unentschlossenheit zusammen, aber insgesamt gesehen verfolgen Sie Ihre Ziele im Leben mit großer Geradlinigkeit. Allerdings hören Sie oft auf den Rat anderer und verlassen sich auch darauf; diese Schwäche kann Sie in die Gefahr bringen, plötzlich vor dem falschen Wagen ziehen zu müssen, obwohl Sie damit gar nicht gerechnet haben.

Während andere versuchen, sich mit großem Getöse in den Vordergrund zu drängen, warten Sie geduldig ab, bis Ihre Zeit gekommen ist und Sie Ihre Überlegenheit ausspielen können. Sie sind nicht der gerissene Taktiker, der schlau und skrupellos seinen Vorteil zu nutzen weiß, doch gerade wegen Ihrer ehrlichen und liebenswürdigen Handlungsweise werden Sie geachtet und geschätzt.

FÄHIGKEITEN UND EIGNUNG

Es liegt Ihnen nicht, mit hohem Tempo auf der Leiter beruflicher Erfolge von Sprosse zu Sprosse zu steigen, denn Ihnen ist der Spatz in der Hand lieber, als die Taube auf dem Dach. Aber verharren Sie nur nicht in Selbstgefälligkeit, und geben Sie sich mit dem Erreichten nur dann zufrieden, wenn Sie das, was in Ihnen steckt, voll eingesetzt haben! In Anbetracht Ihres ruhigen und festen Charakters gibt es viele Idealberufe; dabei kann gelten, daß Sie wahrscheinlich eher dazu neigen, in weniger herausgehobenen Stellen zu bleiben, als sich in Führungspositionen aufzureiben.

LIEBE UND PARTNERSCHAFT

In Freundschaft und Liebe setzen Sie ebenfalls Vertrauen gegen Vertrauen; wenn Sie einen Partner gefunden haben, halten Sie vorbildlich die Treue. Vielleicht wird dies heute hie und da für altmodisch gehalten, aber gerade weil Sie in der Liebe so altmodisch denken und handeln, ziehen Sie das Glück einer harmonischen Partnerschaft auf Ihre Seite.

Wir finden in diesen Zeichen: den Profifußballer Gerd Müller (*3.11.1945) und die Schauspielerin und Sängerin Cornelia Froboess (*28.10.1943).

Sonnenzeichen Schütze ♐

*Sonne im Schützen – Mond im Schützen
Mondposition = Neumond*

Der Bulldozer

WESENSART   Da sich bei Ihnen die Sonne und der Mond im gleichen Tierkreiszeichen aufhalten, werden die günstigen wie die ungünstigen Einflüsse verstärkt in Erscheinung treten. Es sollte Ihr Bemühen sein, die negativ zu wertenden Aspekte zu mildern. Charakteristisch für diesen Typus dürfte sein, daß er sich das Leben schwermacht. Sie stecken voller Freiheitsdrang und lieben die Unabhängigkeit und häufige Veränderung; man kann Sie als großzügig und idealistisch gesonnen bezeichnen. Menschen dieses Tierkreiszeichens sind von einer besonderen Reiselust geprägt, und man findet selten Angehörige der Gattung Schütze, die nicht weitgereist sind – wenn auch manchmal nur in Gedanken. Wenn Sie Ihren Reisedrang etwas zügeln, wird das sicher von Vorteil für Sie sein, und Sie werden die Ruhelosigkeit, die Sie treibt, so am ehesten überwinden.

Tief drinnen sitzt in Ihnen eine gewisse Widersprüchlichkeit, die Ihnen an den Nerv geht, weil Sie diese Widersprüche immer erneut überwinden müssen. Dadurch werden Sie reizbar, insbesondere, wenn Sie sich angegriffen fühlen, und spielen dann unter Umständen jahrelang den Beleidigten. Vermeiden Sie diese Haltung, und stoßen Sie sich nicht immer wieder an Ecken, die Sie besser ohne große Worte wegräumen könnten. Dazu ist Toleranz erforderlich, eine Tugend, die Ihre Umwelt dankbar akzeptieren wird – vor allem, wenn Sie Ihre Neigung zum Kritisieren ein wenig dämpfen würden. Entgehen Sie der Versuchung, Ihre Freunde zu verprellen, Ihre Partner zu provozieren oder Ihre Gegner zu verhöhnen.

Als naturliebender Mensch haben Sie gute Chancen, positive Eigenschaften auch beruflich zu nützen und für sich Vorteile daraus zu ziehen. Ihre künstlerischen Neigungen, vor allem der Hang zur Musik, zur Malerei und zur Philosophie, schenken Ihnen gewiß manch wertvolle Stunden.

FÄHIGKEITEN UND EIGNUNG

Während Sie einerseits zu einzelnen Menschen wenig intensive Beziehungen eingehen mögen, gelten Sie andererseits als geselliger Typ und (Vereins-) Kamerad. In Partnerschaften gewinnt Ihre bedingungslose Ehrlichkeit und Aufrichtigkeit besondere Bedeutung; in Ihren privaten Verbindungen sind Sie vor allem loyal, verlangen diese Loyalität aber auch vom Partner.
Vertreter dieser Zeichen sind: der Staatspräsident Jacques Chirac (*29.11.1932) und der Komponist Ludwig van Beethoven (*17.12.1770).

LIEBE UND PARTNERSCHAFT

Sonne im Schützen – Mond im Steinbock
Mondposition = zunehmend

Der Eigenwillige

Die Einflüsse von Sonne und Mond und ihre Stellungen im Tierkreis bei der Geburt bedingen eine Doppel-Natur dieser Menschen, die phasenweise den unterschiedlichsten Einwirkungen ausgesetzt sind, so daß es schwer vorhersehbar ist, ob und wann welcher Charakterzug zum Durchbruch kommt.

WESENSART

Sie selbst spüren diese Problematik am ehesten, und meistens reagieren Sie deshalb instinktiv mit Verhaltenheit und Vorsicht. Dadurch kann der Eindruck entstehen, als ob Sie spröde, eigensinnig und ungesellig wären, in Wirklichkeit kommt nur Ihre seriöse, idealistisch gesonnene und optimistisch angelegte Lebenseinstellung nicht immer voll zur Geltung. Sie verbergen unter einem Schutzvorhang der Unsicherheit Ihre wahren Gefühle und Absichten; dies kann zur Isolation von der Umwelt führen.

FÄHIGKEITEN UND EIGNUNG

Sie haben den Scharfsinn und die Durchschlagskraft, die man braucht, um Ziele im Leben zu erreichen, doch es bedarf bei Ihnen ständiger Mühen und Anstrengungen, um erstrebte Positionen aufzubauen und zu halten: zum Beispiel als Vertreter, Missionar, Politiker oder im Lehrberuf. Es ist offenkundig, daß Sie ein besonderes Gespür dafür haben, die Entwicklung der Dinge zu erfassen und sich auf künftige Situationen einzustellen. Zwar trifft nicht immer alles erwartungsgemäß ein, doch in den meisten Fällen urteilen Sie richtig.

Da Sie als introvertiert gelten, erwecken Sie den Eindruck, daß Sie sich viel mit eigenen Gedanken auseinandersetzen müssen. Es kommt zu einer beinahe mystischen oder philosophischen Betrachtungsweise; dabei sollten Sie darauf achten, daß Sie sich nicht zu weit von der Realität entfernen. So wichtig es ist, für die Zukunft neue Ideen zu entwickeln, so notwendig ist es aber auch, auf dem Boden zu bleiben und nicht in einem Wolkenkuckucksheim wohnen zu wollen.

LIEBE UND PARTNERSCHAFT

Nicht ganz komplikationslos dürften Ihre partnerschaftlichen Beziehungen ablaufen. Wenn Sie bessere Verbindungen erreichen wollen, müssen Sie in erster Linie die Selbstwertgefühle der anderen beachten. Nur durch Anwendung überlegter Menschenkenntnis werden Sie die Handlungsweisen Ihrer Mitmenschen richtig zu beurteilen lernen, um sie in Ihre Belange mit einzubeziehen.

Vernachlässigen Sie nicht die Kontakte mit den Menschen Ihrer engsten Umgebung, und versuchen Sie, ihnen Ihre wertvolle Zeit zu widmen. Mit einer gewissen Berechnung suchen Sie sich die Partner aus, die Ihnen zu Macht und Ansehen verhelfen, doch führen solche Verbindungen nicht immer auch zu Glück und Zufriedenheit. Erst eine harmonische Übereinstimmung von körperlicher, seelischer, geistiger und feinsinniger Identität führt zu dauerhaftem Glück.

In diesen Zeichen sind geboren: der Maler Friedensreich Hundertwasser (*15.12.1928) und die Griechin Christina Onassis (*11.12.1950).

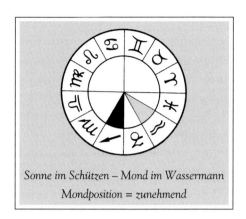

Sonne im Schützen – Mond im Wassermann
Mondposition = zunehmend

Der Workaholic

Diese Geburtskonstellation weist auf extravertierte Menschen hin, die gerne eigene Wege gehen und dabei auch Erfolge haben. Die Wassermann-Natur sorgt für gesunden Menschenverstand und praktisches Fühlen; die höchste Auswirkung zeigt sich in einer tiefsinnigen Welt- und Wissensschau.
Als Beispiel für diese Menschengruppe sei der Dichter Rainer Maria Rilke (*4.12.1875) genannt, der durch Erweiterung und Verfeinerung der sprachlichen Mittel seine ganz persönliche Ausdrucksform entwickelte.
Ihre Sternenkombination zeigt Anlagen für eine präzise, eigentümliche Kraft des Denkens. In der Regel sind es tiefschürfende Gedanken, die von überlegtem Handeln begleitet werden und Ihrem Streben Ausdruck verleihen.
In Ihrem Fühlen und Sichgeben erkennt man einen starken Unabhängigkeitsdrang. Das kann dazu führen, daß Ihr Leben recht wechselvoll verläuft und Sie in gewissem Sinne heimatlos sind, obwohl Sie überall Obdach finden. Ihre unruhige und unkonventionelle Lebensweise wird nicht von jedermann verstanden, unter Umständen wird man Sie für arrogant halten.
Sie treten für Toleranz ein und zeigen dennoch manchmal eine selbstherrliche und rechthaberische Haltung. Vermutlich wird diese Einstellung von früheren Eindrücken und Erlebnissen bestimmt. Sie sollten mehr Anpassungsbereitschaft zeigen und mit diplomatischem Geschick Beständigkeit in Ihre Partnerschaften bringen.

WESENSART

FÄHIGKEITEN UND EIGNUNG	Mit Ihrer Tüchtigkeit und den vielschichtigen Interessen können Sie beruflich auf den verschiedensten Ebenen herausragende Leistungen zeigen, zum Beispiel im Bereich der Politik, der Mode oder beim Militär. Mit Ihrem Instinkt für geschäftliche Aufgaben werden Sie darüber hinaus Zugang zu Posten in der Wirtschaft und in der Industrie finden. Wenn Sie Ihr Hobby, das Kennenlernen fremder Länder und Völker, mit Ihren beruflichen Neigungen verbinden, lassen sich auch Repräsentations- und Vertrauenspositionen ausfüllen. Erwähnt werden muß aber vor allem das Gebiet der schönen Künste und besonders die Literatur, die Sie sehr anzieht. Auffallend viele Journalisten, Redakteure und Verleger findet man unter dieser Doppelkonstellation.
LIEBE UND PARTNERSCHAFT	Ihre Wanderlust wirkt sich auch auf Ihre engsten persönlichen Beziehungen aus. Obwohl Sie freundlich und aufgeschlossen sind, rasch Kontakt finden und geselliges oder intimes Beisammensein sehr schätzen, sind die Bindungen nicht dauerhaft. Sie halten Ihre Freundschaften auf Distanz. Bringen Sie deshalb mehr Stabilität in Ihre Partnerschaften zum Wohle Ihrer psychischen und physischen Gesundheit. Hoffentlich ergeht es Ihnen nicht so wie dem oben erwähnten Dichter, der sehr empfindsam reagierte, als er bemerkte: »Jede Liebe ist eine Anstrengung für mich, eine schwierige Aufgabe ...«. In diesen Zeichen finden wir: den Schauspieler Woody Allen (*1.12.1935) und den Focus-Chef Helmut Markwort (*8.12.1936).

SCHÜTZE

Sonne im Schützen – Mond in den Fischen
Mondposition = zunehmend

Der Maestro-so-so

Bei diesem Geburtsbild steht die Sonne mit dem Mond in einem bestimmten Winkel. Ob ein solcher astrologischer Aspekt (Quadrat) eine Strahlenüberschneidung in physikalischem Sinn, eine geometrische Idee oder ein rein rechnerischer Periodenwert ist, darüber hat sich beispielsweise der ernstzunehmende und vielseitig tätige Thomas Ring (*28.11.1892) schon 1939 in seinem Buch »Das Lebewesen im Rhythmus des Weltraumes« ausführlich Gedanken gemacht. Er glaubte, daß hier eine »transformierte Ordnung« vorliegt, die stets nur Anstoß, Anregung und Auslösung sein kann.

Bei der Skizzierung dieses mutigen und aufrechten Menschentyps kann man davon ausgehen, daß Eigenschaften wie phantasievoll, ideenreich, selbstsicher, schlagfertig, optimistisch, arrogant, eitel, selbstgerecht, berechnend und angeberisch durch eine freie Lebensgestaltung mehr oder weniger stark zur Wirksamkeit gelangen. Der große Rahmen ist jedoch vorgegeben.

Man könnte Sie auch als einen Genießer bezeichnen, der die Fähigkeit besitzt, sich den Freuden des Lebens in vollen Zügen hinzugeben. Sie glauben an die Segnungen der Zukunft und an die Wunderwirkung Ihres großzügigen Denkens. Allerdings besteht die Gefahr, daß Sie die tatsächlichen Gegebenheiten und Möglichkeiten falsch einschätzen und deshalb Ihre Ansprüche zurückstecken müssen.

Durch die Stellung des Mondes im Sternbild Fische besitzen Sie hervorragende kreative Eigenschaften, die Sie sehr gut beruflich oder auch in einem Hobby verwerten können. Auf künstlerischem, sportlichem und wissenschaftlichem

WESENSART

FÄHIGKEITEN
UND
EIGNUNG

Gebiet sind Sie zu besonderen Leistungen befähigt. Sie verstehen es, neben einem scharfen Verstand auch Ihr empfindsames Gefühl einzusetzen. Wenn Sie sich für eine Sache besonders begeistern, können Sie bei Ihrem Ehrgeiz einen Lebensstandard erreichen, der über dem Durchschnitt liegt. Vielleicht sind Sie auch von großer Reiselust erfaßt und lieben es, andere Länder und Völker kennenzulernen. Wenn die Umstände Sie zu einem unsteten Leben zwingen, sollten Sie jedoch vor allem auf die Erhaltung Ihrer Gesundheit achten.

LIEBE UND PARTNERSCHAFT

Auch Ihre Beziehungen zu anderen Menschen werden durch die Wechselwirkung Ihrer Veranlagung stark beeinflußt. Versuchen Sie, eine Partnerschaft aufzubauen und weiterzuentwickeln, die nicht nur für den Augenblick, sondern für lange Zeit Ihren Bedürfnissen am besten entspricht.

In diesen Zeichen finden wir: den Schauspieler Curd Jürgens (*13.12.1915) und den Skirennläufer Alberto Tomba (*19.12.1966).

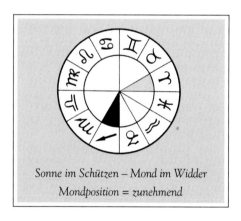

Sonne im Schützen – Mond im Widder
Mondposition = zunehmend

Der listenreiche Fuchs

WESENSART

Wenn der Herbst zu Ende geht und der Winter vor der Tür steht, werden die Geburtstage der Menschen dieses Doppelzeichens registriert. Ihre Charaktereigenschaften ergeben sich aus einer Mischung von Gegensätzen, die mit Willenskraft überbrückt werden müssen. Je nach dem Blickwinkel des Betrachters entsteht ein Bild, das sich aus Vorzügen und Fehlern zusammensetzt, wobei natürlich individuelle Unterschiede zu berücksichtigen sind. So wie in Goethes Erzählungen der listenreiche Fuchs mit großer Gewandtheit ständig seinen Vorteil erspäht, so gibt es bei einigen dieses Typus den Hang, als »falscher Biedermann« anzutreten und sich damit Vertrauen und Entgegenkommen zu erschleichen. Aber nur wenige Personen dieser Zeichen bedienen sich unfairer Tricks, weil sie wissen, daß mit Ehrlichkeit, Aufrichtigkeit und Entschlossenheit auf die Dauer mehr erreicht werden kann.

Sicherlich gehören Sie zu den mutigen und kampfbereiten Schützen, die durch ihren Einsatz und ihre Überzeugungskraft andere mitreißen können. Mit einem fast hintergründig zu nennenden Humor, der etwas Zynisches an sich haben kann, machen Sie sich gern einen Spaß daraus, Gutgläubige »auf die Schippe« zu nehmen. Mit dem Hinweis auf Fehler und Schwächen der anderen verdecken Sie die eigenen; es ist nur eine Frage der Zeit, wie lange es dauern wird, bis Sie sich auf diese Weise die Sympathien Ihrer Mitmenschen im wahrsten Sinne des Wortes verscherzt haben.

Im Grunde Ihrer Seele sind Sie jedoch weder boshaft noch beleidigend, sondern vielmehr sehr verbindlich und liebenswürdig. Sie lieben es, Beweise von Mut und Geistesschärfe zu liefern, indem Sie sich gern Anforderungen und Prüfungen stellen. Sie suchen den Wettbewerb, damit Sie sich vor anderen auszeichnen können. Ihre spontanen Reaktionen und impulsiven Handlungen zwingen Sie manchmal zu Korrekturen, die nicht erforderlich wären, wenn Sie mit Bedacht vorgehen würden, bevor Sie Gedanken oder Gefühlsäußerungen freien Lauf lassen.

FÄHIGKEITEN UND EIGNUNG

Da Sie sehr wendig und vielseitig veranlagt sind, findet man Sie vor allem in Berufen mit guten Verdienstmöglichkeiten, zum Beispiel in der Industrie, bei Behörden oder im Sicherheitsdienst. Aber auch als Selbständiger im Handwerk, Handel oder in der Werbung bewähren Sie sich hervorragend. Für Führungspositionen bringen Sie gute Voraussetzungen mit, denn Sie gehören zu denen, die eher antreiben als angetrieben werden.

LIEBE UND PARTNERSCHAFT

In Ihrem Liebesleben sind Sie vermutlich weniger ein dauerhafter Liebhaber als ein leidenschaftlicher und glühender Verehrer. Ihr Verhalten wird überwiegend von festen Ansichten geleitet. Die Anpassung an die Wünsche und Bedürfnisse Ihres Partners ist nicht gerade Ihre Stärke. Versuchen Sie, etwas mehr Gleichberechtigung gelten zu lassen, und bedenken Sie, daß es die Toleranz ist, die eine Zweierbeziehung glücklich und erfolgreich werden läßt.

Suchen Sie im sexuellen Bereich nicht den Machtkampf, der meist zu Angst, Schwäche und Demütigung führt. Vermutlich sehnen Sie sich nach zärtlicher Liebe und dem Umsorgtwerden, ein Wunsch, der nur durch Rücksichtnahme und Verstand Erfüllung findet.

In denselben Zeichen finden wir: die »Eisprinzessin« Katarina Witt (*3.12.1965) und den Tenor José Carreras (*5.12.1946).

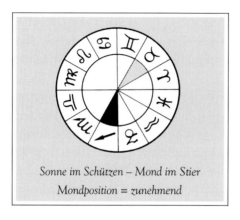

Sonne im Schützen – Mond im Stier
Mondposition = zunehmend

Der Mannschaftsgeist

WESENSART   Hier haben wir einen Typ vor uns, bei dem Schütze-Qualitäten wie leichtgläubig, fröhlich, optimistisch, anpassungsfähig, vielseitig, impulsiv, realistisch, melancholisch und kameradschaftlich mit den Eigenschaften des Stier-Einflusses, als da sind: verläßlich, gutmütig, arbeitsam, energiegeladen, cholerisch, empfindlich, neugierig, befangen, vorsichtig, beharrlich, sinnenfreudig, bescheiden und naturverbunden in einem großen Topf miteinander vermischt werden. Das ergibt insgesamt ein freundliches und jugendhaftes Wesen, das auch zu genießen versteht.

Falls Sie durch Ihren Geburtstag von dieser Winkel-Konstellation beeinflußt sind, fällt Ihnen das Arbeiten in einer Gruppe leicht, denn Sie sind der Typ des Teamworkers. Mit Ihrer ganz unaufdringlichen Art gelingt es Ihnen zwar auch,

Führungsansprüche anzumelden, aber oft werden Sie durch Ihre Ungeduld und mangelnde Entschlußkraft gebremst. Mit Ihrer kreativen und auch künstlerischen Ader können Sie manche Konzepte verwirklichen, doch oft bleiben Ihre Träume eben nur Träume; Sie sind lieber im sicheren Hafen und vermeiden es, sich den Stürmen der Meere auszusetzen.

Obwohl jeder Mensch nach Sicherheit strebt, darf dieses Streben nicht die alleinige Richtschnur Ihres Lebens sein. Wenn Sie etwas erreichen wollen, müssen Sie sich bewußtwerden, daß dies nicht ohne Risiko geht. Manchmal machen Sie einen verwöhnten und launischen Eindruck, aber im Grunde sind Sie zuverlässig und vertrauensvoll. Ihre Lebensfreude und Geberlaune macht Sie bei Ihren Kollegen und Mitmenschen so beliebt, Sie sind kameradschaftlich eingestellt, und zwar auch in Liebes- und Eheangelegenheiten. Zwar haben Sie Ihre Gefühle gut unter Kontrolle, doch besteht die Gefahr, daß Sie hin und wieder unüberlegt handeln.

Ein besonderes Ergebnis des Einflusses dieser Zeichen ist die Vielseitigkeit. Sie hat ihre zwei Seiten: Wer sich mit einer Vielzahl von Dingen beschäftigt, hat kaum Zeit, sich dem einzelnen zu widmen. Deshalb sind Sie auch dem Vorwurf ausgesetzt, hie und da etwas zu vernachlässigen. Ihr scharfer Verstand und Ihre Wißbegierde begründen Ihre Eignung für intellektuelle Berufe mit Zielrichtung Naturwissenschaft, Psychologie, Philosophie oder Management. Abgesehen von Ihren künstlerischen Veranlagungen entwickeln Sie einen gesunden Geschäftssinn. Finanzielle Rückschläge können Ihnen arge Unruhe bereiten.

FÄHIGKEITEN UND EIGNUNG

In der Liebe sind Sie sehr romantisch und anpassungsfähig aufgrund des Einflusses des beweglichen Zeichens Schütze. Die Verbindung mit dem fixen Stierzeichen läßt jedoch die Vermutung zu, daß das Gefühlsleben durch Vernunfterwägungen geleitet wird. Da Sie für sich sehr viel persönliche Freiheit in Anspruch nehmen, sind Sie von einer einengenden Bindung weniger begeistert, zumal Sie durchaus imstande sind, Ihr Leben selbst in die Hand zu nehmen und dabei glücklich zu werden.

LIEBE UND PARTNERSCHAFT

In denselben Zeichen finden wir: den US-Schriftsteller Mark Twain (*30.11.1835) und den französischen Schauspieler Jean Marais (*11.12.1913).

♐ SCHÜTZE

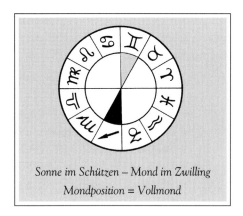

Sonne im Schützen – Mond im Zwilling
Mondposition = Vollmond

Der glänzende Unterhalter

WESENSART Bei dieser Kombination stehen sich die Sternbilder der Sonne und des Mondes genau gegenüber – und es ist Vollmondzeit. Man sagt, daß die Geburtstagskinder dieser Konstellation durch Ihre Geschicklichkeit, Beweglichkeit und durch glückliche Umstände es im Leben besonders weit bringen können – wenngleich ihnen nichts geschenkt wird und sie sich jeden Erfolg einzeln erkämpfen müssen.

Meist ist es der faszinierende Charme der Jugend und eines persönlichen Magnetismus, der Ihnen sehr zustatten kommt. Auf der Habenseite stehen viele positive Eigenschaften: Sie sind selbstsicher, schlagfertig, vielseitig und zielstrebig; doch gesellen sich einer bemerkenswerten Neugier auch negative Merkmale wie Rechthaberei, ungeduldige Impulsivität, Selbstgerechtigkeit und Herrschsucht hinzu. Außerdem werden Sie vermutlich von einer inneren Unruhe erfaßt, wenn allmonatlich die Zeit des Vollmondes heranrückt. Beobachten Sie doch einmal, ob Sie zu diesem Zeitpunkt nervös und angespannt sind bzw. Unternehmungslust und Schaffenskraft einem Höhepunkt zustreben.

Wie rastlos und doch erfolgreich das Leben einer so äußerst lebhaften Natur sein kann, sehen wir sehr eindrucksvoll an Dr. Manfred Köhnlechner (*1.12.1925). Auf dem Höhepunkt einer Karriere als leitende Kraft eines Konzerns gab er die gut dotierte Position auf, um seine berufliche Existenz auf eine völlig neue Grundlage zu stellen.

FÄHIGKEITEN UND EIGNUNG Sie werden von einem extremen Unabhängigkeitsgefühl getrieben und sollten sich der Konsequenzen bewußtwerden, die mit der beharrlichen Verfolgung außergewöhnlicher Ziele verbunden sind.

Bei dem Typus der Schütze-Zwilling-Kombination fällt auf, daß hier häufig Künstler, Entertainer und Showmaster vertreten sind; dies mag wohl daran liegen, daß von ihnen die Kunst des Umgangs und der Unterhaltung in besonderer Weise beherrscht wird. In den Medien können Sie, beispielsweise als Journalist oder Interpret, eine berufliche Erfüllung finden, aber es bieten sich auch in verwandten Berufen, so in der Werbebranche, sehr lohnende Tätigkeitsfelder an. Ihr Losungswort auf dem Wege zum Erfolg könnte lauten: Anderen Menschen Freude machen, anderen Menschen helfen!

Ihre persönlichen Beziehungen werden von Ihrer Freiheitsliebe beeinflußt. Hinzu kommt noch Ihre Eigenart, innerhalb kurzer Frist die Meinung zu ändern, wodurch Ihre Umgebung vor den Kopf gestoßen wird, vor allem, wenn Sie das eine sagen und das andere tun. Seien Sie deshalb möglichst etwas zurückhaltender in Ihren Äußerungen, damit man durch Ihr Verhalten nicht vollends irritiert wird. Wenn Ihnen irgend etwas über die Leber gelaufen ist, reagieren Sie oft rücksichtslos und leicht gekränkt; wie gut, wenn dann in Ihrem engeren Freundeskreis Menschen da sind, die auf extreme Stimmungsschwankungen einzugehen bereit sind. Ganz privat sind Sie der liebenswerte Partner, der alles aufbietet, um den anderen glücklich und zufrieden zu machen.

LIEBE UND PARTNERSCHAFT

In diesen Zeichen finden wir: den Showmaster Rudi Carrell (*19.12.1934), den Conferencier Heinz Schenk (*11.12.1924) sowie die Rocksängerin Tina Turner (*26.11.1939).

↗ SCHÜTZE

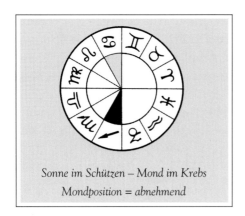

Sonne im Schützen – Mond im Krebs
Mondposition = abnehmend

Der Lebenskünstler

WESENSART
Schon vor rund 1900 Jahren hat der römische Kaiser Marc Aurel geschrieben: »Die Kunst zu leben, hat mit der Fechtkunst mehr Ähnlichkeit als mit der Tanzkunst, insofern man auch auf unvorhergesehene Streiche gerüstet sein muß.« Für uns alle gelten diese Erfahrungen auch heute noch, doch ist es besonders der Schütze-Krebs-Typ, der mit seinem sachlich-nüchternen Verstand alle Eventualitäten abzuwägen versteht. Wesentliche Voraussetzung dafür ist die Mischung der Eigenschaften des Schütze-Einflusses, vor allem Strebsamkeit, Willensstärke, Pflichtgefühl und Heiterkeit – mit denen des im Krebs stehenden Mondes, die dem Charakter vorsichtige, einfühlsame, berechnende und mitunter gar durchtriebene Züge verleihen.

Wenn Sie unter diesen Zeichen geboren sind, benötigen Sie keine moderne Verhaltenstherapie, weil Sie sich instinktiv richtig auf die Wechselfälle des Lebens einstellen und mit Klugheit schwierige Abschnitte überwinden. Sie besitzen die Gabe, rasch zu erfassen, worauf es ankommt und verbinden sie mit Aufgeschlossenheit, die es ermöglicht, Ihren »Denkapparat« zweckmäßig zu steuern. Meisterhaft verstehen Sie es deshalb, die günstigen und auch die ungünstigen Augenblicke richtig zu nutzen, und das verleiht Ihnen große Selbstsicherheit, mit der Sie sich den jeweiligen Situationen anzupassen wissen.

FÄHIGKEITEN UND EIGNUNG
Ein gutes Beispiel für die Fähigkeit dieses Typs, schwere Schicksalsschläge zu bewältigen, bietet Otto Graf Lambsdorff, der trotz einer schweren Kriegsverwundung eine erstaunliche Karriere in der Wirtschaftspolitik gemacht hat.

Auch Sie können dank Ihrer realistischen Einstellung Herrschaft über Ihre Geisteskräfte ausüben und beruflich lohnenswerte Ziele ansteuern. Ihr politisches Fingerspitzengefühl und Ihr Verhandlungsgeschick erlauben Ihnen, eigene Wege zu gehen und sich über Hindernisse elegant hinwegzusetzen.

Kraft Ihrer Ausstrahlung und der Kunst, mit Menschen umzugehen, machen Sie viele zu ehrlichen Freunden, die Ihnen auch in Notfällen beistehen und weiterhelfen werden. Vielleicht ist dies überhaupt das Geheimnis Ihres Erfolges, daß Sie zwar ein Einzelkämpfer sind, aber geschickt Ihre Verbindungen zu nutzen wissen. Sie brauchen nicht unbedingt den schützenden Hort einer Familie, um glücklich zu sein, weil sie noch immer mit sich selbst fertiggeworden sind. Sie wissen jedoch eine liebe oder liebende Person in unmittelbarer Nähe sehr zu schätzen.
In diesen Zeichen sind geboren: der Top-Manager Manfred Lahnstein (*20.12.1937) und der Komponist Giacomo Puccini (*22.12.1858).

LIEBE UND PARTNERSCHAFT

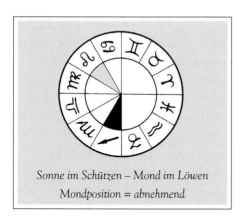

Sonne im Schützen – Mond im Löwen
Mondposition = abnehmend

Der Treibnetzfischer

Viele haben folgendes schon beobachtet: Irgendwo in einem See oder im Meer treiben große Korkstücke und beim Näherkommen sieht man, daß Fischernetze daran hängen. Sie werden dort ausgelegt, wo man Fischreichtum vermutet, um später mitsamt der Beute wieder eingeholt zu werden. Harte Arbeit, Erfahrung vieler Jahre und etwas Glück gehören dazu, wenn man Erfolg mit dieser Art des Fischfangs haben will.

WESENSART

Auch die im Zeichen der Doppel-Kombination Schütze-Löwe Geborenen verstehen sich darauf, Netze auszuspannen und mit großer Geduld auf ihr Glück und den Erfolg ihrer Arbeit zu vertrauen. Trotz mancher Fehlschläge gelingt es ihnen immer wieder, durch systematisches Vorgehen zum Ziel zu gelangen und Unwägbarkeiten zu überwinden. Falls Sie diesem Menschentyp zuzuordnen sind, bringt Ihnen der Löwe-Mond die Veranlagung zu Willensstärke, Selbstsicherheit und Überzeugungskraft und stabilisiert so das unbeständige, zappelige und wandelbare Naturell des Schützetyps. Sie haben einen Hang dazu, sich von der Menge abzusetzen, aber wegen Ihrer verbindlichen Art zählen Sie viele Freunde zu Ihrem Bekanntenkreis. Möglicherweise haben Sie in Ihrem Leben bereits einige Höhen und Tiefen durchlaufen, doch konnten Mißerfolge und Rückschläge Sie nicht schwächen. Im Gegenteil, sie stärkten nur Ihre Beharrlichkeit und Entschlossenheit, um weiter Ihre Ziele zu verfolgen. Notfalls ist es der Instinkt, der Sie auf den richtigen Weg führt. Unfehlbar sind Sie allerdings nicht, denn Sie betrachten manches zu oberflächlich, anstatt tiefer in die Materie einzudringen.

FÄHIGKEITEN UND EIGNUNG

Wenn Sie die Erfahrungen Ihrer Freunde und beruflichen Partner ein wenig mehr berücksichtigen würden, könnte sich dies günstig auf Ihren beruflichen Einsatz auswirken. Bei allem Enthusiasmus, mit dem Sie Ihre Ansichten vertreten, sollten Sie es nicht an diplomatischem Geschick fehlen lassen und bedenken, daß ein zu streitlustiges Auftreten für die einen anspornend, für andere aber eher abstoßend wirkt. Wenn Sie sich übergangen oder zu wenig beachtet fühlen, sollten Sie ganz einfach versuchen, den Angriff gegen Ihr Selbstwertgefühl nicht allzu ernst zu nehmen. Die Einsicht, daß auch andere Menschen das Recht haben, ihren Standpunkt zu vertreten, kann Sie von unangebrachter Überempfindlichkeit befreien.

LIEBE UND PARTNERSCHAFT

Vermutlich sind Sie ein bißchen eitel; der Wunsch nach Anerkennung und Beifall beeinflußt auch Ihre zwischenmenschlichen Beziehungen. Auf die Eigenheiten Ihres Partners sollten Sie trotzdem eingehen, um Gegensätze zu überbrücken, die einem harmonischen Zusammenleben entgegenstehen. Auch mit schwierigen Zeitgenossen, die Ihnen das Leben schwermachen, lassen sich Kompromisse schließen. Vermeiden Sie einen Mißklang im kleinsten Kreis, dann wird es Ihnen auch gelingen, Frieden in einer großen Gemeinschaft zu stiften.
In denselben Zeichen sind geboren: der Politiker Willy Brandt (*18.12.1913) und der Politiker Rudolf Scharping (*2.12.1947).

Sonne im Schützen – Mond in der Jungfrau
Mondposition = abnehmend

Der Dickbrettbohrer

WESENSART

Ein typischer Vertreter jener Gruppe von Menschen, die zur Zeit dieser Winkelstellung von Sonne und Mond geboren wurden, ist der große britische Staatsmann Sir Winston Churchill (*30.11.1874), der ein harter Arbeiter war und im Krieg mitunter bis zu 20 Stunden täglich an seinem Arbeitsplatz zubrachte; er galt als Musterbeispiel von Härte und Unnachgiebigkeit, auch sich selbst gegenüber. Von ihm, der ein starker Raucher war, ist die Äußerung überliefert: »Wenn eine Zeitung ständig über die Gefahren des Rauchens schreibt, dann bestelle ich sie ab.«
Sollte Ihnen der ein oder andere Charakterzug Churchills bei sich selbst bekannt vorkommen, ist das noch lange kein Grund, mit Ihren Kräften Raubbau zu treiben. Das männlich-aktive Tierkreiszeichen Schütze fördert als Haupteigenschaft Mut, Tatendrang, Kampfeslust, Selbstsicherheit, Überheblichkeit und Streben nach Unabhängigkeit; das weiblich-passive Jungfrauzeichen bürgt für Verantwortungsbewußtsein, Reserviertheit, Unausgeglichenheit, methodisches Vorgehen und Kritiksucht. Mit diesen Merkmalen und der Ihnen eigenen realistischen Einschätzung der Menschen und Dinge ist Ihre Zukunft nicht von Phantasien abhängig, zumal Sie mit scharfem Verstand und großer Beredsamkeit Ihre Gefolgschaft überzeugen können.
Da Sie sich mit dem Erreichten nie zufrieden geben und immer wieder neue Ziele verfolgen, führen Sie meist ein unruhiges und rastloses Leben. Halten Sie sich aber stets einen Rückzugsplan bereit, wenn Ihnen schlaflose Nächte Probleme bereiten, und hüten Sie sich vor versteckten Risiken; Ihre Gesundheit ist übrigens nicht unbegrenzt belastbar, auch wenn Sie sich noch so widerstandsfähig fühlen.

↗ Schütze

Fähigkeiten und Eignung	Wenn Sie spüren, daß Sie beruflich den Anforderungen nicht voll gerecht werden, können Sie reizbar und nervös reagieren und versuchen, seelische Nöte zu verdrängen. Zeigen Sie in diesen Situationen Selbstdisziplin, und es wird Ihnen gelingen, Ihre hervorragenden Qualitäten in den Vordergrund zu stellen, sei es als Erzieher, Journalist, Politiker, Künstler oder Sportler. Auch die handwerkliche Begabung kann von Vorteil sein, eventuell auch dann, wenn sie nur der Freizeitbeschäftigung dient.
Liebe und Partnerschaft	Ihre Beziehungen zu anderen Menschen sind echt und ernsthaft. Da Sie freimütig Ihre Meinung sagen, kann es jedoch immer wieder zu Konflikten kommen. Ein Gleichschritt der Gefühle und Äußerungen ist Ihnen verhaßt. Sie betrachten den Partner eher als Gegner, mit dem man sich immer wieder zusammenraufen muß. Wenn bei dieser Einstellung beide Seiten sich nicht kompromißbereit zeigen, wird es vermutlich zu Problemen kommen. Da Sie jedoch stabile Verhältnisse anstreben und nicht ständig neue Abenteuer suchen, besteht Grund zu der Annahme, daß Sie langdauernde, gleichberechtigte Partnerschaften aufbauen und halten. In diesen Zeichen sind geboren: der Fernseh-Moderator Ulrich Wickert (*2.12.1942) und der Fußballprofi Bernd Schuster (*22.12.1959).

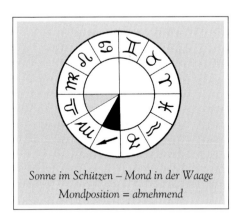

Sonne im Schützen – Mond in der Waage
Mondposition = abnehmend

Der Umstrittene

Wesensart	Unter dem Einfluß dieser zuweilen etwas widersprüchlichen Verbindung eines Feuerzeichens mit einem Luftzeichen sind manch bekannte und berühmte Per-

sönlichkeiten des öffentlichen Lebens, der Kunst und der Wissenschaft versammelt. Dies läßt den Schluß zu, daß die bei dieser Winkelstellung Geborenen Freude an der Macht, am Ruhm und an der Ehre haben, zumindest aber Aufmerksamkeit in ihrem Bereich erwecken wollen.

Mit den typischen Schütze-Eigenschaften wird naturgemäß nur eine Seite dieser dynamisch veranlagten Charaktere erfaßt. Neben das selbstsichere, gewandte, kluge und mitfühlende Sichgeben mit einer Neigung zu verletzender Rechthaberei können Züge eines kritischen, schlagfertigen, intelligenten, launischen und erfinderischen Wesens in den Vordergrund drängen. Verstärken sich zeitweilig die letztgenannten Eigenschaften zu sehr, dann entsteht ein etwas problematisches Persönlichkeitsbild

Es dürfte Ihnen keinerlei Schwierigkeiten bereiten, die gesamte Facette Ihrer Empfindungen und Ausdrucksweisen zu beschreiben. Sie verfügen über die Mittel, viele Gestalten darzustellen und im Laufe der Zeit von der einen zur anderen zu wechseln. Zuweilen sind Sie dabei erkennbar, aber es gelingt nicht, Sie auf eine bestimmte Rolle im Leben festzulegen. Wahrscheinlich schwanken Sie stets zwischen zwei Polen hin und her und schaffen es nicht, diesen auffallenden Wechsel Ihrer Positionen zu beenden.

Man ist versucht, Ihnen eine gewisse Launenhaftigkeit zu unterstellen; diesen Preis müssen Sie für die enormen Leistungen zahlen, die Sie immer wieder auf Ihrem Spezialgebiet vollbringen.

FÄHIGKEITEN UND EIGNUNG

Mit Ihrem klaren Geist können Sie eine Vielzahl von Begabungen voll entfalten, und da Sie oft auch vom Glück begünstigt sind, gelingt es Ihnen, auf der Karriereleiter nach oben zu kommen.

Ihre Freude am Sinnengenuß wird durch vernunftgelenkten Intellekt gebremst; so leben Sie ständig in einem Spannungsfeld von Trieb und Geist. Versuchen Sie, aus diesem »entweder – oder« auszubrechen und es durch ein »sowohl – als auch« zu ersetzen!

Ohne Publikum und ohne großen gesellschaftlichen Lebenskreis können Sie nicht auskommen. Sie verfügen über eine gute Antenne für das, was bei Ihren Mitmenschen ankommt. Beruflich läßt sich dieses Fühlen gut verwerten, vor allem auf dem Gebiet der Medienlandschaft, der Politik sowie der Beratung und Hilfeleistung im sozialen Bereich. Sie wissen, wie man Rat und Hilfe geben kann, doch bleibt fraglich, ob Sie selbst sich allen Anforderungen des Lebens stellen können.

↗ SCHÜTZE

LIEBE UND PARTNERSCHAFT

Für Partnerschaften erweist sich die Stellung der Sterne als anregend, vielleicht sogar übererregend, und das wirkt sich auch auf die Gestaltung Ihrer Beziehungen aus. Sie haben zwar keine Schwierigkeiten, beim anderen Geschlecht gut anzukommen, doch stellt sich Ihnen das Problem, dauerhafte Verbindungen aufzubauen und zu halten. Sehr deutlich hat Heinrich Heine seine wechselnden Gefühle beschrieben: »Mein Herz gleicht einem Meere, hat Sturm und Ebb' und Flut ...« Auch Ihnen dürfte diese Empfindung nicht unbekannt sein.

In denselben Zeichen sind geboren: die griechische Sängerin Maria Callas (*3.12.1923) und die Autorin Alice Schwarzer (*3.12.1942).

Sonne im Schützen – Mond im Skorpion
Mondposition = abnehmend

Der ungewöhnliche Einzelgänger

WESENSART

Geht man die Liste der in diesem Doppelzeichen Geborenen durch, dann findet man Namen von bekannten Persönlichkeiten unterschiedlichster Art. Da sind zum Beispiel der Komponist Hector Berlioz, Papst Johannes XXIII., der Schauspieler Erich Ponto, der Milliardär Paul Getty, der Löffelverbieger Uri Geller, die Modeschöpferin Jil Sander und die Tennisspielerin Chris Evert-Lloyd. Dieser weitgespannte Bogen der Tätigkeitsgebiete läßt vermuten, daß hier eine »Sonderausgabe« von Persönlichkeiten ungewöhnlicher Wesensart versammelt ist.

Vermutlich haben auch Sie die bewundernswerte Fähigkeit, Ihr Leben fest in die Hand zu nehmen, ein großes Pensum an Arbeit zu leisten und auch trotz einiger Rückschläge und Enttäuschungen unbeirrt Ihr Ziel zu verfolgen. Entschlossen treiben Sie Ihre Vorhaben voran, doch neigen Sie dabei auch zu Übertreibungen und Unrast. Sie lieben das Leben mit all seiner Vielfalt und seinen Spannungen und sind willens, sich einen Platz zu erkämpfen, der Sie aus der Menge heraushebt. Obwohl Sie meist nach Ihren eigenen Wertvorstellungen leben, sind Sie doch bereit, Vorschläge und Gedanken anderer anzunehmen und für Ihre Zwecke zu nutzen. Sie haben sich eine persönliche Lebensphilosophie zurechtgezimmert, von der Sie kaum abzubringen sind, so daß Sie mitunter als rechthaberisch und arrogant bezeichnet werden.

Aufgrund Ihrer idealistischen Grundeinstellung und der persönlichen Ausstrahlung sind Sie jedoch gern gesehen, fühlen sich aber einsam und auf sich gestellt. Dieses etwas kontroverse Denken und Fühlen geht auf Ihr Streben nach Unabhängigkeit zurück; Sie lieben das Freisein und fürchten sich davor, alleingelassen zu werden. Versuchen Sie vielleicht, sich ein wenig mehr an den allgemeinen gesellschaftlichen Gewohnheiten zu orientieren.

FÄHIGKEITEN UND EIGNUNG

Ihre Neigung, sich dem Ungewöhnlichen und Außerordentlichen zu widmen, bestimmt auch Ihre berufliche Laufbahn. Falls Sie Reise- und Wanderlust nicht mit dem Beruf vereinbaren können, werden Sie diesen Hang wohl zu Ihrem liebsten Hobby ausbauen. Ein gewisses Handikap ist Ihre unzureichende Kooperationsbereitschaft; Sie sollten deshalb prüfen, wo Sie Ihre zwischenmenschlichen, das heißt auch beruflichen Beziehungen noch verbessern können.

LIEBE UND PARTNERSCHAFT

Im Privaten erwarten Sie Harmonie, scheuen sich jedoch vor einem realen Austausch der Gefühle. Mit Ihrer vollkommenen Zuwendung und Liebe kann nur derjenige rechnen, der Ihren Idealismus und Ihre Freiheitsliebe respektiert. Sie neigen dazu, leidenschaftlich und vertrauensvoll zu Ihrem Intimpartner zu sein, sind aber unerbittlich, wenn Ihre Gefühle nicht im selben Maße erwidert werden. Mehr Einfühlungsvermögen und größere Anpassungsbereitschaft verhelfen auch Ihnen zum erwünschten Partnerglück.

In denselben Zeichen finden wir: den Schriftsteller Peter Handke (*6.12.1942) und den Fernsehdirektor von SAT 1 Fred Kogel (*15.12.1960).

Sonnenzeichen Steinbock ♑

*Sonne im Steinbock – Mond im Steinbock
Mondposition = Neumond*

Der Praktiker

WESENSART   Wenn der Mond auf seiner Umlaufbahn eine Stellung zwischen Sonne und Erde erreicht hat, verzeichnen wir im Kalender die Neumondtage, und dies ist die Situation der Gestirne für die zu dieser Zeit Geborenen.

Der Grazer Wissenschaftlicher Karl Birzele hat sich mit einer jahrtausendealten Überlieferung beschäftigt und aus sechs astrologischen Lehrbüchern die für die Steinbock-Steinbock-Geborenen erwähnten Charaktermerkmale zusammengestellt. Diese Menschen sind demnach ausdauernd und hartnäckig, ernst, zurückhaltend und arbeitsam, ehrgeizig, beherrscht, streng, pessimistisch, argwöhnisch, depressiv, melancholisch, rachsüchtig, vorsichtig, selbstsüchtig; sie haben einen strebsamen Geist und eine nüchterne, praktische Einstellung.

Versucht man, all diese Eigenschaften auf einen gemeinsamen Nenner zu bringen, dann bekommt man eine seriöse, gewissenhafte, manchmal etwas labile Persönlichkeit, die aber meist tüchtig und fleißig ist und es mit Entschlossenheit im Leben zu Erfolgen bringt.

Einige der Charakterbeschreibungen werden Sie als für sich zutreffend bestätigen müssen. Sie besitzen ein mehr nach innen gekehrtes Gefühlsleben und erwecken deshalb auch eher einen kühlen, indifferenten Eindruck. Dabei sollte nicht übersehen werden, daß diese Kälte in Wahrheit nur ein Schutzmantel ist gegen unliebsame Verpflichtungen. Vielleicht mußten Sie sich schon in früher Jugend gegen Widerstände aller Art durchsetzen oder haben seitens Ihrer Eltern wenig Zuwendung erfahren. Solche Erschwernisse erklären auch eine gewisse Dickfelligkeit, die Sie sich im Laufe der Zeit zugelegt haben. Beruflich eignen Sie sich eher für Tätigkeiten, die viel Vorstellungskraft und Phantasie erfordern. Ausnahmen bestätigen jedoch auch hier die Regel. In Ihrem Bereich geben Sie sich nicht allzu rasch mit dem Erreichten zufrieden, sondern Sie strengen sich ganz entschieden an, um auf der Leiter des Erfolgs nach oben zu kommen.

FÄHIGKEITEN UND EIGNUNG

Wenn Sie nicht im Bereich der Wissenschaften tätig sind, werden Sie vor allem von Berufen in der Industrie, im Handel und Handwerk angezogen. Bei entsprechendem Einsatz, der sich dann auch bald in klingender Münze bemerkbar macht, werden Sie beruflich hervorragende Ergebnisse erzielen.

LIEBE UND PARTNERSCHAFT

Hinsichtlich Ihrer Beziehungen zu anderen Menschen muß ebenfalls Ihre nüchterne und praktische Einstellung berücksichtigt werden. Obwohl Sie als treu und beständig gelten, dürfte Ihre Reserviertheit die Aufnahme neuer Verbindungen sehr behindern. Sie wissen, daß jede Partnerschaft auch Verpflichtungen mit sich bringt, deshalb zögern Sie, bevor Sie langfristige Bindungen eingehen. Unter den Menschen, die im Zeichen des Steinbock geboren sind, gibt es solche, die eher mit dem Beruf als mit dem Ehepartner verheiratet sind.
In diesen Zeichen sind geboren: der italienische Regisseur Federico Fellini (*20.1.1920) und der Schriftsteller Marek Hlasko (*14.1.1934).

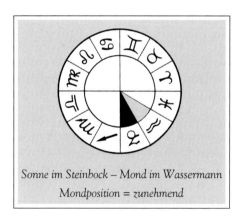

Sonne im Steinbock – Mond im Wassermann
Mondposition = zunehmend

Der Zuverlässige

WESENSART   Wenn bei der Geburt eines Erdenbürgers die Sonne im Zeichen des Steinbocks und der zunehmende Mond im Wassermann stehen, haben wir eine Kombination vor uns, bei der die kosmischen Einflüsse relativ unkomplizierte Konflikte auslösen.

In den meisten Fällen wird der betreffende Mensch seinem Naturell nach dazu neigen, in der Gegenwart zu leben und zu handeln und nicht alles im Zusammenhang mit der Vergangenheit oder der Zukunft zu sehen. Die Fähigkeit, Personen und Sachen unmittelbar auf sich einwirken zu lassen, ist für diesen Empfindungstyp geradezu charakteristisch. Er richtet sich bei seinem Verhalten nach der gegebenen Lage und nicht nach einem lange vorgefaßten Plan.

Diese Verbindung eines sachlichen Erdzeichens mit einem empfindsamen Wasserzeichen bewegt Kräfte, die auch unterschiedliche Eigenschaften ausgleichen können. Zwar sind Sie von Grund auf verantwortungsbewußt und praktisch veranlagt, werden aber von einer inneren Unrast getrieben und folgen diesem Antrieb, wenn Sie unerprobte Neuerungen einzuführen versuchen. Gerade dieser Drang, die Grenzen des eigenen Könnens zu sprengen und neue Wege zu gehen, unterscheidet Sie von vielen konventionell eingestellten Menschen. Mit großer Geistesschärfe und stark vernunftorientiert gehen Sie an Ihre Lebensaufgabe heran; Sie sind zuverlässig und setzen mit großem Verantwortungsbewußtsein instinktiv die richtigen Mittel ein. Jeder Mensch hat das Bedürfnis, anerkannt und bewundert zu werden; diese Eitelkeit ist wohl auch bei Ihnen das Motiv für Ihre Handlungsweise.

Sie treten selbstsicher und konzentriert auf, aber gegen Ängste und Phobien sind auch Sie nicht immer gefeit. Fragen Sie sich doch einmal gewissenhaft, was diese irrationalen Befürchtungen auslöst. Wenn Sie beispielsweise Angst haben vor Prüfungen, Trennungen, beruflichen Schwierigkeiten, Angst vorm Fliegen, vor Krankheit oder dem Tod, dann sollten Sie es einmal damit versuchen, die tieferen Zonen Ihres Bewußtseins zur Überwindung Ihrer Ängste einzusetzen.

Richtig angewandte Energie hilft Ihnen auch bei der Bewältigung beruflicher Aufgaben. Sammeln Sie zunächst Informationen über jene Tätigkeitsgebiete, die für Sie in Betracht zu ziehen sind.
Schauen Sie sich dann nach Unterstützung durch Ihre Mitmenschen um, damit Sie das Ziel Ihres Bemühens alsbald erreichen, denn Sie brauchen den Erfolg, um Stolz und Genugtuung zu empfinden. Es gibt eine ganze Skala von Möglichkeiten, derer Sie sich bedienen können; da Sie es verstehen, Erfahrungen nutzbringend umzusetzen, werden Sie auch die richtige Einstellung zu Ihrer Arbeit finden.

FÄHIGKEITEN UND EIGNUNG

Mit Ihrem liebenswürdigen und freundlichen Sichgeben haben Sie auch beim anderen Geschlecht gute Chancen. Obwohl Sie treu und zuverlässig sind, kann es geschehen, daß Sie sich den Zwängen einer falschen Partnerwahl entziehen wollen. Eine zu starke Bindung könnte Ihrem Freiheitsdrang entgegenstehen, andererseits aber schätzen Sie die Geborgenheit einer Familie und den Halt, den ein großer Kreis von Verwandten geben kann doch zu sehr, um ständig auf der Jagd nach Abenteuern zu sein.
In diesen Zeichen sind geboren: der Berufsboxer Muhammad Ali (Cassius Clay) (*17.1.1942) und der spanische König Juan Carlos (*5.1.1938).

LIEBE UND PARTNERSCHAFT

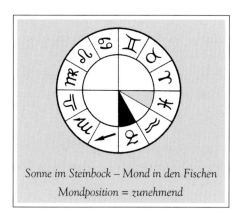

Sonne im Steinbock – Mond in den Fischen
Mondposition = zunehmend

Der Rätselhafte

WESENSART   Bei dieser Stellung der Gestirne im Tierkreis nimmt der zunehmende Mond eine Position ein, die einen spitzen Winkel zur Sonne ergibt.
Bei den Menschen, die zu dieser Zeit geboren sind, haben wir es meist mit Personen von ausgeprägter Vorstellungskraft zu tun, welche eine Neigung zum Träumen, Phantasieren und zur Hellsichtigkeit fördert. Bei fehlgeleiteten Energien können sich sogar neurotische Zustände ergeben, vor allem dann, wenn unbewältigte Lebenskonflikte eine Störung des seelischen Gleichgewichts verursachen. Menschen mit herabgesetzten körperlichen Widerstandskräften, mangelhaftem Ausgleichsvermögen und einer unzulänglichen Entwicklung der natürlichen Instinkte verlieren dann oft ihre Selbstsicherheit und versuchen, dies bewußt zu überspielen. Hier hilft nur schonungslose Ehrlichkeit sich selbst und anderen gegenüber sowie beispielsweise eine Bindung an (religiöse) Werte und Aufgaben.
Wenn Sie unter dem Einfluß dieser Verbindung eines Erdzeichens mit einem Wasserzeichen zur Welt gekommen sind, wirken zwar auch auf Sie verschiedene Kraftfelder ein, aber es liegt bei Ihnen, ob sie eine Bereicherung oder eine Einengung Ihres Lebens mit sich bringen. So, wie ein Zuviel an Wasser die Erde in eine Schlammwüste verwandeln kann und zuwenig Wasser ein Verkrusten der Oberfläche herbeiführt, so ist auch bei Ihnen jedes Übermaß nach der einen oder anderen Seite gefährlich. Versuchen Sie, Balance zu halten.
Mit großer Empfindsamkeit reagieren Sie auch auf Stimmungen und Gefühlsäußerungen Ihrer Mitmenschen; deshalb ist es wichtig, daß Sie sich mit Menschen umgeben, die für Ihre Ausgeglichenheit sorgen und Sie aufmuntern, wenn Sie

bedrückt sind. Lassen Sie sich nicht von Zweifeln und Gewissensnöten plagen, zeigen Sie Ihrer Umwelt, daß Sie die Veranlagung haben, das Leben freudig zu meistern. Ihre geistigen Kräfte stehen Ihnen sowohl bewußt als auch unbewußt zur Verfügung; wenn diese beiden Welten richtig zusammenwirken, werden Sie weniger leicht von unerwarteten Veränderungen und widrigen Umständen aus den Angeln gehoben.

Der Einsatz Ihrer schöpferischen Phantasie und Ihres hohen Intellekts bietet Ihnen ein breites berufliches Wirkungsfeld und ein erfülltes Leben, das Ihren Wertvorstellungen entspricht. Vor allem kann Ihr Interesse für Kunst, Kultur und Religion Türen öffnen, die anderen verschlossen bleiben. Ihr sicheres Gespür für geschäftliche und finanzielle Transaktionen empfiehlt Sie auch für das Wirtschafts- und Finanzwesen.

FÄHIGKEITEN UND EIGNUNG

Da Sie beeinflußbar und anlehnungsbedürftig sind, neigen Sie dazu, Ihre Erlebnisse und Erfahrungen mit anderen zu teilen. Dabei kann es vorkommen, daß Sie in erster Linie das Gegenbild zu sich selbst suchen, weil Sie von den ergänzenden Charaktereigenschaften besonders angezogen werden. Für Sie gilt also mehr das Sprichwort »Gegensätze ziehen sich an« und nicht so sehr die landläufige Erfahrung »gleich und gleich gesellt sich gern«. In der Auswirkung bedeutet dies natürlich ein Mehr an Spannung, an Unruhen und Aufregung, dafür weniger Langeweile und Ermüdungserscheinungen.

LIEBE UND PARTNERSCHAFT

In denselben Zeichen sind geboren: der amerikanische Schlagersänger Elvis Presley (*8.1.1935) und der amerikanische Friedensnobelpreisträger und Führer der Schwarzen Martin Luther King (*15.1.1929).

Sonne im Steinbock – Mond im Widder
Mondposition = zunehmend

Der Lebenshungrige

WESENSART Der bei dieser Winkelstellung Geborene ist sehr zielbewußt veranlagt, seine Antriebskräfte gewinnt er aus einem starken Streben nach Leistung und Sieg, wobei er impulsiv handelnd und lebenshungrig auftritt.
Mit Ausdauer und Konzentration versuchen Sie, dementsprechend Ihre Pläne zu verwirklichen. Dabei haben Sie etwas von einem Energiebündel an sich, obwohl auch Züge zum Phlegma erkennbar sind. Mit fast ängstlicher Skepsis steuern Sie gleichwohl immer neue Ziele an und bleiben ständig in Bewegung. Das berufliche Machtstreben kann zu Pedanterie und persönlicher Anspruchslosigkeit führen und duldet keine Faulenzertypen neben sich.

FÄHIGKEITEN UND EIGNUNG Der Wunsch, Karriere zu machen, ist stark ausgeprägt und kann zu Kontaktschwierigkeiten führen, die von der inneren Unruhe und selbstverschuldeten Isolation gestützt werden. Im Grunde sind Sie eine rastlose Seele, die es nicht lange an einem Ort aushält. Die Aufgaben, die gestellt werden, lösen Sie durch Zuverlässigkeit und ernsthaftes Bemühen, aber oft muß ein zäher, lang andauernder und mühsamer Weg gegangen werden. Bei gesundem Ehrgeiz und Bereitschaft zu hartem Einsatz mangelt es hin und wieder an der Erkenntnis, daß das Leben auch andere Seiten hat. Die Verwundbarkeit Ihrer Person wird durch Überbetonung des Materiellen kaschiert. Es besteht das Bedürfnis nach der Nähe von Menschen, die helfen und Entscheidungen mittragen; trotzdem bleibt das Unabhängigkeitsgefühl vorherrschend. In hohem Maße eignen sich Personen dieser Gattung für geistige Berufe, in Banken, Versicherungen, Religionsgemeinschaften, Redaktionen und Lehranstalten.

Liebe und Partnerschaft

In Liebesdingen kann die Entwicklung sehr spät einsetzen, weil das Gefühls- und Gemütsleben auf schnelle Abenteuer eingestellt ist. Meist bedarf es einer gewissen Reifezeit, bis die erforderliche Selbstsicherheit erreicht ist, die beständige Verbindungen erlaubt. So verlaufen denn Affären gewöhnlich etwas stürmisch, und nur langsam entwickeln Sie die innere Bereitschaft für eine harmonische Beziehung. Als dem Realisten sind Ihnen romantische Träume wesensfremd, Sie wollen herrschen und nur anpassungsbereite Menschen um sich sehen. Deshalb bedarf es einer großen Geduld auf beiden Seiten, damit eine erfolgreiche Partnerschaft wachsen und tragfähig werden kann.

In denselben Zeichen sind geboren: Konrad Adenauer (*5.1.1876) und Albert Schweitzer (*14.1.1875).

Sonne im Steinbock – Mond im Stier
Mondposition = zunehmend

Der scheinbare Spießbürger

Wesensart

Es sind die Winter-Kinder, die zur Zeit dieses harmonischen Winkels zwischen Sonne, Mond und Erde auf die Welt gekommen sind; die Astrologen nennen diese Stellung Trigon und schreiben ihr in diesem Fall nach der Überlieferung schöpferische Kraft, starken Willen und Sinn für Gerechtigkeit zu. Es vereinigen sich dabei zwei Erdzeichen und im Ergebnis kann eine stabile Persönlichkeit erscheinen, die sehr am Wohlgeregelten und Althergebrachten hängt und nicht viel von Veränderungen hält.

Wenn auch Sie zu dem Kreis derer gehören, die zu dem erwähnten Zeitpunkt geboren wurden, sollten Sie den Begriff »Spießbürger« nicht als negativ wertend empfinden und sich immer bewußt sein, daß jedes Gemeinwesen, Familie, Stadt, Staat, nur existieren kann, weil es Millionen ehrlicher Bürger gibt, die ohne großes Aufheben ihr Leben führen. Der Ehrliche ist auf lange Sicht gesehen wahrlich nicht immer der Dumme. Sie sind klug genug, Ihre Grenzen zu erkennen und den Schwierigkeiten im Leben mit Entschlossenheit und mit Geduld zu begegnen. Dabei setzen Sie sich weitgesteckte Ziele, um sie mit Zähigkeit zu erreichen.

Sie stehen nicht in den Reihen der Terroristen und der Revolutionäre und haben auch nicht die Absicht, eine neue Partei oder Bewegung zu gründen. Sie gehen mit Bestimmtheit und Ehrgeiz Ihren Weg und sind wegen Ihrer sympathischen und vertrauenerweckenden Erscheinung beliebt und allseits gern gesehen.

Vielleicht hält man Sie in Ihrer Umgebung für altmodisch, doch das ist in Wahrheit nur so, weil Sie die Fahne nicht nach jedem Wind hängen.

FÄHIGKEITEN UND EIGNUNG	Ihre Selbstdisziplin und gezügelte Leidenschaft bringen eine wohltuende Stabilität in Ihr Leben, um die Sie manch einer beneidet. Ihre Standfestigkeit kann jedoch zur Unbeweglichkeit werden; Sie sollten versuchen, sich zu mehr Flexibilität und Entschlußfreude zu bekennen. Auch wenn es so sein sollte, daß manch einer Ihrer Typengruppe lieber in beruflich untergeordneter Position verbleiben möchte, so kommt in der Regel im reifen Alter doch der Wunsch nach Unabhängigkeit und Selbständigkeit auf. Ihr Organisationstalent und Ihre kaufmännische Begabung begünstigen Tätigkeiten unternehmerischer Art und in der Verwaltung. Da Sie sich auf Spekulationen nicht gern einlassen, werden Sie wahrscheinlich sichere und finanziell entsprechend gut dotierte Posten mit Aussicht auf Versorgung im Alter bevorzugen.
LIEBE UND PARTNERSCHAFT	Auch Ihr Partner schätzt Ihre ruhige, humorvolle Art und Ihren Charme. Wenn Sie gelernt haben, sich mit Selbstvertrauen und Natürlichkeit zu bewegen, gibt es auch keine Gründe mehr, warum Sie nicht den Partner finden sollten, der Ihren Wünschen nach Sicherheit und Stabilität entspricht. Achten Sie jedoch darauf, daß Sie nicht auf den Erstbesten hereinfallen; lernen Sie, das Leben zu gestalten und die Menschen zu beurteilen, bevor Sie sich endgültig entscheiden. In diesen Zeichen sind viele Prominente geboren, die es nicht gern hören wollen, daß man sie als solide und ordentliche, biedere Bürger bezeichnet…

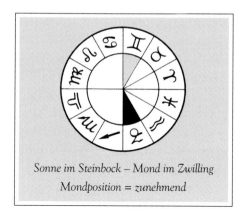

Sonne im Steinbock – Mond im Zwilling
Mondposition = zunehmend

Das Stehaufmännchen

Vermutlich haben viele von uns in der Kindheit mit jenem neckischen kleinen Stehauf-Kobold gespielt, der aus jeder Lage ohne unser Zutun mit einer Wackelbewegung wieder in die stabile Senkrechte kam. Kehren Sie auch immer wieder in die Ausgangslage zurück, wenn man Sie aus dem Gleichgewicht gebracht hat? Ihre Steinbock-Sonne steht für das Erdelement, für die materielle Welt des Wirklichen, sie sorgt dafür, daß Sie die Dinge realistisch einschätzen, zielgerecht handeln und unermüdlich tätig sein müssen. Dagegen leistet der Mond in den Zwillingen einen Beitrag zur geistigen Beweglichkeit, aus der die rasche Auffassungsgabe und die hervorragende Anpassungsbereitschaft entspringen. Vermutlich treibt Sie eine innere Unrast; Sie müssen ständig neue Gedanken äußern, neue Theorien entwickeln und neue Richtungen ausprobieren. Ihre Wißbegierde ist groß, und das Motto »man lernt nie aus« könnte von Ihnen stammen. Wissensdurst und Lernbegierde sind die Aktivposten Ihres Charakters. Um mit Hildegard Knef (*28.12.1925) zu sprechen, die ebenfalls dieser Gruppe angehört, macht Ihre Neugier vor nichts halt. Sie sind sozusagen Ihr ganzes Leben lang »nichts als neugierig«.

WESENSART

Da Sie sehr vielseitig und aufnahmefähig sind, gelingt es Ihnen nur schwer, sich auf wichtige Dinge zu konzentrieren. Sagen Sie vielleicht deshalb auch einmal zu wünschenswerten und lohnenden Aufgaben nein, wenn Sie nicht von Ihrem Hauptziel abgelenkt werden wollen.
Sie sind ein Mensch, der »gut im Nehmen« ist, wie man im Boxsport zu sagen pflegt, aber Sie sollten trotzdem nicht jede Herausforderung annehmen. Tun Sie

FÄHIGKEITEN
UND
EIGNUNG

es Ihrer Gesundheit zuliebe, vermeiden Sie Hetze und Streß, und reagieren Sie mit mehr Geduld und Überlegung! Als richtiges Arbeitspferd können Sie zwar nicht leben, ohne »im Geschirr zu gehen«, doch müssen auch Sie irgendwann einsehen, daß es ohne Ruhepausen und Zeit zum Nachdenken nicht geht. Sie haben vielfältige Talente, die Ihnen Anwendungsmöglichkeiten bieten; es fällt schwer, Empfehlungen für einzelne Berufsgruppen zu geben.

Viele mit dieser Steinbock-Zwillinge-Kombination arbeiten im Bereich der Wissenschaften, der Rechtspflege oder sind künstlerisch, vor allem literarisch tätig. Ihr unbeirrbarer Einsatz führt sie oft zu Gipfelleistungen.

LIEBE UND PARTNERSCHAFT

Körperliches und seelisches Wohlbefinden hängen sehr von Ihren Partnerschaften ab, die allerdings oft zugunsten des Berufs vernachlässigt werden. Trachten Sie deshalb danach, mehr Zeit für die Familie und für Ihre Freunde zu erübrigen, denn Sie brauchen diesen Ausgleich dringend.

In diesen Zeichen sind geboren: der Fußballtrainer Udo Lattek (*16.1.1935) und die Schauspielerin Desiree Nosbusch (*14.1.1965).

Sonne im Steinbock – Mond im Krebs
Mondposition = Vollmond

Der kühle Stratege

WESENSART

Bei dieser sehr seltenen Konstellation der Gestirne im Tierkreis ergibt sich ein weit geöffneter Winkel; Sonne, Mond und Erde bewegen sich ungefähr auf einer Linie und die kosmischen Einflüsse können voll zur Entfaltung kommen.

Ihre Zuordnung zu dieser Winkelstellung verschafft Ihnen das Image eines Asketen, der dazu neigt, sich in Selbstüberwindung zu üben. Doch diese mönchische Einstellung führt nur in den wenigsten Fällen zur völligen Entsagung in körperlicher und geistiger Hinsicht, weil viele Faktoren wie ererbte Anlagen, Umwelteinflüsse und Lebenserfahrung die emotionalen Verhaltensweisen stark beeinflussen. Auch wenn Sie zäh und mit großer Bereitschaft zum Widerstand an Ihren Prinzipien hängen, sind Sie wegen einer ausgeprägten Sensibilität doch verwundbar und lassen sich umstimmen. Aber im allgemeinen kämpfen Sie mit voller Kraft ohne Rücksicht auf Verluste, sobald Sie sich für eine Sache entschieden haben. Sie sind der Ansicht, daß Sie zur bestimmten Zeit Ihre Aufgabe im Leben erfüllen.

Ihre Einfühlsamkeit und Ihre Lernbegierde können Vor- und Nachteile für Sie bringen, je nachdem, welche berufliche Tätigkeit Sie ausüben. Besonders geeignet sind Sie für Berufe, die mit einer Lehrtätigkeit oder einer Arbeit im Bereich der Naturwissenschaft zusammenhängen. Auffallend ist Ihre Bereitschaft, Herausforderungen auch unter härtesten Bedingungen anzunehmen, wobei Sie auch einem Berufswechsel nicht abgeneigt sind.
Obwohl Sie von herausragender Intelligenz sind, streben Sie nicht nach führenden Posten. Lieber bleiben Sie im altvertrauten Kreis, um an der Basis wirken zu können. Sie haben etwas von einem Einzelgänger an sich, der weder führen noch geführt werden will und seine Unabhängigkeit über alles liebt. Diese frei gewählte Einstellung kann zur Vereinsamung führen; nur Ihre Nächstenliebe und Nächstenhilfe verhütet das Absinken in einen depressiven Zustand.

FÄHIGKEITEN UND EIGNUNG

Zwar sehnen Sie sich nach Liebe und Anerkennung, aber Sie sind sofort bereit, Ihre Bindungen zu lösen, wenn Sie beispielsweise in Erfüllung Ihrer Pflichten zu einem (nur ungern vorgenommenen) Ortswechsel gezwungen werden. Ihre Unempfindlichkeit gegen die verschiedenen Versuchungen des modernen Lebens wird nicht von jedem Ihrer Mitmenschen verstanden, und es kann geschehen, daß Ihre Gefühle nicht in dem Ausmaß erwidert werden, wie Sie es sich vielleicht erhofft haben. Wenn Sie Ihre unbewußte Abwehrhaltung aufgeben, mehr Wärme und Zuneigung zeigen, wird sich das Verhalten Ihrer Umgebung ändern; mit Ihrem warmherzigen und fröhlichen Gemüt können Sie dann – wenn es Ihrem Wunsch entspricht – jene Partnerschaft eingehen, die Ihnen dauernde Zufriedenheit und Harmonie verspricht. In diesen Zeichen sind geboren: der Formel-1-Rennfahrer Michael Schumacher (*3.1.1969) und Sir Isaac Newton (*4.1.1643).

LIEBE UND PARTNERSCHAFT

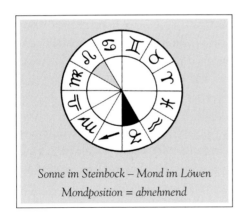

Sonne im Steinbock – Mond im Löwen
Mondposition = abnehmend

Der Möchtegern

WESENSART Was will er denn, der Möchtegern? Das ist hier die Frage! Denn er selbst weiß es oft auch nicht.
Nehmen wir als Beispiel für diese Kombination das Leben des erfolgreichen amerikanischen Schriftstellers Jack London (*12.1. 1876). Schon als Bub von 14 Jahren sorgte er allein für seinen Lebensunterhalt und schlug sich als Tramp, Goldwäscher, Weltreisender, Austern-Pirat, Reporter, Kriegsberichterstatter und Schriftsteller durchs Leben. Mit 40 Jahren vollendete sich sein an Abenteuern und Wechselfällen reiches Schicksal; er hatte erfahren, daß es einfacher wäre, ruhig und frei von stürmischen Entwicklungen für sich zu leben, aber dies bedeutete für ihn, gleichsam überhaupt nicht zu leben.
Geprägt von den Einflüssen eines Erd- und eines Feuerzeichens spüren Sie selbst vermutlich auch etwas von dieser Unruhe in sich, die Sie mit Macht immer wieder zu neuen Unternehmungen antreibt. Es fällt Ihnen auf, daß Sie sich über andere hinausheben können; mit Ihren Naturkräften stürzen Sie sich auf jede Art Tätigkeit und können entsprechende Leistungen vorzeigen. Obwohl Sie klug und bedächtig sind, kommt es doch immer wieder zu Fehlentscheidungen, die Sie jedoch nie zugeben. Jedenfalls meinen Sie, im Recht zu sein und das Beste für sich und andere getan zu haben.

FÄHIGKEITEN UND EIGNUNG So begrüßenswert es ist, daß Sie sich nicht ewig in eingefahrenen Geleisen bewegen, so aufreibend ist aber auch das Leben voller Abenteuer und Veränderungen. Ihr gut entwickelter Verstand und ein unbändiger Wille verhelfen Ihnen zu Führungspositionen, und wenn Sie etwas beständiger wären, könnten Sie auch Ihr Talente, andere zu leiten und zu Ihren Gefolgsleuten zu machen, voll ausspielen. Redegewandtheit und andere besondere Fähigkeiten verbinden sich bei Ihnen mit einem gesunden Ehrgeiz und sorgen dafür, daß Sie sich in der Praxis mit erkennbaren Leistungen Respekt verschaffen, den Sie unbedingt brauchen.

LIEBE UND PARTNERSCHAFT

Allein Ihre Anwesenheit verbreitet eine vertrauensvolle Atmosphäre, und sie ist die Basis für Ihre vielfältigen Beziehungen zu anderen Menschen. Allerdings kann überbetonte Antriebskraft und Beharren auf bestimmten Einstellungen zu Kontaktschwierigkeiten führen. Bedenken Sie, daß vor allem Zweierbeziehungen den Ausgleich von Gegensätzen fordern, denn zwei Menschen sind immer auch zwei verschiedene Welten. So läßt sich in der Partnerschaft auf die Dauer eine Zuneigung nicht erzwingen; nur wenn der Weg zum Verstehen des Denkens, Fühlens und Handelns des Partners weit geöffnet wird, kann eine glückliche Verbindung auf die Dauer krisenfrei bleiben.
In diesen Zeichen sind geboren: der Klaviervirtuose Richard Claydermann (*28.12.1953) und der Rocksänger und Schauspieler David Bowie (*8.1.1947).

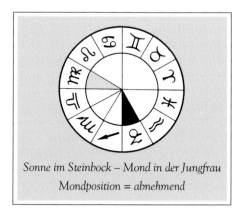

Sonne im Steinbock – Mond in der Jungfrau
Mondposition = abnehmend

Das Schlitzohr

WESENSART

In diesem Fall kennzeichnen zwei Erdzeichen außergewöhnlich tatkräftige, fleißige und entschlossene Menschen, die nicht nur über brauchbare Ideen verfügen, sondern diese auch in brauchbare Ergebnisse umzusetzen wissen. Meistens sind es echte Profis mit Steinbock-Eigenschaften wie ehrgeizig, schnell entschlossen und karrierebewußt, dazu die Jungfrau-Einflüsse, die zu kritischen, vorsichtigen und bescheidenen Verhaltensweisen führen. Das Zusammenspiel dieser Kräfte sorgt für eine realistische Einstellung, die in ihrem ganzen Leben wirksam ist.

Es spricht viel dafür, daß auch Sie eine starke und energische Persönlichkeit sind, die genau weiß, was sie will und wieweit sie gehen darf, um die Sympathien der Öffentlichkeit nicht zu verlieren. Ihre Popularität kommt nicht von ungefähr, denn Sie verstehen es meisterhaft, Kenntnisse und Erfahrungen geschickt und mit einem Schuß Raffinesse einzusetzen. Möglich ist, daß Ihr Leistungswille mit einer leicht überzogenen Eitelkeit zusammenhängt, wie sie zum Beispiel bei dem Schauspieler und Regisseur Gustaf Gründgens (*22.12.1899) zu erkennen war und über den Klaus Mann sich wie folgt äußerte: »Er litt an seiner Eitelkeit wie an einer Wunde, es war diese fieberhafte, passionierte Gefallsucht, die seinem Wesen den Schwung, den Auftrieb gab, an der er sich aber auch buchstäblich zu verzehren schien. Wie tief muß der Inferioritätskomplex sein, der sich in einem solchen Feuerwerk von Charme kompensieren will. Welche Beunruhigung, welch gequältes Mißtrauen versteckt sich hinter dieser exaltierten Munterkeit!« Obwohl Sie nach außen hin eine gewisse Unnahbarkeit und Kühle verbreiten, wollen Sie damit nur Ihre Unsicherheit und Ihre Furcht kompensieren. Sie brauchen die Anerkennung und den Beifall der Mitmenschen, damit Sie Ihre von Idealismus und Reformstreben getragenen Vorstellungen verwirklichen können. Mit List, notfalls auch mit Schläue überwinden Sie die Hindernisse und gelangen so auf der Leiter des Erfolgs immer weiter nach oben.

FÄHIGKEITEN UND EIGNUNG

Materielle Unabhängigkeit ist eines Ihrer Ziele, und es besteht die Gefahr, daß Sie von Ihren beruflichen Aktivitäten vollkommen in Anspruch genommen werden. Dies trifft vor allem zu, wenn Sie ständig mit Aufbauen und Absicherung zu tun haben, beispielsweise als Politiker, Bankier, Wirtschaftsprüfer oder Makler. Ihr nimmermüdes Schaffen kann leicht zu Nervosität und Unzufriedenheit führen, deshalb sollten Sie sich unbedingt einen Ausgleich durch eine Freizeitbeschäftigung suchen. Stellen Sie sich ein Erfolgsprogramm nicht nur für die Karriere, sondern auch für die Gesundheit auf. Erkennen und beseitigen Sie die Risiken, die durch falsche Ernährung, Bewegungsarmut, Mißbrauch von Nikotin, Alkohol und Medikamente entstehen.

Bei Überwindung von kontakthemmenden Eigenheiten können Sie Ihre zwischenmenschlichen Beziehungen wesentlich besser gestalten. Da Ihr Streben nach Freiheit stark betont erscheint, brauchen Sie in Freundschaft, Liebe und Ehe einen verständnisvollen Partner, der Ihre etwas schulmeisterlichen Allüren nicht ganz ernst nimmt, sondern sich einen Freiraum zur eigenen Lebensgestaltung zu erhalten weiß.
In denselben Zeichen sind geboren: der Politiker Helmut Schmidt (*23.12.1918) und die Schauspielerin Maria Schell (*5.1.1926).

LIEBE UND PARTNERSCHAFT

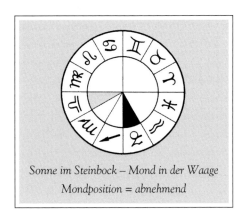

Sonne im Steinbock – Mond in der Waage
Mondposition = abnehmend

Der Pläneschmied

Die Kombination des Erdzeichens Steinbock mit dem Luftzeichen Waage ergibt einen etwas zwiespältigen Typ, der idealistisch bei großer Sensibilität nach oben strebt, ohne andere beeinträchtigen zu wollen. Er gibt sich nach außen robust und eigenständig, ist jedoch im Innern sanft und wird von Zweifeln heimgesucht. Die Widerspenstigkeit, ein Symptom der Steinbock-Geborenen, tritt nur abgeschwächt in Erscheinung. Der friedfertige Charakter ergibt sich meist aus der hohen Rhythmenharmonie der Eltern, und es kann nachteilig sein, daß diese Friedfertigkeit auch bei anderen unterstellt wird.
Da das Vertrauen in andere sehr groß ist, meinen Sie, die anderen vertrauen auch Ihnen und haben Verständnis für Ihr etwas komplexes Seelenleben. Aus dieser Grundstruktur stellen sich Anlässe für Enttäuschung ein. Sie müssen deshalb Selbstvertrauen und Sinn für Unabhängigkeit entwickeln.

WESENSART

Lösen Sie sich aus der Befangenheit durch Überwindung Ihres inneren Zwiespalts, oder setzen Sie sich bewußt mit der Umwelt auseinander, wenn Sie Ihre Ideen und Vorhaben realisieren wollen. Mit romantischem und ideellem Streben allein macht man sich zwar Freunde, aber es kann sein, daß der Erfolg ausbleibt und Freundschaften sich als unecht erweisen.

FÄHIGKEITEN UND EIGNUNG	Ausdauer und beruflicher Ehrgeiz werden günstige Entwicklungen zur Folge haben; am ehesten bieten sich für Sie Berufe wie Journalist, Kaufmann, Handlungsbevollmächtigter und ähnliches an, doch sollten Sie sich vor Bürokratisierung in acht nehmen. Selbstsicherheit wird sich erst nach geraumer Zeit einstellen, aber dann kann es auch gelingen, Gesundheit und Glück zu bewahren.
LIEBE UND PARTNERSCHAFT	Der größte Feind ist der geheime Zweifel an sich selbst, der zeitweise sogar zu Depressionen führen kann. Bewahren Sie sich davor, indem Sie bei allem Unabhängigkeitsstreben immer aufgeschlossen bleiben für Rat und Hilfe Ihrer Mitmenschen. Zwar haben Sie durchaus das Talent, Ihr Leben so zu gestalten, wie es Ihrem Planen und Ihren Ansprüchen entspricht, doch lassen Sie reifen, was eine Reifezeit braucht. Auch in Ihren erotischen Beziehungen werden Sie verzögert Aktivitäten entfalten und erfolgreich sein können, wobei Sie Ihre Schwärmereien überwinden müssen. Bei Frauen ist in dieser Hinsicht ein Faible für ältere Männer zu beobachten. Denselben Zeichen gehören an: der Dichter Carl Zuckmayer (*27.12.1896) und der Box-Weltmeister Henry Maske (*6.1.1964).

Sonne im Steinbock – Mond im Skorpion
Mondposition = abnehmend

Das schwarze Schaf

Es genügt, nur einige wenige glanzvolle Namen zu nennen, und man erkennt sofort, daß Menschen, die zu Zeiten dieser Konstellation geboren wurden, anders sind als andere und sich irgendwie aus ihrer Umgebung herausheben; ja man kann behaupten, daß sie durch die Unterschiede auffallen: Nostradamus, der Seher und Zukunftsdeuter, Elisabeth von Österreich, die unglückliche Kaiserin, Henry Miller, der schillernde Schriftsteller, Henry Nannen, der erfolgreiche und angefeindete Chefredakteur, und Sylvia, die populäre Königin von Schweden.
Vielleicht sind auch Sie hochbegabt, freiheitsliebend und von scharfem Intellekt, eine schon in der Kindheit distanzierte Natur mit großen Geistesgaben, als Außenseiter bewundert und beneidet.

WESENSART

Vermutlich waren es der Ehrgeiz, die Vielseitigkeit und die Schnelligkeit, mit der Sie auf Lageänderungen zu reagieren lernten, die Sie zu selbständigen, großen Leistungen anspornten. Als Sie dann, nach den ersten Erfolgen in der Jugend, sich im beruflichen Wettstreit messen lassen mußten, traten Sie wahrscheinlich oft siegreich hervor; so gewannen Sie die Selbstsicherheit und das entschlossene Auftreten, mit deren Hilfe Sie sich Macht, Respekt und Ansehen verschaffen.
Später legten Sie sich dank Ihres Bildungseifers ein Weltbild zurecht, daß Sie für richtig halten, und es ist fast unmöglich, Sie von Ihrer vorgefaßten Meinung abzubringen. Sie gehen dabei so weit, daß Sie die Ansichten Ihrer Mitmenschen ignorieren, und es ist Ihnen gleichgültig, ob Sie dabei die Gefühle anderer verletzen. Sie sagen ungeschminkt die Wahrheit, auch wenn dies auf andere

FÄHIGKEITEN
UND
EIGNUNG

schockierend wirkt. Mit Nachdruck vertreten Sie Ihre Weltanschauung und sich selbst, am liebsten würden Sie Ihre Meinung bei jeder Gelegenheit äußern. Ihr Denken wird sehr stark von der Vernunft und der Logik bestimmt, ein nützlicher Hinweis für die berufliche Karriere, die beispielsweise im Gebiet der analytischen Wissenschaften, der Psychologie oder der Politik liegen kann.

LIEBE UND PARTNERSCHAFT

Da Sie gefühlsbetont reagieren, unterliegen Ihre Gemütsregungen starken Schwankungen mit der Folge, daß zwischenmenschliche Beziehungen durch disharmonische Züge getrübt werden.

Oft hat eine freundschaftliche, ja herzliche Verbundenheit mit Ihren Mitmenschen sehr reale Hintergründe, da Sie häufig an Ihre persönlichen Vorteile denken. Zwar suchen Sie einerseits den Kontakt mit anderen und brauchen das Gespräch, andererseits sind Sie sehr wohl in der Lage, sich mit sich selbst zu beschäftigen. Außenstehende können kaum begreifen, wie Sie Ihre Zweierbeziehung führen, weil Sie ständig zwischen Anziehung und Abstoßung hin- und herpendeln.

In Liebesbeziehungen verlangen Sie Bewunderung und Anerkennung, vielleicht sogar Unterwerfung. Es dürfte Ihr Hauptproblem sein, einen Partner zu finden, der ein Leben lang zu Ihnen steht und Ihre extravaganten Ansichten akzeptiert. Vielleicht geben Sie die Suche nach dem »anbetungswürdigen« Partner auf, denn die ideale Beziehung hat es wahrscheinlich nur im Paradies gegeben.

In diesen Zeichen finden wir: den Schauspieler Gerard Depardieu (*27.12.1948) und die Kaiserin Elisabeth von Österreich (*24.12.1837).

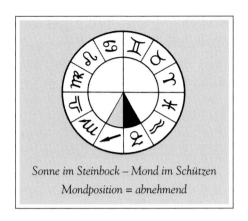

Sonne im Steinbock – Mond im Schützen
Mondposition = abnehmend

Der Krisenmanager

Wo andere keine Lösung mehr finden und aufgeben wollen, da entdecken Menschen, die unter den Einflüssen dieser Zeichen geboren wurden, immer noch einen gangbaren Weg. Mit ihrer erfinderischen, einfallsreichen, ehrgeizigen und entschlossenen Wesensart können sie oft Helfer in der Not sein und Dinge wieder zurechtrücken, die nicht mehr im Lot sind. Kurzum, es handelt sich um die wahren Manager des Umschwungs. Dabei sind es keine sturen Verfechter ihrer Ansichten, keine großmäuligen Angeber, sondern geschickte und umgängliche Menschen, die ihre weitgesteckten Ziele mit Diplomatie erreichen.

Sollten Sie sich angesprochen fühlen, weil diese Winkelstellung zur Zeit Ihrer Geburt herrschte, dann treten Sie ebenfalls eher gelassen und bescheiden auf und brüsten sich keineswegs mit Ihren Erfolgen. Ihr Kapital sind Ihr Charisma und Ihre stete Einsatzbereitschaft.

Sie sind arbeitsam und fleißig, aber Sie lieben auch Ihre Freizeitbeschäftigungen, die Sie unbedingt zur Entspannung und Erholung brauchen. Ohne selbstherrliche Attitüden verstehen Sie es geschickt, Ihre Absichten durchzusetzen, wobei Sie gelegentlich auch Ihre Ellenbogen zu Hilfe nehmen. Der Mond im Schützen läßt zuweilen eine herbe, doch einfühlsame Veranlagung erkennen; Ihrer allgemeinen Beliebtheit tut das jedoch keinen Abbruch.

Ihre beruflichen Ambitionen werden von der Sehnsucht nach einem Ideal geprägt, das beständig vor Ihrem geistigen Auge steht und auch durch die philosophische Lebenseinstellung gestützt wird. Sie brauchen andere, die Ihre

WESENSART

FÄHIGKEITEN
UND
EIGNUNG

Entscheidungen mittragen und Ihre mangelhafte Durchsetzungskraft im administrativen Bereich verstärken. In leitenden Positionen, sei es als Firmenchef, Vermögensverwalter oder als Botschafter, wird Ihr Führungsstil weniger durch das Erteilen von Befehlen als vielmehr durch Diskutieren und Überzeugen gekennzeichnet.

LIEBE UND PARTNERSCHAFT	Im privaten Bereich zeigen Sie sich eher unentschlossen und unsicher, dies erklärt Ihr Zögern, langfristige Bindungen einzugehen. Sie suchen unverhältnismäßig lange nach Partnern, die sich so fröhlich und ungezwungen geben, wie Sie selbst es sind. Es ist vor allem die Furcht, das Glück einer harmonischen Familie wieder zu verlieren, die Sie zur Zurückhaltung veranlaßt. Sie sollten sich bemühen, solche Ängste zu überwinden, wenn Sie wirklich an einer Zweisamkeit interessiert sind. Obwohl Sie vom anderen Geschlecht oft umworben werden, bleiben Sie reserviert, weil Sie zu unrecht vermuten, daß eine eventuelle Familie wegen Ihres beruflichen Engagements im Hintergrund bleiben müßte.

In denselben Zeichen sind geboren: der Politiker Johannes Rau (*16.1.1931) und die Sängerin und Schauspielerin Catarina Valente (*14.1.1931).

Sonnenzeichen Wassermann ♒

*Sonne im Wassermann – Mond im Wassermann
Mondposition = Neumond*

Der Undurchsichtige

Wenn man eine Liste der bedeutendsten Naturwissenschaftler und Techniker des 19. Jahrhunderts zusammenstellt, wird man feststellen, daß eine beträchtliche Anzahl von ihnen im Geburtshoroskop sowohl die Sonne als auch den Mond im Tierkreiszeichen Wassermann haben. Diese Konstellation ist ganz offensichtlich günstig für Entdecker und Erfinder, für Konstrukteure, Gestalter und Designer, für Gründer und für Bastler.

Meist ist der »reine« Wassermann eine Persönlichkeit, die weit nach vorn blickt und dabei Dinge entdeckt, die zukunftsträchtig und verwertbar sind. Je nach den Umständen werden seine Gedankengänge von den Zeitgenossen oft kaum verstanden, so daß er häufig als Sonderling abgestempelt wird. Doch das stört ihn wenig und hält ihn von seinen Tätigkeiten nicht ab – ganz im Gegenteil: Er ist äußerst bedacht darauf, daß ihm niemand in die Karten schaut.

WESENSART

Sollten Sie ebenfalls solch ein »doppelter« Wassermann sein, dann fasziniert Sie das Neue, das Moderne, die Technik, die Forschung, das Experimentieren und Neuerschaffen. Wenn Sie darüber hinaus noch so veranlagt sind, neue Ideen nicht nur zu produzieren, sondern sie auch wissenschaftlich zu untermauern und tech-

FÄHIGKEITEN
UND
EIGNUNG

nisch bis zur Verwendbarkeit zu entwickeln, dann gehören Sie zu den begnadeten Menschen, ohne die unsere Zivilisation nicht bestehen kann.

Natürlich fallen Ihnen die Erfolge nicht wie reife Früchte in den Schoß, sondern sie müssen hart erarbeitet werden. So erklärt es sich, daß Thomas Alva Edison, einer der größten Erfinder, einmal behauptet hat: »Schlaf ist wie eine Droge, zu viel Schlaf macht dösig und bringt einen nur um Zeit und Kraft und Gelegenheit.« Um die entwickelten Verbesserungen einzuführen, bedarf es neben einer beträchtlichen Intelligenz und einer umfangreichen Phantasie auch eines Durchsetzungsvermögens, das von der Mitwelt oft als Starrköpfigkeit bezeichnet wird. Doch machen die Erfolge diese negative Einschätzung rasch vergessen und sichern eine treue Mitarbeiterschaft. Es dürfte vor allem Ihrem Charme und der hervorragenden Begabung zuzuschreiben sein, daß Sie beruflich Karriere machen. Ihre exzentrische Wesensart und Ihr Streben nach Unabhängigkeit stehen dabei kaum im Wege. Doch sollten Sie nicht nur von den eigenen Fähigkeiten überzeugt sein, sondern auch die Ansichten und Handlungsweisen Ihrer Mitmenschen berücksichtigen und verstehen.

LIEBE UND PARTNERSCHAFT

Trotz Ihres starken beruflichen Engagements finden Sie auch noch die Zeit, sich um private Beziehungen zu kümmern. Vielleicht kann man Sie als weniger romantisch veranlagt bezeichnen, aber Sie sind in Liebe, Freundschaft und Ehe tolerant und liebenswürdig.

Unter den in diesen Zeichen Geborenen finden wir: Prinzessin Stefanie von Monaco (*1.2.1965) und den Höhen- und Tiefenforscher Professor Auguste Piccard (*28.1.1884).

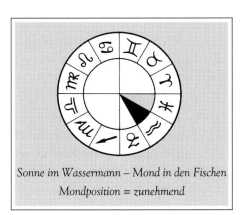

Sonne im Wassermann – Mond in den Fischen
Mondposition = zunehmend

Der Weichherzige

WESENSART

Es ist nicht leicht, das Wesen dieses Menschentyps zu erfassen, weil sich bei ihm die unterschiedlichsten Antriebe vermischen. Will man einen vertieften Einblick in die etwas zwiespältige Natur der unter diesem Aspekt geborenen Menschen gewinnen, dann sollte man nachlesen, was über den Komponisten Franz Schubert von einem seiner Freunde geschrieben wurde: »In seinem Wesen mischten sich Zartheit und Derbheit, Genußliebe mit Treuherzigkeit, Geselligkeit mit Melancholie.« Diese Aussage wird noch verdeutlicht durch das Leben Schuberts, der das Schicksal bejahte und sich ihm willig hingab. Schubert, wie auch viele andere, für die dieses Doppelzeichen zuständig ist, sind gewissermaßen Opfer ihrer Wassermann-Sonne mit ihrer Anpassungsfähigkeit, ihrem freundlichen, optimistischen und fröhlichen Wesen und dem vielseitigen Ideenreichtum, dem der Fische-Mond einfühlsame, tiefgründige, verläßliche und intelligente Nuancen verleiht. In der Bilanz ergibt das einen bescheidenen und großzügigen, mitunter sogar arglosen Charakter, der ein unwahrscheinlich sicheres Gefühl für alles, was falsch ist, entwickelt. In Ihrem Lebenslauf haben Lug und Trug keine Chance. Sie bringen den Mitmenschen viel Vertrauen entgegen und werden im Gegenzug mit dem Vertrauen der anderen belohnt.
Bei Ihnen fällt der immense Schaffensdrang auf, der allerdings immer erneuten Kräfteeinsatz erfordert, damit Sie vom vorgezeichneten Weg nicht abweichen.

FÄHIGKEITEN UND EIGNUNG

Ihre ausgezeichneten geistigen Anlagen öffnen Ihnen beruflich den Zugang zu entsprechenden Tätigkeiten, die Sie vollauf ausfüllen. Es ist auch möglich, daß Sie sich dem Religiösen, Okkulten und Mysteriösen, dem Märchenhaften und

WASSERMANN

Übersinnlichen zuwenden, um mitzuhelfen, Antworten auf viele Fragen und Rätsel dieser Welt zu finden. Obwohl Sie zuweilen die Grenzen wissenschaftlicher Bereiche überschreiten, verlieren Sie den Boden des Realen nicht, es gelingt Ihnen im Gegenteil sogar, eine Verbindung zwischen Schein und Sein herzustellen.

LIEBE UND PARTNERSCHAFT

Auch Ihre zwischenmenschlichen Beziehungen werden durch Ihr Wissen um Lust und Leid, Schönheit und Vergänglichkeit, Himmel und Erde, Leben und Tod beeinflußt. Den Schlüssel zum Verständnis Ihres Fühlens liefert wiederum Franz Schubert: »Wollte ich Liebe singen, ward sie mir zum Schmerz. Und wollt ich wieder Schmerz nur singen, ward er mir zur Liebe. So zerteilte mich die Liebe und der Schmerz.«

Einerseits brauchen Sie die Geselligkeit, andererseits immer wieder die Einsamkeit, das Alleinsein. Vor allem in der Liebe bedarf es bei Ihnen eines Partners, der Ihre große Gefühlsbetontheit versteht und Ihnen hingebungsvoll Liebe und Zuneigung schenkt.

In denselben Zeichen finden wir: die Schauspielerin Thekla Carola Wied (*5.2.1946) und die Star-Autorin Sandra Paretti (*5.2.1935).

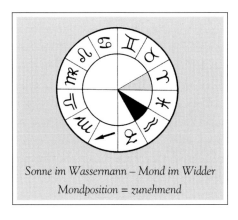

Sonne im Wassermann – Mond im Widder
Mondposition = zunehmend

Der Ungeduldige

WESENSART

Die Merkmale eines dynamischen, anregenden Luftzeichens vermengen sich hier mit denen eines aggressiven, mitreißenden Feuerzeichens und schaffen so eine

Persönlichkeit, die beweglich, ruhelos, reizbar, vorschnell und ungeduldig ist. Wenn Luft das Feuer anbläst, brennt es heller und intensiver; so können auch bei Ihnen, der diesen Zeichen verbunden ist, Zorn und Leidenschaften durch äußere Umstände entzündet werden.
Zu viel Wind, beispielsweise ein Sturm, kann jedoch die Flammen zum Erlöschen bringen, und deshalb ist es Ihre Aufgabe, das Feuer zu behüten und es nicht zu sehr den Stürmen des Lebens auszusetzen.

Fähigkeiten und Eignung

Sie sind eine vielseitig begabte, kluge und geistreiche Persönlichkeit, die es versteht, Planungen alsbald in die Tat umzusetzen. Ihr Problem ist allerdings Ihre Ungeduld, da Sie es kaum erwarten können, bis sich sichtbare Erfolge zeigen. Wahrscheinlich besitzen Sie auch nicht genügend Ausdauer, eine gegebene Position zu behaupten und den Zeitpunkt abzuwarten, zu dem eine Änderung möglich ist.
Dazu kommt noch Ihre aufbrausende Art und die egoistische Einstellung, die Ihren Bestrebungen hinderlich sein können. Halten Sie das Steuer auf Kurs, und lassen Sie sich nicht entmutigen, wenn Hindernisse Umwege und Verzögerungen erforderlich machen! Bedenken Sie, daß Ausdauer und Geduld sowie ein angemessenes Verhalten Ihren Mitmenschen gegenüber den gewünschten Erfolg herbeiführen. Wenn Sie Ihre hochgesteckten Ziele erreichen wollen, sollten Sie deshalb im Urteilen über andere etwas milder und im Handeln toleranter sein. Sie können auf die Unterstützung tüchtiger Mitarbeiter und Kollegen nicht verzichten, wenn Sie neue Ideen und Erkenntnisse verwerten wollen; früher oder später müssen Sie dies einsehen, da Ihre Geschäftstüchtigkeit Sie auf den richtigen Weg führen wird.

Liebe und Partnerschaft

Ungeduld überschattet auch Ihre privaten Beziehungen. Da Sie jedoch sehr liebenswürdig, höflich und zuvorkommend sein können, wird dieser negative Zug gut kompensiert. Achten Sie bei Ihrer Partnerwahl darauf, daß Sie nicht unter Ihr Niveau gehen; vor allem muß Ihr Partner Ihre idealistische, phantasievolle und kreative Veranlagung teilen und ebenso sportlich, naturliebend und sozial eingestellt sein wie Sie selbst.
In diesen Zeichen finden wir: den Unternehmer und Filmproduzenten Willy Bogner (*23.1.1942) sowie den Naturwissenschaftler Volker Arzt (*23.1.1942).

≈ WASSERMANN

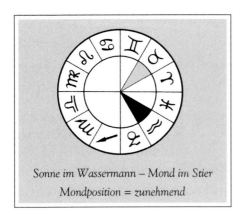

Sonne im Wassermann – Mond im Stier
Mondposition = zunehmend

Der Standhafte

WESENSART Der populärste Präsident der Vereinigten Staaten von Amerika seit Kennedy ist der ehemalige Schauspieler Ronald Reagan, bei dessen Geburt die Sterne in diesem Doppelzeichen standen. Sucht man nach den wesentlichen Zügen in seinem Persönlichkeitsbild, dann bezeichnet man ihn als menschenfreundlich, idealistisch, selbstsicher, dynamisch und vielseitig, andererseits aber auch als robust und standhaft, strebsam und praktisch veranlagt. Bemerkenswert ist auch die unbedingte Wahrheitsliebe.

Wenn Sie ebenfalls dieser Gruppe von Menschen angehören, weil Ihr Geburtstag in die Zeit solch einer Tierkreis-Konstellation fällt, sind Sie aller Voraussicht nach ebenfalls eine liebenswürdige und umgängliche Persönlichkeit mit jugendhafter Ausstrahlung.

Möglicherweise steht jedoch das Bild, das Sie bewußt von sich zeichnen, nicht ganz im Einklang mit den tatsächlichen Stärken und Schwächen. Denn Sie sind im Grunde genommen ein guter Schauspieler. Sie verstehen es blendend, Ihre weitgesteckten Ziele anzusteuern, zumal Sie Führungsqualitäten haben und Ihre Gefolgschaft finden, ohne viel dafür tun zu müssen. Wo viel Licht ist, da ist auch viel Schatten; so müssen Sie gegen negative Eigenschaften kämpfen, damit Ihre etwas eigensinnige, rechthaberische, selbstsüchtige und oberflächliche Denkungsart nicht die Oberhand gewinnt.

Im Gespräch vermitteln Sie den Eindruck eines freundlichen, entspannten und vertrauenerweckenden Menschen, der mit einer guten Portion praktischer Vernunft ausgestattet ist. Mit komplizierten, tiefschürfenden und schwer durchschaubaren Gedanken setzen Sie sich nicht gern auseinander, Sie verlassen sich lieber auf Ihre Intuition, die es Ihnen erlaubt, zu klärende Dinge sofort und eindeutig zu entscheiden. Von der Richtigkeit Ihres Handelns sind Sie stets überzeugt und zeigen keine Anzeichen von Unentschlossenheit.

Da Sie es meisterhaft verstehen, diszipliniert zu arbeiten und stets den Überblick zu behalten, sind Sie vermutlich der qualifizierte Unternehmer, der nicht zuletzt durch überlegte Zeitdisposition mehr leistet als andere. Sie verstehen es, mit der Zeit richtig hauszuhalten und lassen sich nicht von einer Verpflichtung zur anderen hetzen. So gewinnen Sie Mußestunden und Erholungspausen. Das Geheimnis Ihres Erfolgs liegt nicht allein in Ihrer Aufgeschlossenheit, Ihrer Würde und dem Stil, mit dem Sie in Ihrer Position tätig sind, sondern auch in der klugen und vorbildlichen Arbeitsweise.

FÄHIGKEITEN UND EIGNUNG

Obwohl Ihnen eine gewisse Halsstarrigkeit und Hartnäckigkeit nicht abzusprechen ist, haben Sie einen großen Kreis von Freunden und Bekannten, die gern mit Ihnen zusammen sind. Auch Ihre humorvolle und unkonventionelle Wesensart bringt Ihnen viel Sympathien ein. Probleme in engen persönlichen Beziehungen können immer dann entstehen, wenn Sie sich unpersönlich und unbeteiligt geben. Dies könnte schließlich beim Partner zu Einsichten führen, die wenig schmeichelhaft für Sie sind.

LIEBE UND PARTNERSCHAFT

In denselben Zeichen sind geboren: die Schauspielerin Nastassja Kinski (*24.1.1961) und die Politikerin Rita Süssmuth (*17.2.1937).

≈≈ WASSERMANN

Sonne im Wassermann – Mond im Zwilling
Mondposition = zunehmend

Der Fürsorger

WESENSART   Bei dieser Kombination verknüpfen sich die Eigenschaften von zwei Luftzeichen, und außerdem stehen Sonne und Mond positiv und harmonisch zueinander. Deshalb wird man von Ihnen, wenn Ihr Geburtshoroskop diesen Sonne-Mond-Winkel aufweist, ohne Umschweife behaupten können, daß Sie arbeitsam, pflichtbewußt, fleißig, zuverlässig und hilfsbereit sind. Kaum jemand wird Ihnen jedoch zuviel Temperament, übertriebene Leidenschaftlichkeit oder gar durchtriebene Verschlagenheit vorwerfen können.
Der im Konzentrationslager Flossenbürg hingerichtete Theologe Dietrich Bonhoeffer (*4.2.1906) hat in einem Selbstzeugnis bekannt: »Ich bin wohl in jeder Richtung das mittlere, gemäßigte Klima.« Seine edelmütigen, genügsamen und willensstarken Charakterzüge findet man oft bei den Menschen dieser Gruppe, und auch seine Fähigkeit, in schwerster eigener Bedrängnis anderen noch Trost und hilfreichen Zuspruch zu spenden, ist bei dieser kosmischen Kombination nicht ungewöhnlich.
Neben den erwähnten Wesensarten lieben Sie die Veränderung und werden durch Ihren Wissensdurst und Tatendrang fortwährend zu neuen Aktivitäten getrieben. Ihre zahlreichen Unternehmen, Abenteuer und Erlebnisse lassen Sie reif und erfahren werden, mehr als es andere je erreichen.

FÄHIGKEITEN UND EIGNUNG   Andere Menschen, Länder, Kulturen interessieren Sie ganz besonders, und da Sie ein guter Beobachter sind und ausgezeichnete Menschenkenntnisse erwerben, sind Sie für Berufe, die sich mit der Umwelt auseinandersetzen, zum Beispiel Journalismus, Schriftstellerei oder Redakteurtätigkeit vorzüglich geeignet. Mit

Ihrer charmanten und humorvollen Art kommen Sie überall gut an; Sie stehen gern im Mittelpunkt und könnten auch als Show-Star oder Künstler recht populär werden. Vielleicht sind Sie auch ein wenig eitel und leiden sogar darunter, denn im Grunde Ihres Herzens bleiben Sie immer maßvoll und beherrscht.

LIEBE UND PARTNERSCHAFT

Ihre privaten Verbindungen leiden ein wenig unter Ihrer Nüchternheit und Kühle, da Sie in Ihrer Gefühlswelt meist einsam bleiben und nur sehr schwer Ihre Empfindungen anderen offenbaren können. Es besteht zwar eine starke Sympathie zwischen Ihnen und Ihren Angehörigen, aber eine gewisse Unnahbarkeit dringt immer wieder durch.

In der Ehe oder einer ähnlichen Beziehung könnte es zu gelegentlichen Zusammenstößen und Spannungen kommen, aber die gemeinsame Basis wird doch erhalten bleiben, vor allem, wenn grundsätzliche Übereinstimmung der körperlichen, seelischen und geistigen Kräfte vorhanden ist.

In denselben Zeichen sind geboren: der Moderator Erich Böhme (*8.2.1930) und der Ex-Sportler und Show-Star Hans Jürgen Bäumler (*28.1.1942).

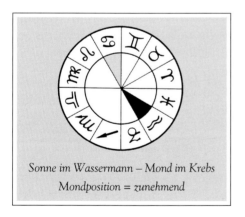

Sonne im Wassermann – Mond im Krebs
Mondposition = zunehmend

Der Unkonventionelle

WESENSART

Zu den speziellen Eigenschaften dieser Wassermann-Krebs-Kombination gehören ein mitreißender Tatendrang, verbunden mit einer beträchtlichen Auffassungsgabe sowie viel Intuition.

Wenn Sie zu dieser Tierkreiskonstellation gehören, zeichnen Sie sich durch eine besondere Leutseligkeit aus. Ihr Einfühlungsvermögen und Ihre Anpassungsfähigkeit kommen Ihnen sehr zustatten bei Gesprächen und im Zusammensein mit Menschen unterschiedlicher Herkunft und Bildung, sei es in einem bayerischen Biergarten oder in der Mailänder Scala bei einer Opernpremiere, in der Betriebskantine einer deutschen Fernsehanstalt oder in Hollywood bei einem Gala-Dinner. Sie finden sich überall zurecht und werden wegen Ihrer unkonventionellen, vertrauenerweckenden Art sofort akzeptiert.

Allerdings kann sich durch den kosmischen Einfluß des Mondes Ihre Veranlagung zu Unbeständigkeit und Ziellosigkeit negativ entwickeln und auch eine Minderung Ihres Selbstwertgefühls herbeiführen. Vermeiden Sie es unter allen Umständen, sich künstlich, zum Beispiel durch Alkohol oder Drogen, in eine Welt der Träume zu versetzen, die letztlich nur wieder neue Schwierigkeiten mit sich bringt.

FÄHIGKEITEN UND EIGNUNG

Menschen und Situationen bewerten Sie nicht nur nach Gefühl, sondern ordnen sie nach logischen und verstandesmäßigen Gesichtspunkten ein. Damit haben Sie meistens Erfolg und meistern mit nüchternen Überlegungen auch Krisenlagen.

Von Natur aus sind Sie ein Feind der Routine, der Sturheit und der Langeweile, und diese Einstellung macht Sie vor allem für die freien Berufe interessant. Sie gehören zu den Individualisten, die mit Einfallsreichtum neue und neuzeitliche Gebiete erschließen. In der Berufsausübung geht es Ihnen in erster Linie darum, die eigene Persönlichkeit frei entfalten zu können.

LIEBE UND PARTNERSCHAFT

Ihre Kontaktbereitschaft macht es Ihnen leicht, ständig einen geselligen Kreis um sich herum zu organisieren. Freundschaft und Liebe haben in Ihrem Leben einen hohen Stellenwert. Ihre Neigung zu leidenschaftlichen Liebesaffären kann zu Problemen führen; es ist deshalb für Sie wichtig, daß Sie eine harmonische Umwelt finden, die beruhigend auf Sie einwirkt. Zwar steht ein geordnetes Familienleben im Mittelpunkt Ihrer Wünsche, doch bringt Ihr Streben nach Emanzipation Sie in seelische Konflikte. Versuchen Sie, zunächst herauszufinden, woran Sie wirklich leiden und ob nicht der Kampf um Gleichberechtigung ein Einrennen offener Türen ist. Wenn zwei einsichtige und kompromißbereite Partner gemeinsam ihr Leben gestalten und sie auch »auf gleicher Wellenlänge« sind, kommt es von vornherein nicht zu den oft dramatisierten Problemen.

In denselben Zeichen finden wir: den Schriftsteller Norman Mailer (*31.1.1923) und den Politiker Boris Jelzin (*1.2.1931).

Sonne im Wassermann – Mond im Löwen
Mondposition = Vollmond

Der Eindruckschinder

WESENSART

Wenn man an die Folgen dieser Konstellation denkt, sieht man ihn unwillkürlich vor sich stehen, den österreichischen Professor Ernst Fuchs, der zu den größten lebenden Malern der Welt zählt – und auch zu den teuersten.
Läßt er sich beispielsweise in seinem Schloß oder vor seinem Rolls-Royce abbilden, spürt man das von seiner Löwe-Natur ausgehende Imponiergehabe, eine Charaktereigenschaft, die ihm gefällt und zu der er sich auch öffentlich bekennt. Er sagt: »Der Mensch kommt davon einfach nicht weg, wie das Zebra seine Streifen oder der Pfau seine Federn nicht lassen kann.« Aber das ist nur die eine Seite einer Persönlichkeit, die sich zwischen stärkster Selbstbehauptung und größter Anpassungsbereitschaft bewegt.
Die Wassermann-Eigenschaften sprechen für eine freundliche, liebenswürdige und humorvolle Person, die nach dem Prinzip »Leben und leben lassen« handelt. Zu ihnen gesellt sich aber der Löwe-Einfluß, der für würdevolle, gebieterische Züge sorgt. Einerseits wollen Sie etwas vom Ruhm und vom Ansehen, andererseits aber halten Sie sich zurück, wenn es darum geht, von anderen geschätzt und geliebt zu werden. Die beiden Zeichen Ihrer Sonne-Mond-Stellung lassen sich nur schwer auf einen Nenner bringen; Sie müssen auch deshalb mit inneren Kämpfen und Konflikten rechnen. Obwohl Sie etwas von einem Menschenverächter in sich haben, können Sie ohne einen großen Kreis von Freunden und Bekannten kaum leben. Dieser innere Zwiespalt verlangt ständig größte Selbstüberwindung, doch Ihre Hingabe an die Ihnen gestellten Aufgaben und Pflichten läßt Sie diesen Kampf immer wieder erfolgreich bestehen.

FÄHIGKEITEN UND EIGNUNG	Eine andere Vertreterin dieses stark mond-beeinflußten Personenkreises ist die Malerin Paula Modersohn-Becker. Der Dichter R.A. Schröder beschreibt sie als eine seltsame Mischung aus Lieblichem und Herbem, aus Anlockendem und Fremdem, und gerade diese Bezauberung ihrer Gestalt und ihres Wesens läßt sie unvergeßlich bleiben. Sie selbst sagte: »Ich finde es ... so wunderbar, wenn Dinge und Empfindungen über einen kommen und man nicht über die Dinge ...«
Diese Betrachtungsweise sollten auch Sie bei der Wahl Ihrer beruflichen Laufbahn berücksichtigen und darauf achten, daß Ihre Eigenart, Ihre Neigung zu Intoleranz und Imponiergehabe und Ihre gelegentlichen exzentrischen Ansichten nicht allzu hinderlich werden.
Ein Gebiet, das Sie stark fesselt, sind die bildenden Künste, aber auch in benachbarten Bereichen, zum Beispiel in der Modebranche, können Sie mit Ihrer Originalität und Ihrem Instinkt für das Neue schöpferische Ideen verwirklichen.
LIEBE UND PARTNERSCHAFT	Ihre etwas unschlüssige Verhaltensweise kommt auch bei Ihren Beziehungen zu anderen Menschen zur Geltung. Obwohl Sie die Institution der Ehe für notwendig und gut halten, kann es geschehen, daß Sie hier gegen Ihre Grundsätze verstoßen. Nur ein Partner, der immer wieder Ihr sprunghaftes Wesen akzeptiert, wird Sie lieben und schätzen.
In denselben Zeichen finden wir: den österreichischen Maler Ernst Fuchs (*13.2.1930) und Friedrich den Großen (*24.1.1712).

WASSERMANN ♒

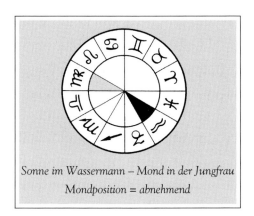

Sonne im Wassermann – Mond in der Jungfrau
Mondposition = abnehmend

Der objektive Betrachter

Bei dieser Winkelstellung von Sonne und Mond kommen Wassermann-Einflüsse wie die freundliche, liebenswürdige Wesensart, die liberale Einstellung, der Ideenreichtum, die Hilfsbereitschaft und der feine Geschmack voll zur Entfaltung und verbinden sich mit den Jungfrau-Merkmalen wie Strebsamkeit, Pflichteifer, Kritiksucht, Mitteilsamkeit und Verläßlichkeit zu Persönlichkeitsprofilen, in denen die Objektivität des Wahrnehmungsvermögens besonders auffällt.
Diese Geburtskonstellation bedingt große Sensibilität und einen regen Geist, der Eindrücke gut verarbeitet. Sie wollen unvoreingenommen die Dinge betrachten und sie möglichst frei von Wertungen durch das eigene Gemüt beurteilen. Leidenschaftslos versuchen Sie, mit Hilfe der Vernunft die gestellten Aufgaben zu lösen. Der Einfluß des Mondes in der Jungfrau macht Sie verantwortungsbewußt und pflichttreu; so wirken Sie insgesamt eher ruhig, aber beharrlich und lassen es nicht an der Entschlußkraft fehlen, die notwendig ist, wenn gesteckte Ziele im Leben erreicht werden sollen.

WESENSART

Man erkennt, daß diese Konstellation ideal ist für reproduzierende Künstler, aber auch für Berufe, in denen Logik im Denken und Objektivität im Urteilen verlangt werden. Stark betont im Charakterbild sind ein Hang zum Perfektionismus und die Präzision, mit der die Aufgaben erledigt werden. Aber diese Eigenschaften können zum Nachteil gereichen, wenn sie übertrieben werden und Spannungen sowie Streßsituationen auslösen. Sie sollten versuchen, etwas lässiger und großzügiger zu reagieren. Die Techniken des Entspannens und des Ausgleichens müßten vor allem bei Terminplanungen berücksichtigt werden.

FÄHIGKEITEN
UND
EIGNUNG

LIEBE UND PARTNERSCHAFT

Zu Schwierigkeiten im Aufbau partnerschaftlicher Beziehungen kann Ihre etwas heiter-hintergründige, bisweilen auch ironische Art führen, mit der Sie Ihre Mitmenschen betrachten.
Wenn es gelingt, die Balance zwischen Geist und Gefühl zu halten, werden Sie trotz eines Mangels an Romantik enge, zufriedenstellende Beziehungen eingehen können.
In denselben Zeichen sind geboren: der Schlagersänger Tony Marschall (*3.2.1942) und die Fernsehsprecherin Dagmar Berghoff (*25.1.1943).

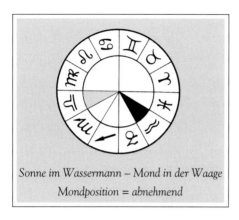

Sonne im Wassermann – Mond in der Waage
Mondposition = abnehmend

Der Dampfplauderer

WESENSART

Der harmonische Zusammenklang von zwei luftigen Zeichen deutet auf eine vielseitige, kontaktfreudige und gewandte Persönlichkeit hin, die eine ausgeprägte Bereitschaft für Zusammenarbeit, Partnerschaft und Interessengemeinschaft zeigt. Wenn Sie zu diesem Doppelzeichen gehören, spüren Sie vermutlich diese Zweiteilung in Ihrem Wesen. Obwohl Sie einerseits Ruhe und inneren Frieden sehr schätzen, werden Sie andererseits von Ihrem unsteten Geist und einem starken Willen zur Tat und zu neuen Aktivitäten getrieben. Nach außen etwas reserviert und kühl wirkend, besitzen Sie jedoch eine ganz besondere Ausstrahlung, die ein fröhliches und gutmütiges Herz verrät. Ihre umfassende Vorstellungs- und Einbildungskraft ist eine Ihrer Stärken, doch sollten Sie sich davor hüten, zu sehr ins Träumen und Phantasieren zu verfallen. Manchmal mangelt es Ihnen an der

Fähigkeit, realistisch zu denken und versteckte Risiken zu erkennen. Bleiben Sie im Gleichschritt mit der Entwicklung und erfassen Sie im richtigen Moment die Zeichen der Zeit!

FÄHIGKEITEN UND EIGNUNG

Besonders engagiert zeigen Sie sich in der Erfüllung sozialer Pflichten, sei es im kleinsten Kreis in der Pflege von Kranken oder alten Menschen, aber auch auf dem großen Feld des Helfens und Heilens. Oftmals bestimmen Ihre Hingabefähigkeit, Ihre Opferbereitschaft und Ihre Friedensliebe die berufliche Laufbahn, vor allem, wenn Sie karitative oder politische Ziele verfolgen.
Ihr kreatives Denken bewährt sich aber ebenfalls in der Literatur, in der Musik oder im Bereich wissenschaftlicher Forschung, wo Sie als Lehrkraft oder assistierender Mitarbeiter Beschäftigung finden.
Sie sind vertrauenerweckend und zuverlässig und erwarten diese Eigenschaften auch von den Kollegen, doch sollten Sie unter Freunden und Bekannten etwas kritischer urteilen und sich nicht allein auf Ihre Intuition verlassen, wenn Ihr Planen erfolgreich sein soll.

LIEBE UND PARTNERSCHAFT

Die Zahl Ihrer Freunde gibt Aufschluß darüber, daß Sie viel Anziehungskraft und Einfluß besitzen, doch bleiben Sie selbstkritisch, um abschätzen zu können, wie es wirklich darum steht. Jede Form von Streit, Grobheit und Uneinigkeit ist Ihnen zuwider; als ein Mensch, der stets auf Ausgleich bedacht ist, sollten Sie sich nicht gleich zurückziehen, wenn die Kontrahenten einen Kompromiß ablehnen. Sie werden vermutlich von disharmonischen Situationen verwirrt und müssen deshalb darauf achten, stets in einer erträglichen, Ihnen förderlichen Atmosphäre zu leben.
Bei der Wahl Ihres Lebenspartners kommt es darauf an, daß er ebenso gebildet und kultiviert ist wie Sie. Ihr persönliches Glück hängt sehr davon ab, wie Ihre Neigungen zu geselligen Feiern und Festen aufgenommen wird und wie weit Ihre romantischen und idealistischen Gedanken akzeptiert werden.
In diesen Zeichen sind geboren: der Moderator Wolfgang Lippert (*16.2.1952) und der österreichische Moderator Peter Rapp (*14.2.1944).

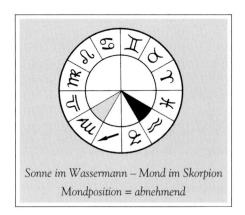

Sonne im Wassermann – Mond im Skorpion
Mondposition = abnehmend

Der Bürger zweier Welten

WESENSART Hier treffen recht verschiedenartige Bausteine eines Persönlichkeitsbildes aufeinander; von seiten des Wassermanns sind die Einflüsse gekennzeichnet durch Erfindungsreichtum, Phantasie, Großzügigkeit und Eigenständigkeit, vom Skorpion kommt die Neigung zu Kontaktfreude, Dynamik, Überlegenheit, Überheblichkeit und Skrupellosigkeit. Es ist schwierig, im voraus zu wissen, ob, wann und wohin der Zeiger ausschlägt; die Skala reicht von standhaft über eigensinnig und störrisch bis zu widerspenstig und unerbittlich. Eines jedenfalls kann über diese facettenreiche Persönlichkeit ausgesagt werden, nämlich, daß sie sehr viel an persönlicher Ausstrahlung besitzt, ein Charisma, das die Umgebung spürt und positiv beeinflußt.

Falls Sie aufgrund Ihres Geburtstags zu dieser Kategorie gehören, ist es für Sie gar nicht ungewöhnlich, daß andere Sie ständig bewundern und verehren. Ihre übersteigerte, mitunter radikal auftrumpfende Haltung macht auf Ihre Umgebung immer großen Eindruck, und Sie unternehmen nichts, um diesen Zustand zu ändern.

Sie entwickeln viel Charme und Geschick, um Ihr Ziel zu erreichen und kämpfen hartnäckig und entschlossen für Ihre Unabhängigkeit. Sie sind nicht darauf angewiesen, daß Ihnen jemand sagt, was zu tun oder zu lassen ist, aber Sie übernehmen auch die Verantwortung für Fehler, die Sie gemacht haben. Die Ratschläge anderer schlagen Sie in den Wind und handeln sich früher oder später durch dies störrische Benehmen ernsthafte Probleme ein.

Die Stellung der Gestirne führt folgenden Konflikt bei Ihnen herbei: Instinktiv sind Sie sehr hilfsbereit, aufopferungsfähig und menschenfreundlich, doch Ihr vom Verstand gelenkter Egoismus und Ihre Klugheit hindern Sie daran, sich ausschließlich in sozialen Diensten zu engagieren. Sie können sich nicht entschließen, nur für Ihre Ideale zu arbeiten, weil Sie auch Ihre recht materiellen Wünsche und Bedürfnisse befriedigen wollen.

So werden denn Ihren Charaktereigenschaften entsprechende Berufe in der Politik, in Kunst und Wissenschaft, aber auch in Wirtschaft und Handel in Betracht zu ziehen sein; dabei schlüpfen Sie am liebsten in Vermittlerrollen, wo Sie Liebenswürdigkeit und Schlauheit voll ausspielen können.

FÄHIGKEITEN UND EIGNUNG

Da Sie in Ihrer Gefühlswelt oftmals hin- und hergerissen werden, wirkt sich dies vor allem in Ihrer Jugend auf Partnerschaften entsprechend aus. Für Freundschaft und Liebesverbindungen sind Sie sehr leicht zu begeistern, aber es besteht die Gefahr, daß Sie ausgenützt und hintergangen werden. Lassen Sie sich also nicht an der Nase herumführen, sondern prüfen Sie sorgfältig, ob die Schmeicheleien Ihrer Person oder Ihrer Position gelten. Entwickeln Sie Urteilskraft und Realitätssinn, um sich Täuschungen und Enttäuschungen zu ersparen. Auch wenn Ihnen viele Chancen in der Liebe geradezu in den Schoß fallen, so sollten Sie immer bedenken, daß ein wildes, stürmisches Leben auf die Dauer nicht durchzuhalten ist.

LIEBE UND PARTNERSCHAFT

In diesen Zeichen sind geboren: Prinzessin Caroline von Monaco (Casiraghi) (*23.1.1957) und die Schauspielerin Hella von Sinnen (*2.2.1959).

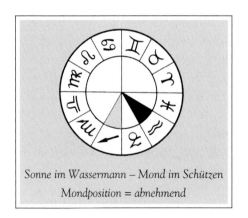

Sonne im Wassermann – Mond im Schützen
Mondposition = abnehmend

Der Natürliche

WESENSART Es ist vor allem Ihr fröhliches Wesen, Ihr ungezwungenes Auftreten, Ihre menschliche Güte, Ihr warmes Mitgefühl, das Sie so sympathisch macht und die Herzen der Menschen erobert. Angeberei und Berechnung liegen Ihnen fern, und mit Ihren Begabungen wollen Sie weder glänzen noch Eindruck schinden.
Die etwas unbestimmbare Form Ihrer Persönlichkeitswirkung erlaubt es Ihnen, ohne große Anstrengung Menschen zu gewinnen und trotzdem in gewisser Weise unabhängig zu sein.
In Ihrem Geburtshoroskop ist die Stellung der Gestirne in einem Luftzeichen und einem Feuerzeichen recht ausschlaggebend für das Entstehen einer unbekümmerten und sorglosen Persönlichkeitsstruktur, die sich bis zum Leichtsinn entwickeln kann. Vor allem in materieller Hinsicht ergeben sich oft dilletantische Züge, wie man sie sonst selten findet. Da Sie auch Schmeicheleien zugänglich sind, fallen Sie auf Leute herein, die Sie nur ausnützen wollen. Werten Sie deshalb Ihre Kontakte zu anderen mit großer Sorgfalt, damit Ihnen Enttäuschungen und Verluste erspart bleiben.
Da Sie den Freuden dieses Lebens sehr zugeneigt sind, lieben Sie es auch, gut zu essen und zu trinken. Beeinträchtigungen der Gesundheit sind in diesem Fall nicht immer auszuschalten. Begehen Sie also keinen Selbstmord mit Messer und Gabel, sondern versuchen Sie, durch richtige Ernährung und ein sportliches Bewegungsprogramm Ihre Kondition zu verbessern, und bremsen Sie gegebenenfalls den Alkohol- und Nikotinkonsum – Ihrer Gesundheit zuliebe.

Fähigkeiten und Eignung

Auffallend sind Ihr ungewöhnlich guter Geschmack, Ihre künstlerischen Fähigkeiten und oftmals auch Ihr tiefes musikalisches Empfinden. Mit einem starken Willen erreichen Sie bei zielstrebigem Handeln gute berufliche Positionen, die auch materielle Vorteile ergeben. Durch Ihre große Schaffenskraft können Sie ein ungeheures Arbeitspensum erledigen. Trotz vielseitiger Verpflichtungen sind Sie bestrebt, Humor und Fröhlichkeit nicht nur zu bewahren, sondern nach Möglichkeit auch andere damit anzustecken. Zwar geht es in Ihrem Inneren gar nicht so friedlich zu, doch bleiben Sie äußerlich ruhig und gelassen und vermeiden es, andere Menschen mit Ihren Problemen zu belasten.

Liebe und Partnerschaft

Ihre Toleranz und Großzügigkeit findet auch in Ihren zwischenmenschlichen Beziehungen volle Bestätigung. So schnell wie Sie neue Kontakte knüpfen, lösen Sie sie allerdings auch wieder auf; die Folgen bestehen aus einer Kette von Affären, in die Sie durch Ihre Liebschaften verstrickt sind. Wenn Sie jedoch zu einer Dauerverbindung entschlossen sind, weil Sie den Partner gefunden haben, der Ihr Freiheitsgefühl nicht zu sehr einengt, dann können Sie ein treusorgender, pflichtbewußter und liebender Gefährte sein.

In denselben Zeichen sind geboren: der Komponist Wolfgang Amadeus Mozart (*27.1.1756) und der Verleger und Schriftsteller Lothar-Günther Buchheim (*6.2.1918).

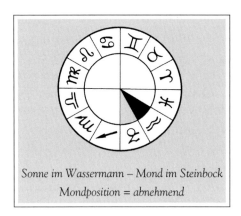

*Sonne im Wassermann – Mond im Steinbock
Mondposition = abnehmend*

Der Sachliche

WESENSART Versucht man, einen Schlüssel zum Bild der Persönlichkeit dieses Doppelzeichens zu finden – es steht für eine Konstellation, in der sich der Mond im letzten Viertel befindet, kurz bevor er unsichtbar wird –, so erweist sich ein Blick auf zwei Große der Welt als hilfreich; auffallenderweise sind sie beide am gleichen Tage geboren. Es handelt sich um den amerikanischen Präsidenten Sir Abraham Lincoln (*12.2.1809) und um den britischen Naturforscher Charles Robert Darwin (*12.2.1809).

Während Darwin und seine revolutionären Ideen nicht nur die Biologie, sondern auch die Kultur- und Geisteswissenschaften nachhaltig beeinflußt hat, gelang es Lincoln, mit seiner Politik der Versöhnung und des Ausgleichs die Einheit und Stärke der Vereinigten Staaten von Amerika zu begründen.

Trotz der Kraft ihrer Argumente und einer mitreißenden Beredsamkeit hatten sie stets Gegner, die ihnen das Leben schwermachten. Was sie über diese und die Mehrzahl ihrer Zeitgenossen hinaushob, war ihre im Selbstbewußtsein verankerte Standfestigkeit und ihre Kampfbereitschaft, die ihnen den entscheidenden Einfluß sicherten.

FÄHIGKEITEN UND EIGNUNG Wenn Sie bei der gleichen Stellung der Gestirne geboren wurden, werden Sie ebenfalls die eine oder andere der genannten Charaktereigenschaften haben, beispielsweise die Bereitschaft, unter harten Lebensbedingungen Ihre oftmals freiwillig gewählte Aufgabe mit Mut und Selbstvertrauen durchzuführen. Sie haben nur wenig Verständnis für Menschen, die sich schon mit kleinen Erfolgen zufriedengeben, denn Sie wählen stets weitgesteckte Ziele aus, die Sie unbeirrbar verfolgen. Als Schrittmacher für neue Entwicklungen müssen Sie natürlich mit Kritik Ihrer Mitmenschen rechnen. Sie könnten versuchen, diese einfach nicht zur Kenntnis zu nehmen, doch besser wäre es, Sie würden angeregt, nach eigenen Fehlern zu suchen und sie abzustellen.

Das Eignungspotential zeigt eher auf geistesbestimmte Berufe, was nicht immer mit überdurchschnittlicher Intelligenz zu verstehen ist. Gute Voraussetzungen sind gegeben für Erfinder, Forscher, Programmierer und Dolmetscher, aber auch für Tierpfleger und Gärtner.

Begegnen Sie Menschen, die nicht aus demselben Holz geschnitzt sind wie Sie, mit mehr Toleranz und Rücksicht, denn Sie benötigen zur Erfüllung Ihrer beruflichen Arbeit die Mithilfe anderer, die vielleicht nicht immer der gleichen Meinung sind, die Sie vertreten. Zügeln Sie Ihr etwas cholerisches Temperament und schlagen Sie keine Wunden, die schwer heilen.

Liebe und Partnerschaft

Ihre Freunde wählen Sie nach moralischen Kriterien aus; Gegner und Feinde bekommen Sie durch übereiltes und undiplomatisches Handeln. Gehen Sie Ihren vielseitigen menschlichen Beziehungen auf den Grund, und Sie werden erkennen, wie Sie durch ein Mehr an Verständnis die Situation verbessern könnten.

Ihre privaten Beziehungen leiden möglicherweise wegen Ihrer anderweitigen Verpflichtungen, deshalb sollten Sie sich mit einem Partner verbinden, der Ihre positiven Seiten besonders schätzt.

In denselben Zeichen sind geboren: der Schauspieler Manfred Krug (*8.2.1937) und der Politiker Kurt Biedenkopf (*28.1.1930).

Sonnenzeichen Fische ♓

Sonne in den Fischen – Mond in den Fischen
Mondposition = Neumond

Der Lenkbare

Wesensart Die Menschen dieses Gespanns werden in der Zeit zwischen Winter und Frühling geboren, wenn Sonne und Mond im gleichen Tierkreiszeichen stehen. Diese Situation zwischen zwei Jahreszeiten kann die kosmische Ursache für das Werden einer Persönlichkeit sein, die besonders feinfühlig und aufnahmebereit ist und in deren Charakterbild sich wechselnde Einflüsse widerspiegeln.

Wenn Sie zu der Gruppe dieses Typs gehören, werden Sie vermutlich die den Fischen zuzuschreibenden Strahlungskräfte nie ganz ausschalten können; Sie sind starken Gefühlsregungen ausgesetzt und müssen zuweilen im Grenzbereich zwischen Phantasie und Wirklichkeit leben. Dadurch entsteht der Eindruck eines Träumers, der zum Objekt seiner Stimmungsschwankungen und psychischen Regungen geworden ist. Tatsächlich findet man in dieser Kategorie Menschen, die harmlos, ja fast naiv wirken, weil sie sich den Härten und Zwängen des Daseins nicht voll aussetzen wollen.

Psychologen würden Sie als gefühlsbetonten Typ bezeichnen, der gerne in angenehmen Erinnerungen schwelgt und neue, ungewohnte Situationen als unbequem und unangenehm empfindet. Sie mögen Veränderungen aller Art gar nicht und sehen am liebsten die Dinge nur von der schönen und hellen Seite.

FISCHE ♓

FÄHIGKEITEN UND EIGNUNG

Obwohl Sie durch ein »Sich-gehen-Lassen« oft unterschätzt werden, stellen Sie sich den Anforderungen des Tages und sind zu beachtlichen Leistungen fähig. Sie spüren intuitiv, wann die Zeit zum Handeln gekommen ist und auch, wem Sie Vertrauen schenken dürfen; diese Gabe haben Sie vielen Mitmenschen voraus, und das veranlaßt Sie, sich vom Strom treiben zu lassen und auf günstige Gelegenheiten zu warten.

Aber Sie sollten sich davor hüten, daß Ihre Gutmütigkeit, Ihre Bereitschaft zum Verständnis anderer und Ihr Mitgefühl nicht ausgenützt werden. Verteidigen Sie entschlossen und beharrlich Ihren Standpunkt, und bleiben Sie unzugänglich gegenüber Manipulationen. Nur wenn Sie gegen sich selbst unnachgiebig vorgehen und negative Einflüsse abwehren, werden Sie nicht zum Sklaven Ihrer Gewohnheiten und der auferlegten Bürden.

Manchmal vermißt man bei Ihnen Ehrgeiz und Antrieb; wenn Sie dennoch im privaten und beruflichen Bereich Erfolge erzielen, verdanken Sie dies Ihren Fähigkeiten im kreativen Bereich. Ihr Fürsorge- und Pflegeinstinkt macht Sie geeignet für Tätigkeiten auf dem caritativen Sektor.

LIEBE UND PARTNERSCHAFT

Ihre Partnerschaften zielen in erster Linie darauf ab, Sicherheit und Stabilität in Ihr Leben zu bringen, im Geschäftlichen wie im Privaten. Eventuell löst diese Neigung den Rückzug in ruhigere Gefilde aus. Ihr Interesse konzentriert sich dann ganz auf Ihre Hobbys, mit denen Sie sich eine Welt nach Ihrem ureigenen Geschmack einrichten.

In Freundschaft, Liebe und Ehe sind Sie vielleicht der freundliche und weichherzige Partner, der unaufdringlich und mitunter sogar langweilig erscheint. Wahrscheinlich wollen Sie mit diesem »So-Sein« nur auf Distanz gehen, um ein Leben in Harmonie und frei vom Druck der Umwelt führen zu können.

In diesen Zeichen sind geboren: so manche Ehefrauen, aber auch Ehemänner, die völlig im Schatten ihres berühmten Partners leben, aber auch so künstlerisch Einfühlsame wie der italienische Tenor Beniamino Gigli (*20.3.1890).

♓ FISCHE

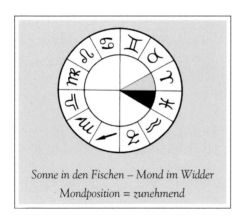

Sonne in den Fischen – Mond im Widder
Mondposition = zunehmend

Der Schrittmacher

WESENSART »Es geht mir mit jedem Tag, in jeder Hinsicht, immer besser und besser.« Diese beschwörende Formel ließ der heilkundige Apotheker Emile Coué (*26.2.1857) von seinen Patienten mehrmals am Tag wiederholen, und das Ergebnis dieser Beeinflussung (Suggestion) trug zu seinem Ruhm und seiner Bekanntheit weit über Frankreichs Grenzen hinaus bei. Wenn Sie in diesem Doppelzeichen geboren wurden, sind Sie ebenfalls stark von Ihrer inneren Überzeugungskraft geleitet, die Ihnen die Erfüllung so mancher Wünsche ermöglicht. Sie verstehen es, die Macht Ihrer Gedanken richtig einzusetzen; daraus resultiert Ihr unbegrenztes Selbstvertrauen, mit dem Sie Angst, Schüchternheit und Hemmungen überwinden.

Zu dem für Fische typischen Mitgefühl und seiner Begeisterungsfähigkeit kommt bei Ihnen noch die Impulsivität und Tatkraft des Widders. Die Unausgeglichenheit und den Gefühlsfanatismus verdecken Sie mit einer gewissen Zurückhaltung – aber so naiv, wie Sie sich vielleicht geben, sind Sie keineswegs. Sie können recht zielbewußt vorgehen und verstehen es, Ihre Vorhaben geschickt durchzuführen. Wahrscheinlich sind Sie sehr wendig und angriffslustig und haben vor niemanden Respekt, wenn es gilt, Interessen wahrzunehmen. Instinktsicher setzen Sie Ihren Willen ein und verstehen es blendend, Schwierigkeiten und Niederlagen durch äußerlich zur Schau getragene Selbstsicherheit zu kaschieren.

FÄHIGKEITEN UND EIGNUNG Ihre Widder-Komponente verleiht Ihnen Durchsetzungskraft, die Sie mit Ihrem Ehrgeiz verbinden, doch hält Ihre Fische-Natur Sie rechtzeitig zurück, wenn Sie zu aggressiv zu werden drohen. Wenn man Sie angreift, geht Ihnen leicht »der Gaul«

durch, und es fällt Ihnen schwer, nicht übers Ziel hinauszuschießen. Den Schwachen und Unterdrückten gegenüber sind Sie sehr aufgeschlossen; Ihre Beschützerinstinkte können vor allem in caritativen und sozialen Einrichtungen beruflich angewendet werden. Auch Gebiete der Rechtswissenschaft, der Soziologie, der Arbeitspolitik und der Wirtschaft bieten für Sie passende Tätigkeiten. Ihr Gerechtigkeitsgefühl und Ihr soziales Gewissen läßt Sie die Nöte und Bedürfnisse anderer erkennen und spornt Sie an, sich ihrer mit ganzer Energie anzunehmen.

In der Liebe sind Sie voller Vertrauen und Hingabe, und Sie wissen es zu schätzen, wenn Sie sich in ein Heim zurückziehen können. Trotz Ihrer freundlichen und zurückhaltenden Art müssen Sie auch in der Zweierbeziehung Ihr Temperament immer wieder zügeln und Ihre wechselnden Launen verjagen. Wenn Ihnen dies gelingt, sind Sie als Partner beliebt und willkommen.
In denselben Zeichen sind geboren: der Politiker Heinrich Geissler (*3.3.1930) und der Politiker Yitzhak Rabin (*1.3.1922).

LIEBE UND PARTNERSCHAFT

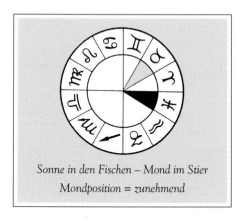

Sonne in den Fischen – Mond im Stier
Mondposition = zunehmend

Der Blitzableiter

Ein Tierkreiszeichen des Elements Wasser wirkt hier zusammen mit dem Erdzeichen Stier, und es gilt, recht erhebliche Gegensätze zu überbrücken; dabei sind in der Tat die negativen Auswirkungen auf die Formung des Charakters gering.

WESENSART

Wenn zum Zeitpunkt Ihrer Geburt diese Kombination herrschte, sind Ihre Gefühle und Empfindungen durch die »Fische« geprägt, während Sie die lebhafte, energische und kämpferische Natur vom »Stier« mitbekommen haben. Sie verstehen es, sich äußerlich als die »Unschuld vom Lande« zu geben, aber hinter dieser Tarnung verbirgt sich in der Regel eine sehr unabhängige und etwas rechthaberische Persönlichkeit. Trotz Ihrer Zurückhaltung und gütigen Lebensart fällt es Ihnen schwer, Ihr Temperament zu zügeln. Vor allem weibliche Vertreter dieser Zeichen verstehen es vorzüglich, Charme und Raffinesse einzusetzen, damit ihre Wünsche in Erfüllung gehen. Dabei ist viel Egoismus im Spiel, und die Mitwelt beurteilt solches Tun nicht immer positiv.

FÄHIGKEITEN UND EIGNUNG

Im allgemeinen sind Sie verträglich und anpassungsbereit. Aber Sie hassen es, einem Zwang ausgesetzt zu sein und streben deshalb beruflich eine weitgehende Unabhängigkeit an. Wenn allerdings Entscheidungen zu treffen sind, zögern Sie und lassen den Willen zur Selbstbehauptung nur in abgeschwächter Form deutlich werden. Dafür kommen Sie mit anderen Menschen und deren Problemen gut zurecht; dies bringt demzufolge eine Eignung für caritative Einrichtungen und Organisationen im Bereich der Fürsorge mit sich. Allerdings sollten Sie darauf achten, sich nicht zu sehr mit den Unterdrückten und Schwachen zu identifizieren, weil dies Ihr Denken und Handeln negativ beeinflussen würde.

LIEBE UND PARTNERSCHAFT

Wählen Sie auch in Partnerschaften Ihren Platz in der für Sie passenden Umgebung, denn der Mensch ist weitgehend das Produkt seiner Umwelt. Meiden Sie Partner, die im Negativen verharren, und lassen Sie sich nicht zum Blitzableiter der aggressiven Regungen Ihrer Mitmenschen machen. Suchen Sie Partner, auf deren Rat Sie bedingungslos vertrauen können!
In Freundschaften und in der Liebe können Sie faszinierend sein, wenn Ihre hochgespannten Erwartungen erfüllt werden. Sie sind ein wenig schwer zufriedenzustellen und neigen zur Eifersucht. Am ehesten werden Sie mit einem Menschen harmonieren, der offen und ehrlich auf Sie zukommt und Ihre freundliche und großzügige Art zu schätzen weiß.
In diesen Zeichen sind geboren: der Schriftsteller und Regisseur Pier Paolo Pasolini (*5.3.1922) und die Schauspielerin Nadja Tiller (*16.3.1929).

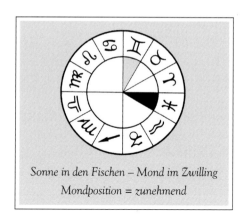

Sonne in den Fischen – Mond im Zwilling
Mondposition = zunehmend

Das Chamäleon

WESENSART

Bei dieser Kombination eines Wasserzeichens mit einem Luftzeichen ergibt sich eine Persönlichkeitsbeeinflussung, die ein Spektrum bemerkenswert farbiger Charaktereigenschaften zur Folge hat. Falls diese Geburtskonstellation auf Sie zutrifft, haben auch Sie die Möglichkeit, Ihr Erscheinungsbild recht farbig zu gestalten und so oft zu wechseln, daß es schwierig ist, Ihre Identität zu bestimmen.
Diese besondere Anpassungsfähigkeit erlaubt es Ihnen, Ihre Umgebung irrezuführen und notfalls sogar zum Narren zu halten. Man wird unwillkürlich an eine in Asien, Afrika und auch im Süden Europas, in Spanien, zahlreich vorkommende Eidechsenart mit Namen Chamäleon erinnert, deren Vertreter über die Fähigkeit verfügen, die Körperfarbe spontan zu ändern. So verstehen auch Sie es meisterhaft und vermutlich auch instinktiv, sich Ihrer Umgebung anzugleichen und die Rolle zu spielen, die verlangt wird. Sie haben deshalb im privaten Bereich, in der Arbeitswelt und ganz allgemein keine Probleme, um Freunde zu gewinnen. Die allerdings brauchen Sie dringend, denn Sie geraten oft in Schwierigkeiten. Der gesunde Menschenverstand wird bei Ihnen hauptsächlich durch ein Ahnen ersetzt, das es Ihnen möglich macht, rasch und richtig zu reagieren.

FÄHIGKEITEN UND EIGNUNG

Manche Ihrer Gattung erreichen die Erfolge im Leben durch ihr gewieftes und gar abgebrühtes Verhalten, welches nach außen kaum sichtbar wird. Ihre schillernde Persönlichkeit setzt große Empfindsamkeit und Beweglichkeit voraus; Nervosität und Gewissenskonflikte können die Folgen dieser Verhaltensweise sein. Sie lassen sich allzu leicht von Menschen und Situationen beeinflussen, und es wäre zu raten, daß Sie sich von Fall zu Fall geduldiger und abwartender verhalten. Intuitiv gehen Sie auf Menschen und deren Verhalten ein, erfassen ihre Wünsche und beurteilen mit Hilfe Ihrer Menschenkenntnis die eingetretene Lage richtig. Sie eignen sich vor allem für Berufe in der Geschäftswelt, können aber auch in Lehrberufen recht gut vorankommen und Erfolge erringen.

Da Sie sich zu sehr auf Ihre Umwelt einstellen, sollten Sie bei Partnerschaften beruflicher und privater Art darauf achten, nicht in eine fragwürdige Gesellschaft zu geraten. Nur der Umgang mit Personen, die Ihrem wendigen Verstand und Ihrer lebhaften Natur Impulse geben können und die Aktivitäten in korrekte Bahnen lenken, wird den Dauererfolg gewährleisten.

LIEBE UND PARTNERSCHAFT

Auch in der Liebe macht sich Ihre schillernde Natur bemerkbar. Für die Existenz einer dauerhaften Bindung ist es notwendig, daß Sie zu Ihrer eigenen Persönlichkeit finden und zu ihr stehen; das zwanglose Spiel mit Gefühlen wäre das Ende der ernstzunehmenden Beziehung.

In diesen Zeichen finden wir: den österreichischen Meisterspion Alfred Redl (*14.3.1864) und den Politiker Egon Krenz (*19.3.1937).

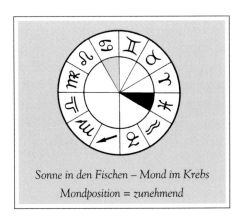

Sonne in den Fischen – Mond im Krebs
Mondposition = zunehmend

Der Zaghafte

WESENSART

Es ist auffallend, daß sich unter den vielen tausend europäischen Berühmtheiten (Staatsmänner, Industrielle, Manager, Wissenschaftler, Künstler usw.) kaum ei-

ner mit dieser Fische-Krebs-Kombination befindet. Die Begründung dürfte wohl in den Einflüssen zu suchen sein, die von zwei negativ-weiblichen Wasserzeichen ausgehen. Meist haben wir einen äußerst empfindsamen, zurückhaltenden und vielleicht auch schwunglosen Menschentypen zu erwarten.
Und in der Tat: Sie werden vermutlich bestätigen müssen, daß Sie sich oft mehr Initiative, Entschlußkraft und Tatendrang wünschen. Ihre Genügsamkeit und Zurückhaltung in Ehren, aber warum lassen Sie darüber Ihre großen Talente und Fähigkeiten verkümmern?

FÄHIGKEITEN UND EIGNUNG

Als Mann fehlt Ihnen wahrscheinlich der Antrieb, um auf der Leiter des beruflichen Erfolgs kontinuierlich weiter nach oben zu steigen. Vielleicht haben Sie nicht den Mut, auch mal einen Fehler zu machen; lassen Sie es sich jedoch gesagt sein, daß tüchtige und aktive Menschen die meisten Fehler machen, aber sie verstehen es, sich mit ihnen auseinanderzusetzen und wertvolle Erfahrungen zu gewinnen.
Als Frau haben Sie möglicherweise eine solide berufliche Ausbildung absolviert und geben plötzlich Ihre Karriere auf, um sich nur noch Ihrer Familie und Ihrem Heim zu widmen. Es mag sein, daß Sie gern allein sind, aber Sie sollten sich nicht völlig in ein Schneckenhaus zurückziehen, sondern weiterhin aktiv am Geschehen in Ihrer Umwelt teilnehmen; so nur vermeiden Sie gleichgültige Zufriedenheit und geistige Trägheit sowie das Gefühl, nicht mehr dabei zu sein, wodurch Ihr körperliches und seelisches Wohlbefinden leidet.
Da Sie sehr empfindlich auf tiefere Gemütsregungen Ihrer Mitmenschen reagieren, sollten Sie Kontakt mit einer Gemeinschaft suchen, die Ihnen hilft, langfristige Planungen nicht nur festzulegen, sondern Sie auch auf dem langen Weg bis zum glücklichen Ende tatkräftig unterstützt. Nur Menschen, die Sie mitreißen und motivieren, werden Ihnen Möglichkeiten eröffnen, Ihre schöpferischen Begabungen zu entfalten. Als Schauspieler, Musiker, Maler oder Tänzer könnten Sie wertvolle kulturelle Leistungen vollbringen. Umgeben Sie sich nicht mit Pessimisten, die mit destruktiven Gedanken eher Ihre Mutlosigkeit fördern.
Da Sie die Annehmlichkeiten des Lebens lieben und besonders für gutes Essen und Trinken eingenommen sind, besteht die Gefahr, daß Sie Probleme mit dem Körpergewicht und dem Kreislauf bekommen; Selbstdisziplin und sportliche Betätigung sind in diesem Fall dringend geboten.

♓ Fische

LIEBE UND PARTNERSCHAFT

Mit Fröhlichkeit und lebensbejahender Ausstrahlung können Sie in Liebe und Freundschaft Menschen an sich ziehen, die Ihnen Rückhalt geben. Sie sind sehr romantisch veranlagt und haben normalerweise auch in Ihrem Liebesleben kaum Probleme, falls Sie bereits einen Partner gefunden haben. Ihre Scheu und Schüchternheit können allerdings eine Kontaktaufnahme sehr behindern, und manchmal dürfte Ihr unzulängliches Selbstbewußtsein dabei erheblich unter Druck geraten. Fassen Sie sich deshalb ein Herz, und gehen Sie mit Kraft und Mut ans Werk, damit Ihnen nicht allenthalben Ihre Felle davonschwimmen.

In denselben Zeichen wurden geboren: die amerikanische Entertainerin Liza Minnelli (*12.3.1946) und der Tennisprofi Ivan Lendl (*7.3.1960).

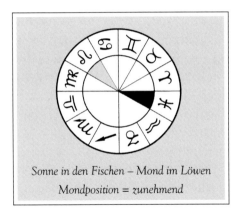

Sonne in den Fischen – Mond im Löwen
Mondposition = zunehmend

Der Aufmüpfer

WESENSART

Hier wird ein Wasserzeichen gezwungen, eine Verbindung mit einem Feuerzeichen einzugehen, und beide Seiten spüren gleichsam im Unterbewußtsein die Gefahr, daß jedes Element in der Lage ist, das andere zu zerstören. Falls solch eine Konstellation der Gestirne zum Zeitpunkt Ihrer Geburt bestand, dann sind Sie eine sehr starke Persönlichkeit, die zwei unterschiedliche Naturen in sich vereinigt: Die eine ist etwas unklar konturiert, biegsam und zurückhaltend, während die andere respektlos, unduldsam und unbeständig daherkommt. Weniger zur Wirkung gelangt die großtuerische und prahlerische Art von Löwe-Geborenen; Sie geben sich eher bescheiden und reserviert. Wenn Sie aber unter dramatischen

Umständen doch gezwungen sind, an die Öffentlichkeit zu treten, verfechten Sie unbeirrbar Ihren Standpunkt, ohne Rücksicht auf persönliche Einbußen.

FÄHIGKEITEN UND EIGNUNG

Ihr Charisma verbindet sich zuweilen mit einer unbändigen Energie, so daß Sie zu außergewöhnlichen Aktivitäten angeregt werden. Wenn es Ihnen jedoch nicht gelingt, Ihre Pläne zu verwirklichen, zeigen Sie offen Ihre Enttäuschungen und Ängste. Bemühen Sie sich, Ihre gewohnheitsmäßigen Gefühlsreaktionen ganz bewußt zu ändern, um mehr Balance in Ihre Empfindungen zu bekommen, auch wenn nicht alles nach Plan verläuft.

Negative Gefühle und Gedanken können zwar unter gewissen Umständen von Vorteil sein, jedoch brauchen Sie zuweilen einen Ansporn, um Mißerfolge zu überwinden. Trainieren Sie die Kunst, körperliche, geistige und seelische Mühen oder Leiden zu ertragen, ohne sich dem Druck der Verhältnisse zu beugen.

Sie sind mitunter zu sehr eingesponnen in die Welt Ihrer Gedanken und Empfindungen und warten auf eine Änderung der Verhältnisse zu Ihren Gunsten. Diese Einstellung kann jedoch dazu führen, daß Sie Ihre Talente nicht rechtzeitig zum Einsatz bringen; es ist deshalb wichtig, ein eigenes Erfolgsrezept auszuarbeiten. Gewinnen Sie die Überzeugung, daß auch Sie in Komfort und Luxus leben können, wenn Sie sich mit Ihrer Vertrauenswürdigkeit, Ihrer Loyalität, Ihrem Frohsinn und Ihrem Charme voll und ganz engagieren.

LIEBE UND PARTNERSCHAFT

Ihr Einsatz beispielsweise auf dem Gebiet der helfenden und heilenden Berufe bringt Ihnen sicherlich große innere Befriedigung. Hören Sie auf, sich selbst zu bestrafen, weil Sie glauben, nicht vollkommen zu sein und hundertprozentige Leistungen zu vollbringen. Auch andere Menschen haben Fehler und Schwächen, nur lassen sie sich von außen nicht immer sofort erkennen. In mancher Hinsicht sind Sie der perfekte Partner, denn auch in der Liebe bleiben Sie Gebender und Nehmender.

In diesen Zeichen finden wir: den sowjetischen Politiker Michail Gorbatschow (*2.3.1931) und die Chefin der Grauen Panther, Trude Unruh (7.3.1925).

♓ FISCHE

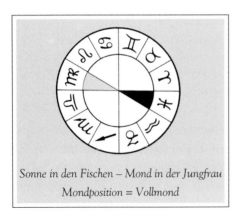

Sonne in den Fischen – Mond in der Jungfrau
Mondposition = Vollmond

Der Wahrheitssucher

WESENSART   Berühmte Denker wie die Philosophen Arthur Schopenhauer (*22.2. 1788) und Karl Jaspers (*23.2.1883) und Naturwissenschaftler wie der Atomforscher Otto Hahn (*8.3.1879) geben sich unter diesem auch sonst hervorragend besetzten Doppelzeichen ein Stelldichein. Vielleicht liegt es daran, daß die im Vorfrühling Geborenen zusätzlich durch den Einfluß des Vollmonds einen besonders aufnahmefähigen Verstand besitzen und diesen zusammen mit einer hervorragenden Urteilsfähigkeit zum Einsatz bringen.

Neben den Geistesgrößen, die Antworten suchen auf die Probleme dieser Welt, finden wir hier auch Politiker, Künstler und Sportchampions unter dem Frühlingsvollmond versammelt.

Für Sie, wie wahrscheinlich für alle anderen bei derselben Konstellation Geborenen werden Eigenschaften wie scharfsinnig, nachdenklich, tiefgründig, sachlich und praktisch zutreffen. Nicht ganz einfach dürfte es sein, so positiv zu wertende Eigenschaften wie dynamisch, charmant, geradlinig, fröhlich und gerechtdenkend mit Negativem wie geltungssüchtig, rechthaberisch oder verschlagen in einem Charakterbild zusammenzufassen. Doch die wahre Größe eines Menschen ergibt sich daraus, daß er mit dem nötigen Ernst, einem bestimmten Vorsatz und mit Anstrengungsbereitschaft Eintracht mit sich selbst findet und seine Schwächen integriert.

Nach Schopenhauer ist man über sich selbst oft enttäuscht, wenn man entdeckt, daß man diese oder jene Eigenschaft nicht in dem Grade besitzt, als man gütigst voraussetzte, und nur durch Erfahrung allein lernt man sich selbst kennen.

Durch Talent und Ehrgeiz können Sie auf dem beruflichen Sektor sehr viel erreichen; Sie sind auch bereit, dafür Opfer zu bringen. Wenn Sie jedoch merken, daß Sie Ihren Aufgaben nicht so perfekt gewachsen sind, wie angenommen, befallen Sie Unsicherheit und Ängste. Lassen Sie sich von Ihren Mitmenschen nicht allzu sehr negativ beeinflussen, Sie könnten sonst noch nervöser und aggressiver werden.	FÄHIGKEITEN UND EIGNUNG
Mit Ihren glänzenden Geistesgaben wecken Sie zwar allseits Bewunderung, nicht jedoch allgemeine Zuneigung; obwohl Sie sich der Freundschaft und Liebe nicht verschließen, bleibt der Kreis derer, denen Sie wirklich trauen können, eng begrenzt. Lassen Sie auf diesem Feld mehr Ihr Gefühl und weniger die vom Geist beherrschte Vernunft sprechen! Sie werden bald einsehen, daß Liebe sich nicht aufgrund logischer und prinzipieller Gesichtspunkte entfaltet, sondern daß es dafür ganz anderer Empfindungen bedarf. Wenn Sie ausschließlich Ihren Idealvorstellungen nachjagen, werden Sie früher oder später bitter enttäuscht werden, denn der Vertreter des anderen Geschlechts ist auch nur Mensch und nicht das Maß aller Dinge. In denselben Zeichen sind geboren: der Schriftsteller Karl May (*25.2.1842) und die Schauspielerin Giuletta Masina (*22.2.1921).	LIEBE UND PARTNERSCHAFT

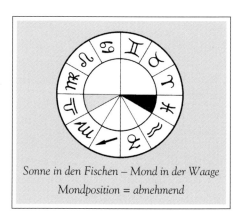

Sonne in den Fischen – Mond in der Waage
Mondposition = abnehmend

Der Gefühlvolle

Bei dieser Kombination eines Wasserzeichens mit einem Luftzeichen ist eine Verträglichkeit auch der verschiedensten Einflüsse möglich, weil das neutralisierende Fische-Naturell eher besänftigend und beruhigend wirkt. Die Haupteigen-	WESENSART

schaften wie Gefühlstiefe, Anpassungsfähigkeit, Feingefühl, Kreativität und Selbstbewußtsein werden durch die Waage-Komponente noch wesentlich verstärkt. Auf diese Weise entsteht eine phantasievolle, freiheitsliebende und hilfsbereite Persönlichkeit.

Ein weiteres Merkmal der Zugehörigkeit zu diesem Doppelzeichen ist das Ringen um Erkenntnis, das große Interesse an religiösen, mystischen und esoterischen Dingen. Wenn Sie sich durch Ihr kosmisches Geburtsbild angesprochen fühlen und auch, wenn Sie nicht gerade die hellseherische oder visionäre Begabung eines Gerard Croiset (*10.3.1909) besitzen, dürfte Ihre Sensibilität Ihnen jene Für-und-Wider-Erfahrungen schenken, die andere vermutlich nicht kennen.

FÄHIGKEITEN UND EIGNUNG

Die Kehrseiten in Ihrem Charakterbild stellen keine unüberwindbaren Gegensätze dar, es handelt sich eher schon um Ergänzungen zu Ihren Veranlagungen. Sie sind sehr romantisch, haben aber dennoch einen Sinn für strenge Logik und Mathematik und können diese Neigungen in Ihrem Beruf zu Ihrem Nutzen verbinden. Ihre Begabung im Beurteilen von Farben, Formen und Tönen zeugt von gutem Geschmacks- und Schönheitssinn. Da Sie den schönen Dingen des Daseins sehr zugetan sind, werden Sie naturgemäß von häßlichen und weniger anmutigen abgestoßen. Sie können deshalb in Schwierigkeiten geraten, wenn es darauf ankommt, die harten Realitäten des Lebens zu akzeptieren und den Dingen auf den Grund zu gehen. In diesem Sinne sind die Denkanstöße von Rudolf Steiner, ebenfalls ein Menschentyp dieser Kategorie, vielleicht recht hilfreich für Sie: »Man soll nicht dasitzen wie ein träumender Mystiker, sondern durch eigene Anstrengung seines ganzen Denkvermögens dahin gelangen, die Welt, die uns sonst verborgen ist, zu sehen.« Widerstehen Sie deshalb der Versuchung, in Melancholie zu verfallen, wenn Ihre Bemühungen um ein Leben in Sicherheit und Wohlstand nicht sofort den gewünschten Erfolg eintragen. Sie haben so viele Talente, die Sie nur zu wecken brauchen, um das zu werden, was Sie gerne sein möchten.

LIEBE UND PARTNERSCHAFT

Wenn Sie es verstehen, auch in Ihren intimen Beziehungen den Ausgleich zu finden, werden Sie sicherlich zu einer idealen Partnerschaft gelangen. Achten Sie jedoch darauf, daß Sie nicht unterdrückt werden, und bleiben Sie Herr Ihrer Entschlüsse. Verlangen Sie Gleichberechtigung, die allein zu Harmonie führt.

In diesen Zeichen sind geboren: die Schriftstellerin Erna Bombeck (*21.2.1927) und der russische Tänzer Rudolf Nurejew (*17.3.1938).

FISCHE ♓

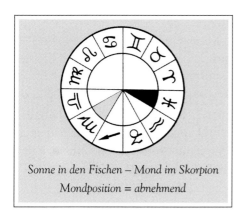

Sonne in den Fischen – Mond im Skorpion
Mondposition = abnehmend

Der Dauerbrenner

WESENSART

Man muß sicherlich eine gehörige Portion Wohlbeschaffenheit, verbunden mit diplomatischer Raffinesse mitbringen, um wie der ehemalige Außenminister Hans-Dietrich Genscher einen Minister-Posten in wechselnden Kabinetten lange Zeit heil überstehen zu können.
Man muß schon eine bedeutende persönliche Ausstrahlung, beträchtliche Vorzüge und reiche Erfahrungen haben und zudem mit allen Wassern gewaschen sein, wenn man Verehrer, Liebhaber und Ehemänner wie Autos wechseln kann, wie es Elizabeth Taylor vorführt.
Und man muß einen starken Willen und zähe Standfestigkeit besitzen, wenn man es schaffen will, sich von Alkohol- und Tablettensucht zu befreien wie der bekannte amerikanische Western- und Countrysänger Johnnie Cash, der die Kraft fand, sein Leben wieder in die Hand zu nehmen.
Wir haben es also mit mutigen, willensstarken und leidenschaftlichen Charakteren zu tun, in denen die Strahlungen der Wasserzeichen Fische und Skorpion wirksam werden.
Gemäß der Natur des Elements Wasser werden Sie kaum lange still verharren können, sondern immer irgendwie in Bewegung sein und sich dabei mit diplomatischem Geschick Menschen und Situationen anpassen. Sie sind in der Lage, nachzugeben und dennoch Ihren Willen durchzusetzen, und verstehen sich auf die schwierige Kunst, auch weniger erfreuliche Dinge verbindlich und überzeugend darzulegen. Ihre tiefe Empfindsamkeit kann Sie in ungeahnte Höhen und in unheimliche Tiefen führen; dabei gefährden Sie Ihre Gesundheit und können sich

überfordern. Drosseln Sie deshalb Ihren Ehrgeiz, schalten Sie einen Gang zurück, und widmen Sie sich zumindest in der Freizeit beschaulichen und erholsamen Tätigkeiten.

Ihre Betriebsamkeit macht Sie leicht reizbar und empfindlich gegen jede Art von Kritik. Versuchen Sie, großzügig zu sein und auf die Wünsche, Gefühle und Bedürfnisse Ihrer Mitmenschen einzugehen.

FÄHIGKEITEN UND EIGNUNG

Beruflich bieten sich Ihnen wegen Ihrer vielseitigen Veranlagung und der steten Einsatzbereitschaft so zahlreiche Möglichkeiten, daß es schwerfällt, einzelne Gebiete herauszugreifen. Die Statistik zeigt viele Menschen dieser Gruppe in Stellungen bei Behörden, im Fürsorgewesen und in der darstellenden Kunst.

LIEBE UND PARTNERSCHAFT

Freundschaft und Liebe empfinden Sie eher als Belastung denn als Bereicherung und ziehen sich sofort zurück, wenn Ihnen nicht die erwartete Sympathie und Zuneigung zuteil wird. Wenn Sie sich jedoch aufgrund hoher Übereinstimmung der biologischen Rhythmen an einen Menschen gebunden fühlen, ist Ihre Liebe bedingungslos und intensiv. Eine Trennung könnten Sie kaum überwinden, deshalb versuchen Sie auch immer wieder, zerschlagenes Porzellan zu kitten.

In denselben Zeichen finden wir: den Politiker Hans-Dietrich Genscher (*21.3.1927) und die Schauspielerin Elizabeth Taylor (*27.2.1932).

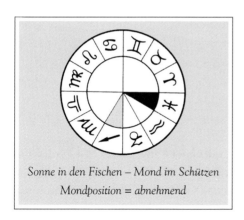

Sonne in den Fischen – Mond im Schützen
Mondposition = abnehmend

Der Konsequente

In einer Selbstdarstellung sagte der deutsch-amerikanische Physiker Albert Einstein, geboren am 14.3.1879, von sich: »Gott schuf den Esel und gab ihm ein dickes Fell«, und Einstein hat wahrlich viel Trotz und starken Willen zur Selbstbehauptung aufbieten müssen, damit er die vielen Wechselfälle seines Lebens erfolgreich überstehen konnte.
Als Angehöriger dieser Kategorie von Mischtypen schätzen auch Sie ganz besonders die Unabhängigkeit und treten mit Entschiedenheit für Ihre Überzeugung (und auch für die eigenen Interessen) ein. Man kann Sie wegen dieser Wesensart bewundern und Ihre Unbeugsamkeit preisen, aber vergessen Sie nicht, daß es oft darauf ankommt, sich den Realitäten im Leben unterzuordnen. Als Individualist wollen Sie sich nicht gern den Zwängen einer Ihnen willkürlich scheinenden Ordnung beugen, doch es heißt dann eben, die Suppe auslöffeln, die Sie sich eingebrockt haben.

WESENSART

Wenn Sie lernen, Ihre widerspenstige Art zu zähmen, werden Sie keine Schwierigkeiten und Probleme bekommen. Sie verfolgen mit Geistesschärfe und Lust am Entdecken allen Widerständen zum Trotz Ihre Ziele und stellen sich großen Aufgaben, wobei Ihre Vielseitigkeit eine große berufliche Auswahl bietet. Nebensächlichkeiten interessieren Sie meist nicht. Ihre geistige Originalität versetzt Sie in die Lage, auch abstrakte Dinge zu erfassen, die anderen verborgen bleiben; deshalb gelten Sie in deren Augen manchmal auch als schrullig. Doch Sie meinen, daß »Phantasie wichtiger ist als Wissen« und billigen neuen Ideen große Bedeutung zu, prüfen Ihre Theorien auf praktischen Wert und bringen sie nach Kräften zur Anwendung.

FÄHIGKEITEN
UND
EIGNUNG

♓ FISCHE

Durch Ihren Erfinder- und Pioniergeist öffnen Sie sich wichtige Positionen in der Wissenschaft, in den Künsten oder auch in der Politik. Hüten Sie sich vor Verzettelung, die bei Ihrer Vielseitigkeit naheliegt, und konzentrieren Sie sich auf die einzelne Aufgabe!

LIEBE UND PARTNERSCHAFT

Sie brauchen einen Partner, der Ihren Freiheitsdrang respektiert und auf Ihre geistigen Höhenflüge einzugehen weiß.
Als unverbesserlicher Charmeur haben Sie in der Liebe Ihre Erfolge, doch sollten Sie diese nicht zu sehr dramatisieren. Sie werden Ihnen neue Inspirationen für Ihr Leben vermitteln, aber Ihnen kein Leben bescheren, in dem nur Träume und Hoffnungen und unerfüllbare Sehnsüchte regieren. Zeigen Sie auch in Partnerschaften Sinn für die Lebenswirklichkeit, und probieren Sie es mit Güte und Rücksichtnahme.
Wir finden unter diesem Doppelzeichen: den Schriftsteller und Schauspieler Franz Xaver Kroetz (*25.2.1946) und den schwedischen Forschungsreisenden Sven Hedin (*19.2.1865).

Sonne in den Fischen – Mond im Steinbock
Mondposition = abnehmend

Der Nomade

WESENSART

Wenn in einem kleinen Dorf im oberen Allgäu ein Landwirt eine politische Karriere begann und schließlich Minister in Bonn wurde – wir sprechen von Ignaz Kiechle, geb. am 23.2.1930 –, dann mußte er ganz besondere Eigenschaften

besitzen, die nicht zuletzt durch die Sonne-und-Mond-Konstellation im Tierkreis zur Zeit seiner Geburt begründet sind.
Hier nun steuert der Einfluß des Mondes einen wesentlichen Teil dazu bei, um einen eher verträumten, beeinflußbaren und verwundbaren Fische-Typ zu einem zielbewußten, selbstsicheren und beharrlichen, aber manchmal unsteten Menschen zu verwandeln. Der Steinbock gibt dem weichen, nachgebenden Temperament jedoch die entsprechende Härte und Entschlossenheit.
Wenn Sie unter der Steinbock-Konstellation des Mondes geboren sind, kennen Sie recht gut die Grenzen Ihrer Möglichkeiten, aber das hindert Sie nicht daran, immer wieder einen neuen Anlauf zu nehmen, um darüber hinwegzukommen. Ein bsonderes Merkmal ist Ihre Unrast, denn nichts hält Sie allzu lange am selben Ort. Sie strahlen selbstbewußt Vertrauen aus und erwecken allseits das Vertrauen in Ihre Kräfte, das erforderlich ist, um andere für Ihre Projekte zu begeistern.
Schon Ihr Image genügt – es ist nicht nötig, Ihre Überzeugungsfähigkeiten voll auszuspielen. Ihre unwahrscheinliche Begabung, Menschen, Geld und Ansehen miteinander in Beziehung zu bringen, sichert Ihnen weithin beachtete Erfolge. Es gelingt Ihnen stets, Ihren guten und angesehenen Ruf in die Waagschale zu werfen, damit sich alles zu Ihren Gunsten neigt.

FÄHIGKEITEN UND EIGNUNG

Ihre praxisnahe Einstellung und Ihr Verständnis für die Probleme dieser Welt verleihen Ihnen die erforderliche Sicherheit im Handeln und Verhandeln auf unterschiedlichen Gebieten; Sie sind davon überzeugt, berufen zu sein, und das verhilft Ihnen zur Erfüllung auch Ihrer gesellschaftlichen Ziele und Wünsche. Manche Erfolge fallen Ihnen zu leicht in den Schoß, so daß Sie leichtsinnig werden können und Ihre Zuflucht in etwas zweifelhaften Vergnügungen suchen. Solange Sie dabei Ihre Gesundheit nicht untergraben, mag das hingenommen werden können, es besteht jedoch die Gefahr des Mißbrauchs von Nikotin, Alkohol und Drogen. Darüber hinaus könnte es sich negativ auswirken, wenn Sie Ihrem Hang zum Fatalismus nachgeben; der würde über kurz oder lang zur Untätigkeit und Unentschlossenheit führen. Disziplin und klarer Blick für das Wirkliche helfen hier allemal.

LIEBE UND PARTNERSCHAFT

Ihre zwischenmenschlichen Beziehungen leiden unter Umständen an Ihrer Schwäche für Abwechslung und Abenteuer. Der Läuterungsprozeß des Alterns und die damit sich einstellende Reife der Lebensauffassung werden frühere Erlebnisse rasch verdrängen; dann ist Platz vorhanden für die eigenen Ambitionen sowie für vertraute Menschen, Ehepartner und Kinder.

In denselben Zeichen sind geboren: der Schauspieler Karlheinz Böhm (*16.3.1928) und der Rennfahrer und Unternehmer Niki Lauda (*22.2.1949).

Sonne in den Fischen – Mond im Wassermann
Mondposition = abnehmend

Der gewissenhafte Schelm

WESENSART Es ist sehr schwer, humorvoll und witzig auf Situationen zu reagieren, ohne dabei die Gefühle anderer Menschen zu verletzen, und es ist ebenfalls schwierig, den Menschen beizubringen, wie sinnlos es ist, den Götzen Fortschritt und Konsum zu huldigen und darüber den lebendigen Gott und Schöpfer der Natur zu vergessen. In beiden Fällen sind es Persönlichkeiten dieser Sonne-Mond-Kombination, die jene so seltene Gaben des echten Humors und der religiösen Einsicht besitzen, wie wir sie in Gestalt des Schauspielers Heinz Rühmann (*7.3.1902) und des Kardinals Friedrich Wetter (*20.2.1928) kennen.

Zwischen Ernst und Heiterkeit bewegt sich Ihr Leben, und Sie müssen bedacht sein, daß nicht eine der beiden Seiten das Übergewicht erhält. Zu große Strenge, zu nüchternes Denken, zu vernünftiges Verhalten sind ebenso hinderlich wie ein dauernd witziges und belustigendes Wesen. Halten Sie Ihre Stimmungen unter Kontrolle, damit Sie die Zuneigung Ihrer so zahlreichen Gefolgschaft nicht verlieren.

Fische ♓

Fähigkeiten und Eignung

Wer zur Zeit dieser Verbindung eines Wasserelements mit einem Luftelement geboren wurde, den zeichnet oft ein tiefes Mitgefühl aus, welches durch Geistesschärfe und soziales Engagement verstärkt wird. Als kompetenter Vertreter der genannten Konstellation sind Sie normalerweise von ernsthaftem und zurückhaltendem Wesen, vielleicht auch von einer übertriebenen Gewissenhaftigkeit.

Schon Ihre Erscheinung strahlt Würde und Aufrichtigkeit aus, und ohne die geringsten Schwierigkeiten können Sie Ihren Mitmenschen Ihre Gedanken und Meinungen vermitteln, wobei man manchmal einen missionarischen Eifer zu beobachten vermag. Ihr Bemühen um die Lösung von Menschheitsproblemen fällt auf fruchtbaren Boden, weil Ihr Denken nicht von egoistischen, sondern von altruistischen Empfindungen beherrscht wird. Man nimmt Ihnen ohne Bedenken Ihr integres Streben ab, weil Sie verständnisvoll und sympathisch auftreten.

Da Sie als zurückhaltender Mensch gelten, brauchen Sie das Bad in der Menge nicht, um populär zu sein.

Ihr Wassermann-Mond dämpft mögliche Neigungen zu draufgängerischem Verhalten, und Ihr goldener Humor hilft Ihnen über vieles hinweg. Sie stehen sozusagen mit einer Träne im Auge lächelnd dem Leben gegenüber.

Liebe und Partnerschaft

In Ihrem Geburtshoroskop bilden Sonne und Mond einen spitzen Winkel, der auch Ihre zwischenmenschlichen Beziehungen kennzeichnet. Obwohl Sie mit Ihrem Charme überall ankommen, sind tiefergehende Freundschaften und Liebschaften seltener anzutreffen. Ihre beruflichen und privaten Partner werden von Ihnen gleichberechtigt behandelt; nur ausnahmsweise gehen Sie dauerhafte und fest gegründete Bindungen ein, weil Sie nicht einsehen wollen, daß jemand allein Ihre volle Aufmerksamkeit und Zuneigung beanspruchen darf. Größere Bereitschaft zur Eingrenzung der eigenen Interessen kann diesen Zustand sofort beenden und Sie zu einem vorbildlichen und untadeligen Partner machen.

In diesen Zeichen sind geboren: der amerikanische Schlagersänger Harry Belafonte (*1.3.1927) und der Komiker Heinz Erhardt (*20.2.1909).

Sonne im Zeichen	Mögliche Eigenschaften
Widder	+ kämpferisch, sachlich, tatkräftig, mutig - launisch, egoistisch, trotzig, rastlos
Stier	+ verläßlich, großzügig, realistisch, standfest - nörglerisch, aufdringlich, verkrampft, nachlässig
Zwilllinge	+ kreativ, unerschrocken, zielbewußt, geschäftig - ängstlich, oberflächlich, listig, gefühlsarm
Krebs	+ vorsichtig, anpassend, gutmütig, einfühlsam - überheblich, flatterhaft, schüchtern, unterwürfig
Löwe	+ willensstark, ehrlich, lebensfroh, charmant - eigenwillig, belehrend, einfältig, unbeständig
Jungfrau	+ pflichtbewußt, fröhlich, planend, kontrolliert - haltlos, eingebildet, kleinlich, nervös
Waage	+ charmant, ausgeglichen, diplomatisch, tolerant - unentschlossen, launisch, zänkisch, aggressiv
Skorpion	+ arbeitsam, hilfsbereit, dynamisch, verschwiegen - nachtragend, skrupellos, machtorientiert, unduldsam
Schütze	+ ideenreich, selbstsicher, aufgeschlossen, reiselustig - selbstgerecht, unnachgiebig, ironisch, verletzend
Steinbock	+ unermüdlich, ausdauernd, gewissenhaft, ritterlich - selbstkritisch, rücksichtslos, gefühlskalt
Wassermann	+ vielseitig, unkonventionell, ideenreich, gewissenhaft - voreingenommen, exzentrisch, geltungssüchtig, oberflächlich
Fische	+ gefühlvoll, aufgeschlossen, beweglich, vielseitig - labil, ironisch, unfair, aufdringlich

Mond im Zeichen	Mögliche Eigenschaften
Widder	+ dynamisch, sinnlich, vital, spontan - distanziert, kontaktarm, rücksichtslos, unnahbar
Stier	+ tüchtig, genußfähig, geradlinig, zäh - unbeherrscht, cholerisch, reizbar, despotisch
Zwilllinge	+ kontaktfreudig, gesellig, feinnervig, wendig - rechthaberisch, unbeherrscht, zweifelnd, trickreich
Krebs	+ schöpferisch, tolerant, sensibel, verträumt - beeinflußbar, geltungssüchtig, unbeständig, melancholisch
Löwe	+ willensbetont, optimistisch, warmherzig, leidenschaftlich - übertrieben, stolz, engstirnig, angeberisch
Jungfrau	+ zuverlässig, strebsam, methodisch, beherrscht - pedantisch, wankelmütig, kritisch, übergenau
Waage	+ geduldig, ausgleichend, fürsorglich, sozial - phlegmatisch, überheblich, kokett, spießig
Skorpion	+ konsequent, hoffnungsvoll, geschickt, entschlossen - rechthaberisch, streitbar, verwöhnt, zerrissen
Schütze	+ einsichtig, offen, unternehmungslustig, beweglich - geltungssüchtig, zänkisch, berechnend, intolerant
Steinbock	+ strebsam, unkompliziert, gründlich, vernünftig - unnahbar, arrogant, anmaßend, zynisch
Wassermann	+ unabhängig, beschwingt, geschmackvoll, gerecht - rechthaberisch, unberechenbar, ungeduldig, neidisch
Fische	+ einfühlsam, hilfsbereit, opferwillig, nachgiebig - aufwieglerisch, unbeständig, willensschwach, eiskalt

Copyright © Walter A. Appel

LASSEN SIE IHRE SEELE BAUMELN!

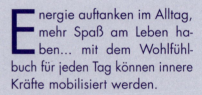

Energie auftanken im Alltag, mehr Spaß am Leben haben... mit dem Wohlfühlbuch für jeden Tag können innere Kräfte mobilisiert werden.

Sabine Allwinn
ENTDECKEN, WAS GUTTUT
Sich wohl fühlen im Alltag
184 S. Fotos/Illustrationen. Kart.
ISBN 3-466-34342-9